纯电动公交客车
从业人员必读

李预明　翟景森　骆瑞清　主编

董长安　王俊昌　孟　彦
　　　　　　　　　　　　　副主编
李先贞　郭智刚　赵国亮

机械工业出版社
CHINA MACHINE PRESS

本书根据纯电动公交客车全生命周期管理要求，紧密结合现行相关政策标准，参考了整车厂、配套企业和运营企业的技术经验，以安全为主要切入点，讲述了纯电动公交客车各级维护与修理、驾驶员安全操作、车辆报废管理、动力电池回收溯源管理等内容。

本书内容紧贴实际、行业针对性强、结构系统完整，可以作为公交行业培训教材，也适合纯电动公交客车驾驶员、维修人员、企业管理人员等阅读参考。

图书在版编目（CIP）数据

纯电动公交客车从业人员必读/李预明，翟景森，骆瑞清主编.
—北京：机械工业出版社，2022.4

ISBN 978-7-111-70391-4

Ⅰ．①纯…　Ⅱ．①李…　②翟…　③骆…　Ⅲ．①电动汽车—公共汽车—技术培训—教材　Ⅳ．①U469.72

中国版本图书馆CIP数据核字（2022）第046518号

机械工业出版社（北京市百万庄大街22号　邮政编码100037）

策划编辑：何士娟　　　　责任编辑：何士娟　王　婕
责任校对：樊钟英　张　薇　责任印制：任维东

北京中兴印刷有限公司印刷

2022年5月第1版第1次印刷

184mm×260mm · 13印张 · 2插页 · 312千字

标准书号：ISBN 978-7-111-70391-4

定价：99.80元

电话服务　　　　　　　　　网络服务

客服电话：010-88361066　　机 工 官 网：www.cmpbook.com
　　　　　010-88379833　　机 工 官 博：weibo.com/cmp1952
　　　　　010-68326294　　金 书 网：www.golden-book.com
封底无防伪标均为盗版　机工教育服务网：www.cmpedu.com

编写委员会

主　　编：李预明　翟景森　骆瑞清

副主编：董长安　王俊昌　孟　彦　李先贞
　　　　郭智刚　赵国亮

参编人员（以下排名不分先后）：

邹志刚	张学增	邵衡力	李进喜	万永涛
魏金营	张　霄	孙　凯	宋德刚	翟　超
王　磊	王志双	禹占峰	刘振勇	洪　波
胡　园	贠媛媛	魏志平	白志军	王志超
张　杰	张振江	冯贵银	何　坤	刘　杰
沈　杰	崔继波	薛　超	于晓舟	薛　斌
齐学升	丁一伟	王丙昌	刘祥波	罗剑虹
牛保顺				

序

2021 年 11 月 2 日，中共中央、国务院发布《关于深入打好污染防治攻坚战的意见》，要求"进一步推进大中城市公共交通、公务用车电动化进程"。2021 年 11 月 18 日，交通运输部发布的《综合运输服务"十四五"发展规划》提出，到 2025 年，城区常住人口 100 万以上城市中绿色出行比例超过 70% 的城市数量要达到 60 个；城市公交新能源汽车占比要达到 72%。因此，深入开展绿色出行创建活动，推动新能源公交客车等装备更新是公交行业的重要任务。在新能源客车的推广应用过程中，公交企业可能会遇到许多不同的问题。李预明等多位专家编写的《纯电动公交客车从业人员必读》恰恰是雪中送炭，为交通行业提供了一个非常好的工具书。

李预明先生现任河南省公共交通协会技术与物资专业委员会常务副主任、安阳公交集团副总经理，高级工程师，从事公共交通技术设备管理工作 30 年，积累了丰富的机务工作管理经验。他把公共交通技术设备管理，尤其是纯电动公交客车管理的理论知识与实践经验有机地结合起来，从纯电动客车全生命周期管理的角度梳理、分类、总结出一套系统实用的纯电动公交客车管理办法。归纳起来，《纯电动公交客车从业人员必读》具有以下 3 个特点：

一是内容紧贴实际。该书从纯电动公交客车运行现状入手，讲述了纯电动公交客车基本结构与工作原理、纯电动公交客车安全驾驶与应急处置、电动空调的基本原理与维修、纯电动客车充电管理、纯电动客车维护修理工艺规范、纯电动公交客车常见故障与排除、纯电动公交客车全生命周期管理等内容。

二是行业针对性强。该书主要是面向公共交通行业的管理人员、驾驶员、维修技工、充电工等相关人员，围绕纯电动公交客车结构特点，从行业人员关注的角度入手，提供了一些纯电动公交客车运营管理的技术规范、处置方案、安全规程以及故障排除等建设性指导意见。内容通俗易懂，可作为交通行业相关人员实用的培训教材，具有很强的针对性和可操作性，有效地助推了纯电动公交客车的推广应用。

三是结构系统完整。该书完整介绍了纯电动公交客车全生命周期管理过程，包括纯电动公交客车选型技术、报废管理、动力电池回收溯源管理等内容，同时，还参考了国家有关纯电动公交客车的标准与规范、结构完整详实、内容全面。

《纯电动公交客车从业人员必读》经过两年的酝酿与收集资料，倾注了以李预明先生为代表的创作集体的大量心血和精力，对于交通行业管理人员、驾驶员、维修技工、充电工等相关专业技术人员而言，是一本不可多得的好书，相信广大读者学习后一定能从中获益。

中国土木工程学会城市公共交通分会副秘书长兼智库中心主任
河南省公共交通协会监事会监事长兼专家委员会主任
郝　辉
2021 年 11 月 19 日

前　言

近年来，随着国家新能源汽车推广应用政策的不断拓展深入，纯电动公交客车也越来越成为各地市公交企业采购时的首选，其保有量得到持续攀升。据统计，国内纯电动公交客车保有量已达到 35 万辆。

为了确保广大公交企业和相关管理人员能够使用好纯电动公交客车，掌握车辆安全驾驶操作规范，熟悉车辆各级维护作业程序要点，建立健全车辆全生命周期管理制度体系，我们结合了郑州公交、西安公交、石家庄公交、济南公交、安阳公交（排名不分先后）等一些公交运营企业的经验与做法，汇总借鉴了宇通客车、比亚迪客车、格力钛客车、松芝空调、凯雪空调、东风德纳、宁德时代电池等一些整车厂、配套企业的技术经验，并听取了河南省内公交同行的修改建议，从纯电动公交客车运用技术特点出发，有针对性地就纯电动公交客车的基本原理、结构特点、安全驾驶、故障排除、充电管理、客车维护作业规范，以及车辆报废处置、动力电池回收溯源等相关方面，为纯电动客车管理使用单位或个人提供了一些建设性意见，供同行参考。

新能源汽车的推广应用，是我国 2030 年实现"碳达峰"、2060 年实现"碳中和"战略性目标的主要举措之一，具有深远意义。推广好、使用好、维护好、管理好新能源公交客车，是交通运输企业义不容辞的责任与担当。

未来客车主要是面向电动化、智能化方向发展。当前，面对新能源客车技术的突飞猛进，不同整车厂生产新能源公交客车的技术路线存在着一些差异，现有新能源客车的整车电气化程度明显高于传统燃油客车，纯电动公交客车高压部件的维护作业也有别于传统客车，加之各整车厂对纯电动公交客车售后服务、维护要求也不尽相同，缺乏行业层面对关键维护项目予以统一界定和明确规范。因此，我们侧重于为从业管理者、驾驶员、维护作业人员提供客车全生命周期管理的理念，强化对纯电动公交客车的基础知识、应急处置、安全充电、维护规范、报废管理、动力电池回收溯源等方面的学习，以规范的维护作业、正确的操作要领，使用好纯电动客车，使之更好地服务百姓出行，降低企业运营成本，延长客车运行寿命，真正实现低碳、绿色、环保的目标。

本书的初衷是对购买和使用纯电动公交客车的同行提供专业技术规范和全生命周期理念，内容紧扣现行相关政策标准，如 JT/T 1344—2020《纯电动汽车维护、检测、诊断技术规范》、JT/T 1355—2020《城市定制公交服务规范》、JT/T 934—2021《城市公共汽电车驾驶员操作规范》、JT/T 816—2021《机动车维修服务规范》、JT/T 1372—2021《汽车维修救援服务规范》、JT/T 1373.1—2021《城市客运经济技术指标计算方法　第 1 部分：分类与代码》、JT/T 1373.2—2021《城市客运经济技术指标计算方法　第 2 部分：公共汽电车》、JT/T 1184—2018《城市公共汽电车企业运营成本测算规范》和交通运输部《客运场站和交通运输工具新冠肺炎疫情分区分级防疫指南（第六版）》详细内容见 https://www.mot.gov.cn。

我们尽力保持本书同现行有关标准的协调性和可操作性，希望对推动国内公交行业同仁实现技术与管理工作跃升有所帮助。由于编者水平有限，书中内容难免出现错漏之处，恳请读者批评指正。

编　者
2021 年 12 月 2 日

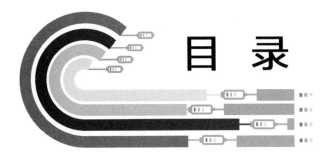

目　录

随着世界能源日趋紧张和环境的日益恶化，温室气体效应越来越明显，世界各国都面临着极端天气增多，环境污染严重的状况。我国的环境治理形势也比较严峻，特别是城市大气污染情况尤为突出。为了改变这一状况，发展新能源汽车是必然途径。中国是较早重视和发展新能源汽车的国家之一，主要是从发展新能源公交客车（简称新能源公交车）开始入手，起步于混合动力汽车，现在处于纯电动汽车高速增长和氢燃料汽车推广应用的阶段。本章将着重介绍纯电动公交客车（简称纯电动公交车）的推广应用及安全运营现状。

第一节　纯电动公交客车发展现状

一、国内纯电动公交客车发展简介

2009 年四部委启动的"十城千辆"节能与新能源汽车示范推广应用工程，正式拉开了新能源公交车推广的序幕，之后，我国纯电动公交车数量高速增长。截至 2021 年底，全国营运公交车中纯电动公交车数量突破 35 万辆，超越柴油公交车、天然气公交车，成为最大规模的车辆类型。其中，2014—2018 年间，新能源运营车辆数量增长最快，爆发式地增长了 834%。纯电动公交客车的发展以绿色出行、低碳环保为推广应用的突破口，成为完成我国碳达峰、碳中和目标的重要推手。

经过多年的发展，纯电动客车技术日臻完善。纯电动客车的发展，主要是其携带的动力电池比能量的发展。在发展初期，动力电池的比能量是 80W·h/kg，纯电动客车车载电量在 45 ～ 140kW·h 之间，续驶里程为 140 ～ 160km；2016—2020 年为发展中期，比能量要求达到 115W·h/kg 以上，客车车载电量在 80 ～ 240kW·h 之间，续驶里程达到 180 ～ 240km；2020 年以后为第三阶段，电池比能量要求达到 145W·h/kg，车载电量较大，有些车型电量突破 360kW·h，续驶里程可达近 400km，适合公交车日常实际运行需求。国家对动力电池的发展规划也分为三个阶段，2020 年是动力电池技术提升阶段，比能量应达到 350W·h/kg；2025 年是产业发展阶段，比能量达到 400W·h/kg；2030 年是产业成熟阶段，比能量达到 500W·h/kg。可见，纯电动客车的发展与国家对动力电池的发展规划是同步的，动力电池的发展有效地推动了纯电动客车的发展。

二、纯电动客车的技术路线

纯电动客车技术路线大致分为两类，一类是以驱动电机驱动方式分类，可分为中央电机驱动方式和轮边电机驱动方式，国内绝大部分客车厂均采用中央电机驱动方式，极少采用轮边驱动方式。另一类是以采用不同的动力电池材料区分，动力电池一般使用磷酸铁锂、三元锂和钛酸锂三种材料，以使用磷酸铁锂材料的动力电池居多，钛酸锂的为少数。这两类技术路线的纯电动客车，其充电方式又分为直流充电和交流充电两种方式，以直流充电方式居多。

三、纯电动客车的发展模式

国家对纯电动客车的购置补贴、运营补贴等扶持政策，逐渐从鼓励"购买"转向鼓励"使用"。购置补贴从最初的每台车补贴60万元调整为没有购置补贴，运营补贴从没有补贴调整为按单车长度、年运行3万km给予定量补贴（截至2019年底，此政策已终止）。

与私家乘用车相比，纯电动公交车的节油和减排效果十分明显。据相关统计，我国每辆公交车日均行驶里程约200～300km，消耗燃油约60～120L，相当于8～15辆私家车的油耗和排放。此外，纯电动公交车采用电机驱动、无级变速，几乎无噪声，且驾驶操作简单，优势比较明显，是城市公交发展的必然选择。

发展新能源汽车（包括纯电动汽车、插电式混合动力汽车和氢燃料电池汽车等）对降低石油依赖、减少碳排放、推动汽车产业转型升级具有重要的意义，对城市防治雾霾、改善空气质量更具有显著作用。

第二节 纯电动公交客车运营现状

一、政策环境

近年来，我国新能源汽车产业发展迅猛，是国家政策大力扶持的重要产业之一。我国新能源公交客车的发展经历了三个阶段，分别是市场培育期、小规模增长期和市场爆发期，至2016年底财政部发布《关于调整新能源汽车推广应用财政补贴政策的通知》为止，我国的新能源公交客车产业已经迅速发展起来，逐步进入高度市场化阶段。

随着大中城市的快速发展，交通拥堵现象日益突出。如何破解公共交通发展主要矛盾，缓解交通拥堵，提高纯电动客车的利用率？笔者认为，在城市财政可承受的情况下，通过开放路权、信号优先及财力、场站保障等基础措施支撑，切实执行"公交优先发展"政策，制定更具竞争力的公共交通出行环境评价体系与政策体系，提高公交覆盖率水平、公交专用道比例和公交发展投入占国内生产总值（GDP）的比例，降低市民交通负担水平，缩短公交发车间隔（如6～8min有车可坐），减少换乘时间，增加换乘优惠等激励措施，引导市民依靠公交线网绿色出行。

二、运营成本

在纯电动客车推广应用早期，接近50%的新增纯电动客车长度在10m以下。随着电池能量密度增加以及价格下降，补贴结构有所改善，10m以上纯电动客车占比逐步提升。在运营成本方面，纯电动客车每辆车每天用电成本为柴油车辆的1/3～1/2，单车运营成本优势明显，且由于大部分纯电动客车采用了盘式制动器，定期维护次数与费用都低于燃油客车。

在纯电动客车充电和电池衰减方面，不论是快充还是慢充，公交企业一般都是在国家电网最优惠的时段对车辆进行充电，车桩比分布从1:1到2:1、3:1甚至6:1不等，条件好一些的公交企业推荐采用车桩比为2:1的方式，充电桩推荐使用60～300kW大功率、一拖四模式。受使用年限、车载空调使用情况、季节变化、行驶工况等因素的影响，纯电动客车动力电池质保一般为5～8年，电池性能随着使用年限的增长而逐年衰减，一般在第5年开始需要返厂做充电平衡检修，某些品牌的动力电池有可能在第3年就需要做平衡检修。

由此可见，动力电池使用费用在其运营成本中占较大比例。

三、配套设施

由于大中城市交通发展面临资源约束、充电站建设进度慢、充电站建设面积不足、车载电量少等因素的影响，纯电动公交车辆运营使用效率有所下降，具体表现为：车辆运营中需要若干次回场补电，所携电量不足以满足一天运营里程需求，动力电池衰减过快（两年内大于25%），所在城市客流较大、线路运营里程较长，拥堵严重，等候通行时间较长，车载空调、暖风等电气设备较多，耗电较大，道路崎岖、坡道路段较多等。

大中城市公共交通发展主要矛盾已经由解决市民基本出行需求，转向与多种其他交通方式竞争的模式。大中城市人口增加与流动性的提高，以及职住分离导致交通需求总量增加，对城市基础设施、公共服务等承载力带来挑战，资源紧张的约束性矛盾十分突出。即使采取限行限号限购、油价成本上升、部分城市轨道成网、智慧交通等特定措施，也未能有效治理或缓解拥堵状况。为改善城市交通拥堵状况，应大力发展纯电动公交客车，加大充电桩建设力度，加快公交专用道及其配套场站的建设，提高公交场站保障指数，让公共交通方式之间在时空上无缝衔接、零距离换乘与零时间换乘，实现公交出行环境高融合、高可靠、高品质，逐步提升公共交通出行环境竞争力，达到城市交通集约发展、高效畅通，尽早实现2035年城市基本缓解拥堵的战略目标。

第三节 纯电动公交客车安全管理现状

随着公共交通的发展以及纯电动公交客车投入使用率的提高，交通安全问题始终是摆在我们面前的一项首要任务。纯电动客车与传统客车的交通安全管理工作一样，都是施行"安全第一，预防为主"的安全管理工作方针，实现纯电动客车双重预防体系目标，这是公交企业安全管理的主要途径，直接关系到安全管理工作的质量。根据2016年10月11日国务院安全生产委员会办公室下发的《关于实施遏制重特大事故工作指南构建双重预防机制的意见》（安委办〔2016〕11号），双重预防体系是以安全生产标准化创建为主，在其过程中开展和融入风险分级管控和隐患排查治理的工作，是《企业安全生产标准化基本规范》（GB/T 33000—2016）规定的八个一级要素中的第五个要素——安全风险管控及隐患排查治理。双重预防体系与安全生产标准化体系是相互结合的，双重预防体系作为安全生产标准化建设的"牛鼻子"工程，是安全管理的核心，是做好纯电动客车安全管理工作的一个最有效抓手，在安全运营管理创建中起着举足轻重的作用。

一、公交现行安全运营风险管控措施

通过对影响行车安全因素的分析，可以看出，预防预控工作主要是做好人（驾驶员）与车的管理工作。采取的风险管控主要措施如下：

1. 做好全员安全教育培训工作

1）教育驾驶员必须确立高度的安全责任感。一个驾驶员，必须真正意识到自己肩负的社会重任，头脑里必须有强烈的安全意识和安全观念，牢固树立"安全第一"的思想，把"安全第一、谨慎操作"的职业道德要求落实到具体行动中，并要逐步确立起高度的安全责任感。

具有安全责任感的驾驶员会时刻注意安全行车。驾驶员应善于总结工作经验和事故原因，主动消除各种事故隐患，争取把事故苗头消灭在萌芽状态。另外，驾驶员要克服"常在河边走，哪能不湿鞋"的错误认识，提高安全防范思想认识，防微杜渐，端正车辆安全驾驶服务态度，增强责任意识，练就过硬的驾驶技术。

2）教育驾驶员认真学习交通法规，并严格遵守，力争做到以下几点：一是认真学习交通法规，掌握基本精神，熟知法规内容；交通法规是机动车驾驶员安全行车的行为规则，必须掌握它、熟悉它。二是严格要求，遵章守纪，逐步形成遵纪守法的良好习惯；每一名机动车驾驶员都要严格要求自己，事事处处、时时刻刻都要认真执行法规，一丝不苟，不开逞能车、斗气车；越是在没有人监督的情况下，越是要自觉地遵守交通法规，让遵守交通法规成为一种习惯。三是杜绝侥幸心理，安全行车不怕一万，就怕万一，安全事故往往就是在万分之一时发生的，因此一定要杜绝侥幸心理，严禁违章驾车。

3）做好技术培训工作，进一步提高驾驶员的专业技能，是保障安全生产工作的重要条件。提高驾驶人员专业技能，既是提高企业经济效益的有效措施，更是预防各类事故发生的明智之举。作为驾驶员，只有掌握良好的驾驶技能，才能随时处于应对外界突变的警戒状态，做出防患于未然的应变对策。驾驶员要有很好的随机应变能力，要始终保持清醒的头脑，掌握好"快"与"慢"的关系，安全驾驶，限速行车。

4）认真落实安全教育制度，加大教育力度，定期召开驾驶员安全例会，坚持驾驶员安全学习制度，利用有关宣传材料、报刊、警示宣传片等，对驾驶员开展专项安全教育，特别要做好季节性（恶劣天气、雨、雪、雾天）行车安全常识的学习教育。

5）要根据驾驶员年龄和驾车年限分别开展教育培训，提高驾驶员的操作水平，对驾驶员进行分类排队，认真排查找出三类驾驶员予以重点教育培训。对肇事驾驶员的处理要坚持"四不放过"的原则，对肇事驾驶员的教育要纵到底、横到边。严格把关，认真做好驾驶员上岗前的两级考核，杜绝无上岗证驾驶车辆。与驾驶员签订安全目标责任书，落实安全责任制。加大安全监督检查力度，对优秀者重奖，对违章者重罚。

2. 加强驾驶员情绪防控管理

当前，我国正处于社会经济转型期，快节奏的生活方式给人们带来了巨大的心理压力，人们在工作、生活中会出现急躁、焦虑、心情烦闷、易怒等不良情绪。公交驾驶员是自身和乘客双重不良情绪的承受者，外界的各种负面情绪和生活事件都会给驾驶员的心理产生较大的影响。

公交驾驶员群体的心理健康状况，尤其是情绪管理对行车安全和服务质量至关重要。公交驾驶员不仅要对自己的生命安全负责，而且要对乘客和其他交通参与者的生命安全负责，消极情绪和不良的心理因素会引起较大的心理起伏和波动，导致驾驶技术动作变形，起步、出站、进站、停车等驾驶行为会因情绪波动而受到影响，工作中也会因情绪不佳导致与乘客的沟通不畅，产生争执，影响驾乘关系，从而损害了公交的社会效益和形象。因此，作为一名公交驾驶员，应在工作时管理好自己的情绪，树立良好的职业心态，消除焦虑、紧张情绪和心存侥幸、盲目称雄的驾车心理，积极坦然地对待身边的人和事，保证安全、规范、正常的驾驶操作和温馨的车厢服务。能够将自己情绪管理好的驾驶员，在工作中更能够做到安全行车；情绪管理不良的驾驶员，更容易出现交通违法或遭遇行车事故。

作为公交驾驶员，应掌握自我情绪管理的方法，加强职业道德的学习，提高自身综合素养，以健康的驾驶心态，保障道路交通行驶安全，防患于未然。

（1）心理暗示法 驾驶员在驾驶车辆过程中，遇到一些客观事物而心烦意乱时，可以尝试提醒自己不要关注一些无法改变的现状，如堵车引起停车时间长，内心急躁焦虑，可以深吸一口气，再慢慢呼出，还可以欣赏一下平时专注于驾车而无心仔细观察的景象，舒缓自己的情绪和心情。

（2）自我压力释放 当驾驶员感到情绪不振、低迷、心情郁闷或有心理压力时，比较有效的自我调节方法有：培养良好的兴趣爱好；分时段把压力释放出来；多倾诉。

（3）保持知足常乐的心态 事物永远有两面性，看不到好的一面就会感到郁闷，多关注好的一面就会开心。人总是会遇到很多不开心、不顺心、不如意的事情，我们应多从正向、积极的角度看待事物，多去想想开心的事，保持乐观豁达的心态。

（4）要学会闭口倾听 英国著名的政治家、历史学家帕金森和英国知名的管理学家拉斯托姆吉，在合著的《知人善任》一书谈到："如果发生了争吵，切记免开尊口。先听听别人的，让别人把话说完，要尽量做到虚心诚恳，通情达理"。人们发生争吵时大多在"气头"上，"气头"过后矛盾较为容易解决。闭口倾听不仅压住了自己的"气头"，同时有利于削弱和避开对方的"气头"。

遇到各种纠纷时，我们要深呼吸、冷静思考，分析其利害后果，再泰然处之，这样更利于纠纷的解决。特别愤怒时，要按照3个关键词处理情绪：停止、细想、完成。"停止"即先把愤怒的语言、动作全都停下来；"细想"即仔细想一想；"完成"即在处理好愤怒情绪后再继续做下面的事情。

（5）多从对方角度换位思考 多从对方的角度出发，设身处地地与其他交通参与者和乘客换位思考，学会理解，学会沟通，给他人多一点宽容，避免不必要的驾乘纠纷。

（6）掌握自我息怒技巧 美国经营心理学家欧廉·尤里斯教授提出了能使人平心静气的三项法则："首先降低声音，继而放慢语速，最后胸部挺直"。降低声音、放慢语速可以缓解情绪冲动，胸部挺直会淡化冲动紧张的气氛。

3. 加强车辆技术管理，做好预防预控工作

1）加强机务管理，提高维护质量，确保车辆技术状况完好。由于车辆技术状况、道路状况及驾驶员操作等原因，汽车在行驶过程中往往会出现故障，影响车辆正常运行，造成行车晚点，有的甚至会造成相关总成件的机械事故。因而驾驶员要加强车辆日常维护，增强责任心，做好车辆"出车前、行驶中、收车后"的"三检制"检查工作，提高车辆完好率，同时，发现故障时要及时排除。

2）车辆管理部门要定期做好车辆的安全检查工作，对车辆制动、转向、灯光、轮胎、传动、消防器材、动力电池控制系统、充电接口线束等技术性能进行检查，严格把关，发现问题立即回场检修，及时修复，坚决杜绝车辆带"病"行驶。

总之，只有做好驾驶员的安全教育和培训工作，加强驾驶员管理，提高驾驶员安全素质，加强机务管理，保证维护质量，加大车辆安全检查力度，确保车辆技术状况完好，做到人人抓安全，人人管安全，这样才能将交通安全管理工作做得更好，提前预防交通事故的发生，确保交通安全。

二、公交安全运营隐患排查治理体系

为确保公交车辆运行安全，公交企业应建立健全隐患排查治理体系。公交企业结合行业特点，针对生产过程及安全管理中可能存在的驾驶员、岗位职工的不安全行为、设备设施的不安全状态，以及管理人员管理缺陷等予以辨识，确定隐患、危险因素或缺陷的存在状态，以及它们转化为事故的前提条件，制订对应的整改措施，消除或控制隐患和危险因素，彻底消除事故隐患，保证企业的生产安全。

1. 基本要求

建立由企业董事长、总经理为组长的双重预防体系建设组织机构，建立事故隐患排查治理管理制度，全员参与到隐患排查治理工作当中，根据隐患级别，确定相应的治理责任人和人员，以确保隐患得到治理为工作目标，从机构和制度上保障隐患排查治理工作的顺利进行，做到组织有力、制度保障、全员参与、重在治理。

隐患排查治理体系与企业安全标准化、职业健康安全管理体系紧密结合，建立完善的隐患排查治理目标责任考核制度，激励先进、约束落后。每一个岗位都有排查隐患、落实治理措施的责任，按照"三管三必须"和"全覆盖、零容忍、严监督、重实效"的原则，使隐患排查治理切实贯彻于企业营运生产活动全过程。

2. 风险因素分类

将公交车辆运行中各种风险因素进行划分，针对不同的风险因素制定不同的管控措施，有利于提升风险管控水平，防范事故发生。常见的风险因素可分为5种：

（1）人的不安全因素　如驾驶员违反《道路交通安全法》及相关法律法规规定，选择有潜在风险的驾驶行为，主要分为一般性违法和报复性违法。一般性违法主要有闯红灯、不按导向箭头行驶、酒后驾驶等。报复性违法主要有强行超车、强行变道、开斗气车、无突然事件时紧急制动等；

（2）物的不安全因素　包括车辆技术状态不良和安全装置失效。车辆技术状态不良指制动性能、转向性能、传动性能、灯光性能、发动机状态、底盘状态和充电环境不良等。例如，公交企业修理工间（地沟、机械、开关及电路电线等）及充电站漏电保护装置失效、充电监控不到位等。

（3）道路的不安全因素　包括道路设计、通行状况、交通流量、交通设施、交通标识等。

（4）环境的不安全因素　包括夜间、特殊天气及自然灾害等特殊环境，改变了车辆的正常行车环境；此外，动力电池温度过高、车辆超过涉水高度等现象，危险性较高，易引发事故。

（5）管理因素　包括管理人员安全生产防范意识薄弱，未制定安全生产防范预案，未落实安全生产制度，导致事故易发。

3. 隐患分级

根据隐患整改、治理和排除的难度及其可能导致的事故后果和影响范围，可将隐患分为一般事故隐患和重大事故隐患。

一般事故隐患是指危害和整改难度较小，发现后能够立即整改排除的隐患，可由企业基层单位要求有关人员限期排除。在隐患治理过程中，负责整改的运营线路或作业场所应采取相应的安全防护措施，防止事故发生，事故隐患在排除前或排除过程中，无法保证安全的，

应当从危险区域内撤出作业人员，并疏散可能危及的其他人员，设置警示标志，暂时停止使用或停车，对难以停止使用或停车的相关生产装置、设施、设备，应当加强维护，防止事故发生。

重大事故隐患是指危害和整改难度较大，无法立即整改排除，需要全部或者局部停止营运生产活动进行整改，并需经过一定的时间整改治理方能排除的隐患，或者因外部因素致使企业自身难以排除的隐患。以下情形为重大事故隐患：违反法律法规有关规定，整改时间长或可能造成较严重危害的；涉及重大危险源的；存在爆炸、火灾等危险的场所，作业人员在10人以上的；危害程度和整改难度较大，一定时间内得不到整改的；危及安全生产的不安全因素或重大险情；可能导致事故发生和危害扩大的道路因素、人为因素、车辆因素等；运营过程中可能发生的各种伤害；因外部因素致使企业自身难以排除的；市级以上负有安全监管职责部门认定的。

对于重大事故隐患，企业各基层负责人应及时向企业有关领导以及相关部门报告，报告包括隐患的现状及其产生的原因，以及隐患的危害程度和整改难易程度分析、隐患的治理方案。

4. 事故隐患排查

（1）针对不同岗位制定考核目标，明确岗位职责 企业是事故隐患排查、治理、报告和防控的责任主体，要按照"四不放过"的原则，完善事故隐患自查、自改、自报的管理机制，落实主要负责人及每位员工的事故排查治理和防控责任，落实情况的监督考核，保证隐患排查治理的落实。

主要负责人（董事长、总经理）对事故隐患排查治理工作全面负责，保证隐患治理资金投入，及时掌握重大隐患治理情况，治理重大隐患前应督促有关部门制定有效的防范措施。

安全负责人（领导班子分管业务的副总经理）负责督促、检查企业内部隐患排查治理制度落实情况，定期召开安全会议，研究解决隐患排查治理工作中出现的问题，及时向企业主要负责人报告重大情况，对本单位无力解决的重大隐患，及时向上级有关部门提出报告。

责任人（企业各基层单位负责人）在接到有关自然灾害报告时，应当及时向职工发出预警通知。发生自然灾害可能危及生产装置运行和人员安全的情况时，应当及时采取撤离人员、停止生产作业、加强监测等安全措施。同时，还负责场站内安全检查的组织、实施、验证，如实记录事故隐患治理情况，向职工通报；负责各类事故隐患排查、评估、整改的评审评价工作；负责上报事故隐患的统计、汇报工作；负责定期组织日常安全生产检查，如综合检查、节假日检查、专业性检查和季节性检查；负责组织相关人员评审、修订安全检查（隐患排查治理）制度和安全检查表，不断提高安全检查深度和广度。日常检查由班组、岗位职工巡回检查，其他人员应在各自的职责范围内进行检查；班组、岗位员工按照各自的岗位职责，进行交接班检查和出车前、行车中、收车后"三检制"的定期巡回检查。

（2）编制项目隐患清单 企业依据确定的各类风险的全部控制措施和基础安全管理要求，首先编制包含全部应该排查的项目清单，然后根据应排查的项目清单排查出事故隐患，编制项目隐患排查清单。隐患排查项目清单包括生产现场类隐患排查清单和基础管理类隐患排查清单。

生产现场类隐患排查清单，以各类风险点为基本单元，依据风险分级管控体系中各风险点的控制措施、标准和规程要求，编制该排查单元的排查清单。该排查清单至少应包括：与风险对应的设备设施和生产活动名称；排查内容；排查标准；排查方法。

基础管理类隐患排查清单，据基础管理相关内容要求，逐项编制排查清单。该排查清单至少应包括：基础管理名称；排查内容；排查标准；排查方法。

实施隐患排查前，应根据排查类型、人员数量、时间安排和季节特点，在排查项目清单上选择具有针对性的具体排查项目作为隐患排查的内容。排查类型主要包括日常隐患排查、综合性隐患排查、季节性隐患排查、日常隐患排查等。综合性隐患排查是指以保障企业安全生产为目的，以安全生产责任制、各项专业管理制度和安全生产管理制度落实情况为重点，企业管理人员及基层单位岗位人员共同参与的全面检查；季节性隐患排查是指根据各季节特点（如夏季防洪防汛，冬季防冻防滑等）开展的专项隐患检查，由企业安全生产委员会成员以及相关技术人员、安全员进行检查；日常隐患排查是指基层单位员工在每天上班前、班中、班后的巡回检查，以各基层单位管理人员和岗位职工为主，主要是对关键装置、要害部位、关键环节、重大危险源的检查和巡查。

（3）制定隐患整改措施　企业责成各基层单位和相关职能处室、相关人员，对查出的隐患要逐项分析研究，并提出整改措施，定措施、定负责人、定资金来源、定完成期限。

隐患整改工作要按照"事故隐患整改通知书"的要求，对事故隐患认真加以整改，并于规定的时限内，向企业报告整改情况；在整改期限内，要采取有效的防范措施，安排专人监控，明确责任，坚决杜绝各类事故的发生。整改工作结束后，相关责任单位要按照要求编写隐患整改回复报告，由企业相关职能处室组织检查验收。对整改措施不到位、检查验收不合格、事故隐患未消除的单位，应停止其相关设施、设备的运行和操作使用，直至检查验收合格后，方可恢复营运生产工作。责任单位应每月对本单位内部隐患排查治理情况予以统计分析，交由基层单位负责人签字后，报企业备案。

检查文件应完整保存，体现隐患排查治理过程的文件和记录资料应分类建档管理。相关资料包括：隐患排查治理规章制度、隐患排查治理台账（现场类、基础管理类）、事故隐患整改通知书、销号单以及其他需要保存的资料。

定期对隐患加以分析，杜绝重复出现的隐患，加强现场管控，定期对排查治理体系运行情况进行评估，确保隐患排查治理体系运行稳定。

加强企业安全生产人员的安全培训，建立内部不同职能和层级间的内部沟通和外部沟通机制，及时有效地传递信息，可以大幅度提高隐患排查治理的效果和效率。

双重预防体系是公交企业安全生产中一项十分重要的工作，要从日常生产运营的每一个环节入手，提高安全生产防范意识，完善风险管控体系，做好隐患排查治理，全员参与，抓早抓好，形成事事有落实，件件有回声的管理闭环，有力助推双重预防体系建设的持续健康发展。

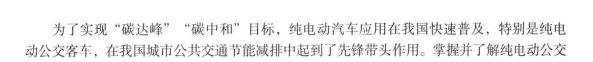

为了实现"碳达峰""碳中和"目标，纯电动汽车应用在我国快速普及，特别是纯电动公交客车，在我国城市公共交通节能减排中起到了先锋带头作用。掌握并了解纯电动公交客车的基本结构与工作原理，成为城市公共交通行业员工的必然要求。

本章首先对纯电动公交客车的基本组成、驱动系统、动力电池和主要技术指标进行概述；其次，介绍了驱动系统基本结构与工作机理，结合常见车型，分别对中央电机驱动系统、中央集成电机驱动系统、分布式电机驱动系统的关键组成及工作原理进行了分析；最后，介绍了动力电池基本组成及工作机理，对磷酸铁锂电池和钛酸锂电池做了重点介绍，对动力电池管理系统基本功能及工作机理进行了较为详细的分析，有助于快速提升纯电动公交客车从业人员的驾驶操控技能以及维修技能。

第一节　纯电动公交客车结构概述

一、纯电动公交客车基本组成

纯电动公交客车既具有纯电动汽车的共同特性，又具有公交客车特有的结构特点，由动力电池及其管理系统、驱动电机及其控制系统、底盘、车身和电气设备等主要部分组成，可分为整车控制系统、驱动系统、电源及电气系统等。驱动方式常采用动力装置后置、后轮驱动的方式，具有合理的轴载负荷和良好的操作稳定性。纯电动公交客车基本组成如图 2-1 所示。

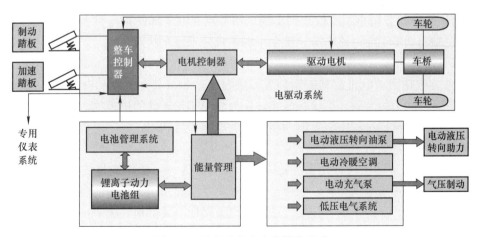

图 2-1　纯电动公交客车基本组成

1. 整车控制系统

整车控制系统主要包括整车控制器、电机控制器、电池管理系统、车身控制管理系统、信息显示和通信系统等。整车控制器是整车的核心控制部件，通过采集加速踏板信号、制动踏板信号及其他部件信号做出判断，实现整车驱动控制、能量优化控制、制动回馈控制和网络管理功能，通过 CAN 总线对网络信息进行管理、调度、分析和运算。

整车控制有 9 个控制模式，分别为停车状态、充电状态、起动（自检）状态、运行状态、车辆前进 / 后退状态、回馈制动状态、机械制动状态、一般故障状态、重大故障状态。

1）停车状态是指车辆主继电器断电，系统各节点停止运行，整车处于停车状态。

2）充电状态是指车辆在停车状态下，车辆外充回路接通，动力电池电子控制单元（ECU）进入充电程序，整车控制器控制仪表显示充电状态，并强制切断驱动电机继电器回路电源。

3）起动状态是指整车控制器确认拔掉充电插头，车辆钥匙拨到起动档位，此时，系统中各节点进入自检状态。

4）运行状态是指车辆钥匙拨到工作档位，整车控制器向电机 ECU 发送准备运行指令，整车控制器收到各节点自检正常指令后，闭合主继电器，进入车辆运行程序，同时，电池 ECU 进入电池管理程序。

5）车辆前进 / 后退状态是指驱动电机控制器接收到方向信号和驱动转矩给定值信号后，控制驱动电机进入运转状态，根据方向信号确定转向助力电机的转向，根据驱动转矩信号确定驱动电机的输出转矩大小，结合转速信号控制驱动电机的输出功率，以实现车辆动力性目标。

6）回馈制动状态是指加速踏板放松处于零位置，且制动踏板处于回馈制动区，整车控制器将符合回馈制动要求的负转矩传递给电机管理系统，电机管理系统进入发电程序，电池管理系统进入电池回馈管理程序。

7）机械制动状态是指制动踏板离开回馈制动区，电机管理系统停止发电程序，电池管理系统停止回馈，整车控制器进入机械制动程序。

8）一般故障状态是指整车控制器检测到车辆电路具有一般故障，仪表报警，车辆只能以低功率运行。

9）重大故障状态是指系统检测到车辆电路节点或电气部件具有重大故障或具有危险因素，整车控制器切断主继电器电源，整个车辆系统处于停车状态。

2. 驱动系统

驱动系统包括驱动电机及其控制装置、底盘部分等，其中，驱动电机及其控制装置是为车辆提供驱动动力的装置，不仅将电能转换为驱动车轮转动的机械能，同时与回馈制动系统相结合，在车辆滑行过程中将车辆动能转换为电能回收利用，并实时控制、检测电机运行状况，确保电机正常运行。

底盘部分包括传动系、行驶系、转向系、制动系等，主要功能是支撑整车的质量，将电机产生的动力传递给驱动车轮；同时，传递和承受路面作用于车轮的各种力和力矩，并缓和冲击、吸收振动，保证车辆行驶的舒适性，以及轻便、灵活地完成车辆转向和制动操作，确保车辆操控稳定性和行驶安全性。与传统车辆结构相同或相似的部件和系统，本书将不再赘述。

3. 电源及电气系统

电源系统包括动力电池及其控制装置、车载充电装置和电气设备等。动力电池及其控制系统承担着为驱动电机和汽车电气及辅助系统提供电能的任务，是纯电动公交客车的关键设备，其中电池组储存的电能及其自身的质量和体积对车辆的性能有决定性影响。

车身和电气设备是保障车辆发挥其载运旅客功能的主要设施。对于公交客车而言，车身即车厢，包括车厢座位、车厢骨架、扶手、门窗和空间设计等；电气设备主要包括充电系统、辅助 24V 电源、灯具、仪表、音响和空调设施等。

二、驱动系统基本要求及其分类

1. 驱动系统基本要求

驱动系统为电动客车提供驱动动力，驱动电机是其主要部件。由于车辆工作条件苛刻，工况变化频繁，要求驱动电机能够在高温、严寒、潮湿和频繁振动的环境下正常工作。与普通工业用电机相比，驱动电机应具有以下要求：

1）质量功率密度高，有助于实现轻量化。

2）体积功率密度高，与有限的车辆空间相适应。

3）工作效率高，降低各种工况下的用电量。

4）电机特性与车辆工况相匹配，在恒转矩区具有低速大转矩特性，在恒功率区具有低转矩高转速特性。

5）价格便宜、可靠性高，便于电动车辆的推广普及。

6）结构简单，能实现双向控制，回收车辆制动能量，减少车辆维护作业工作量。

2. 驱动系统分类

根据布置结构的不同，纯电动公交客车动力系统通常可以分为三大类：

（1）中央电机驱动系统　这种结构形式主要被早期生产的电动客车所采用，主要是将传统汽车中发动机及离合器总成置换为驱动电机，车辆底盘改动较少，如图 2-2 所示。

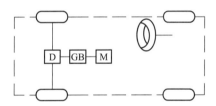

图 2-2　中央电机驱动系统布置图

D—差速器　GB—变速器　M—驱动电机

（2）中央集成电机驱动系统　这种结构是将驱动电机、减速器（变速器）集成为一个整体与驱动桥连接，或直接与驱动桥集成为一个整体，通过两根半轴与驱动轮连接。该结构有助于降低客车地板高度，增加座位数量，布置图如图 2-3 所示。

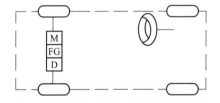

图 2-3　中央集成电机驱动系统布置图

D—差速器　FG—固定速比减速器　M—驱动电机

（3）分布式电机驱动系统　如图 2-4 所示，这种结构采用两个独立的驱动电机分别驱动车轮，由于取消了差速器，进一步降低了客车地板高度，增加了载客空间；驱动电机转速控制和车轮转速控制融为一体，车速控制更加简便，但需要通过程序控制两侧的电机来实现对车辆转弯过程的差速控制。根据电机是否与轮毂集成，分布式电机驱动又分为轮边电机驱动和轮

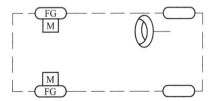

图 2-4　分布式电机驱动系统布置图

FG—固定速比减速器　M—驱动电机

毂电机驱动,由于轮毂电机体积相对较大、散热困难、成本高、结构较复杂,纯电动公交客车上多采用轮边电机驱动。

3. 常用驱动电机性能对比

按照电机结构的不同,可将常用驱动电机分为有刷直流电机、永磁无刷直流电机、交流异步电机、永磁同步电机、开关磁阻电机等,其性能各有特点。

(1)有刷直流电机 有刷直流电机是将直流电转换为机械能的电机,由定子、转子、电刷、换向器、风扇及端盖等组成,通过电刷,变换励磁绕组电流方向实现磁场变换。根据励磁方式不同,又可以将其分为并励、串励、复励和自励直流电机。该电机具有调速范围宽、调速性能好、起动转矩大、控制简单等特点。

(2)永磁无刷直流电机 永磁无刷直流电机是由一块或多块永磁体建立磁场的直流电机,其性能与恒定励磁电流的他励直流电机相似,可以通过改变电枢电压来方便地调速。与他励式直流电机相比,永磁无刷直流电机具有体积小、效率高、结构简单、用铜量少等优点,是小功率直流电机的主要类型。

(3)交流异步电机 交流异步电机也称为感应电机,三相交流电使定子绕组产生旋转磁场,转子绕组转速小于旋转磁场转速,从而产生相对运动切割磁场,产生感生电动势,获得转动力矩而转动。交流异步电机具有结构简单、维护方便、成本较低、运行效率较高、工作特性较好、易于实现正反转等特点,在电动汽车上获得了广泛应用。

(4)永磁同步电机 永磁同步电机的定子结构与普通感应电机的结构非常相似,转子结构与异步电机的最大不同是在转子上放有高质量的永磁体磁极,不用转子绕组切割磁场感应电流生成变化的磁场,转子永磁磁场与定子旋转磁场的转速同步,两个磁场相互作用产生驱动力矩。根据在转子上安放永磁体位置的不同,永磁同步电机通常被分为表面式转子结构和内置式转子结构。永磁同步电机不仅具有无刷直流电机的优点,还具有噪声低、体积小、功率密度大、转动惯量小、控制精度高等特点。

(5)开关磁阻电机 开关磁阻电机结构及工作原理与传统的交、直流电机有很大的区别,它不依靠定子、转子绕组电流所产生磁场的相互作用而产生转矩,而是依据"磁阻最小原理"产生转矩,即"磁力线具有力图缩短磁通路径以减小磁阻和增大磁导的本性"和"磁通总是沿着磁阻最小的路径闭合,从而产生磁拉力",进而形成磁阻性质的电磁转矩。该电机由电机实体、功率变换器、控制器、转子位置检测器四大部分组成,转子极上既没有绕组也没有永磁体,更没有换向器、集电环等。定子极上绕有集中绕组,径向相对的两个绕组串联构成一相,控制器通过转子位置检测器判定转子位置并实时接通和断开定子绕组对应相的电流,转子即会逆着励磁顺序连续旋转;电机的转向与相绕组的电流方向无关,只取决于相绕组通电的顺序。相数多、步距角小,有利于减少转矩脉动,但结构复杂,且主开关器件多,成本高,现今应用较多的是四相结构和六相结构。该电机结构简单,系统可靠性高,调速范围宽,工作效率高,起动转矩大,起动电流低,逐步成为电动汽车动力系统的新宠。

三、动力电池系统基本要求及其分类

1. 动力电池基本要求

动力电池的作用是接收和储存由车载充电机、发电机、制动能量回收装置或外置充电装置提供的高压直流电，并且为电动汽车提供高压直流电。动力电池是新能源汽车的核心部件之一，也是新能源汽车上价格最高的部件之一。与普通蓄电池相比，动力电池应具有以下要求：

1）比能量高。为了提高电动汽车的续驶里程，要求电动汽车上的动力电池尽可能储存多的能量，但电动汽车又不能太重，其安装电池的空间也有限，这就要求电池具有高的比能量。

2）比功率大。为了使电动汽车在加速行驶、爬坡能力和负载行驶等方面能与燃油汽车相竞争，就要求电池具有高的比功率。

3）充放电效率高。电池中能量的循环必须经过充电－放电－充电的循环，高的充放电效率对保证整车效率具有至关重要的作用。

4）均衡一致性好。对于电动汽车而言，电池组的工作电压大多均应达到数百伏，这就要求至少有几十到上百只电池的串联。为达到设计容量要求和使用要求，就要求动力电池单体要有足够的均衡一致性。

5）相对稳定性好。电池应当在快速充放电过程中保持性能的相对稳定，使其在规定使用条件下能达到足够的充放电循环次数。

6）使用成本低。除了要降低电池的初始购买成本外，还要提高电池的使用寿命以延长其更换周期。

7）安全性好。电池应不会引起自燃或燃烧，在发生碰撞等事故时，不会对乘员造成伤害。

2. 动力电池分类

新能源汽车动力电池按工作原理可分为物理电池、生物电池和化学电池三大类。

物理电池是指利用物理原理制成的电池，其特点是能在常温常压条件下进行能量转换，如太阳能电池、核能电池和温差电池；生物电池是利用生物酶、微生物或叶绿素做成的电池，如微生物电池、生物太阳能电池；化学电池是一种直接把化学能转换为电能的电池。目前，世界上研发最成功的电动汽车动力电池就是化学电池。

化学电池因电解质、正负极材料和功能的不同可分为三大类。化学电池一般由电极（正极、负极）、电解质、隔膜和容器（外壳）四部分组成。电极是电池的核心部分，一般由活性物质和导电骨架组成。电解质通常为固体或液体，液体电解质常被称为电解液，一般是酸、碱、盐的水溶液；固体电解质一般为盐类。

目前，纯电动公交客车上使用的动力电池主要有磷酸铁锂电池、钛酸锂电池和三元锂电池等。其中磷酸铁锂电池最为常见，钛酸锂电池在部分车型上也有应用，三元锂电池因其安全系数较低，在纯电动客车上很少应用。

四、纯电动公交客车主要技术指标

纯电动公交客车显著区别于传统车辆，具有高度集成的电气化、数控化特点，特别是评定动力电池及其管理系统和驱动电机及其控制系统的技术指标是传统车辆技术指标中所没有的，这赋予了纯电动公交客车新的内涵，从业人员掌握这些指标尤为必要。

1. **动力电池的主要技术指标**

动力电池的主要技术指标有电池容量、电池能量、电池功率、能量密度、功率密度、荷电状态、放电深度和循环使用寿命等。

1）电池容量：指充满电的动力电池在规定放电条件下，放电到终止电压时输出的电量，单位为 A·h，可分为额定容量、实际容量等。额定容量是指采用 3h 放电速率测定的蓄电池容量，是动力电池出厂时标定的电池容量，也是评定动力电池质量的主要技术指标。实际容量是指动力电池充满电后，在一定条件下所能输出的电量。

2）电池能量：指动力电池在规定的放电条件下所能输出的电能，单位为 W·h 或 kW·h。

3）电池功率：指动力电池在规定的放电条件下，单位时间内所能输出的电能，单位为 W 或 kW。

4）能量密度：指动力电池单位质量或单位体积所能输出的电能，分为质量能量密度和体积能量密度，对应的单位分别为 W·h/kg 和 W·h/L。

5）功率密度：指动力电池单位质量或单位体积所能输出的功率，分为质量功率密度和体积功率密度，对应的单位分别为 W/kg 和 W/L。

6）荷电状态（State of Charge，SOC）：指动力电池剩余容量占额定容量的百分比，是描述蓄电池工作状态的参数之一。

7）放电深度（Depth of Discharge，DOD）：指动力电池已输出的电量与额定容量的比值，常用百分比表示。放电深度与荷电状态参数的关系为 DOD=100%–SOC。

8）循环使用寿命：指当动力电池充满电时，其容量下降到某一规定值（我国规定为动力电池额定容量的 80%）之前动力电池所经历的充放电循环的总次数。

2. **车用驱动电机的主要技术指标**

车用驱动电机的主要技术指标有额定功率、额定电压、额定电流、额定频率、额定转速、最高转速、峰值功率、峰值转矩、堵转转矩、堵转电流、额定效率、额定功率因数、绝缘等级、尺寸参数、质量参数等。

1）额定功率：指电机在所规定的额定条件下运行时，其输出的机械功率，单位一般为 kW。

2）额定电压：指电机在所规定的额定条件下运行时，外加于定子绕组上的线电压，单位为 V。

3）额定电流：指电机在所规定的额定条件电压下运行且输出额定功率时，定子绕组的线电流，单位为 A。

4）额定频率：指交流电机使用的交流电频率，国内用交流电机的频率为 50Hz。

5）额定转速：指电机在额定电压、额定频率运行且输出额定功率时，转子的转速，单位为 r/min。

6）峰值功率：指在规定时间内，电机允许输出的最大功率。

7）峰值转矩：指在规定时间内，电机能够持续输出的最大转矩。

8）额定效率：指电机在额定条件下运行时的工作效率，是额定输出功率与额定输入功率的比值，一般用百分数表示。

9）额定功率因数：指交流电机的定子相电流比相电压滞后角 θ 的余弦值，即 $\cos\theta$。功率因数越高，工作效率越高，线路损耗越少；功率因数与工作负载有关，负载越低，功率因数越小，供电损耗越大。

10）绝缘等级：指电机绕组绝缘能力的高低，常用绕组所用绝缘材料在使用过程中容许的极限温度来分级，一般分为五级。电机绝缘等级与极限温度对应关系见表2-1。

表2-1 电机绝缘等级与极限温度对应关系

绝缘等级	A	E	B	F	H
极限温度 /℃	105	120	130	155	180

第二节 驱动系统基本结构与工作机理

一、中央电机驱动系统

1. 基本结构

中央电机驱动借用了传统内燃机驱动的成熟技术及一系列机械传动、差速、制动系统，仅把内燃机换成电机及相关控制部件，此驱动方案采用一台电机提供动力，同时驱动两侧车轮，差速系统与内燃机式汽车相同，操作方式与普通自动档汽车完全一样。由于其相对传统车辆具有较好的延续性，因此在纯电动公交车发展初期，多采用中央电机动力系统布置结构，如北京客车总厂生产的 BK6122EV 客车、广汽集团客车有限公司生产的广汽牌GZ6120EV1 城市客车，均使用额定功率为 100kW、型号为 JD132A 的交流异步电机为动力，其控制器型号为 TGN14，动力电池有 2 种型号可选用，一种为 SPIM23300260 型锰酸锂动力电池，一种为 PUIFP46/153/287 型磷酸铁锂电池。整车基本结构主要由动力控制系统、动力电池系统、底盘、车身及电气系统组成，其中，动力控制系统主要由电机和电机控制器组成，电机安放在车架的后部，电机与电池之间能量流动通过控制器调节，电机控制器安置在车身后部的行李舱内，电机通过 S3-120 机械式自动变速器（AMT）、传动轴、减速器、半轴与驱动车轮相连接，将电能转换为驱动轮的机械能，实现整车驱动。其动力传动原理如图 2-5 所示。

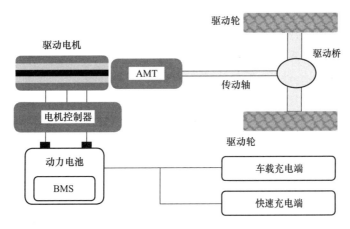

图 2-5 中央电机驱动动力传动原理

2. 工作原理

交流异步电机由转子、定子、轴承、端盖、油封、接线盒等部件组成。转子采用铸铝材料笼形结构，由转轴、铁心、笼等组成；定子由定子铁心、定子绕组线圈等组成，其中定子铁心是将前后压圈和冲片叠压用筋板焊接而成，焊接外罩形成散热风道，定子绕组线圈用漆包圆铜线绕制成三相对称绕组；转子轴两端通过轴承支撑在端盖上，非动力输出端安装有冷却风机。交流异步电机运行控制框图如图 2-6 所示。

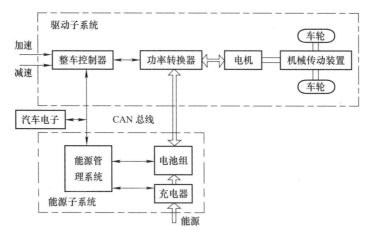

图 2-6　交流异步电机运行控制框图

U、V、W 三相绕组依序与控制器相连，改变连接顺序则改变电机转动方向，实现车辆前进和后退。电机控制器通过电机上设有的温度传感器和速度传感器控制电机转速，改变冷却风机转速和转动方向可改变电机工作温度，确保电机正常工作。当电机温度达到 165℃时，控制电机降低运行功率；当温度达到 180℃时，电机报警并停止运行，只有查明故障并排除故障后方可运行。

二、中央集成电机驱动系统

1. 基本结构

随着电动公交车的发展，中央电机驱动系统逐步发展为中央集成电机驱动系统。驱动电机多采用永磁同步电机，通过扩展驱动电机的调速性能，并与减速器相结合取消了变速器，最终将驱动电机、减速器和差速器集成为一个整体，装置在后桥上，使车厢空间更大，乘坐更舒适。常见代表车型有宇通 E8、E10 等车型，所装永磁同步电机的额定电压为 518V，采用强制水冷方式。电机采用防泥沙结构和抗凝露结构，一方面延长动密封圈使用寿命，保证电机的防护等级不被破坏；另一方面，增强了电机对低温环境适应能力，保持电机良好的绝缘性，既能有效保证车辆运行安全、可靠，又有助于降低车辆维护频次，节约使用成本。

宇通 ZK6805BEVG12 所装电机型号为 TZ368XSYTB05，功率达到 160kW；宇通 ZK6105BEVG29C 车型选用电机型号为 TZ368XSYTB04，峰值功率 200kW；电控系统均采用集成化设计，将高压配电、驱动电机控制器、转向控制器、空压机控制器和 DC/DC 变换器五部分集成为一体，形成五合一控制器。宇通 ZK6805BEVG12 采用五合一钣金式控制器，宇通 ZK6105BEVG29C 采用五合一压铸式控制器（2016 年后采用压铸式控制器，防护等级更高），系统高压连接点减少 50% 以上，提高了高压系统的线束连接安全性。五合一控制器外形结构如图 2-7 所示。

a）五合一钣金式控制器　　　　　　　　　　　b）五合一压铸式控制器

图 2-7　五合一控制器外形结构

2. 工作原理

在纯电动客车中，集成控制器将高压配电、驱动电机控制器、转向控制器、空压机控制器和 DC/DC 变换器五部分集成为一体，是整车高压控制的中枢，将整车的高压电分配到不同高压用电单元，并提供驱动电力使驱动电机、转向系统、空压机和 DC/DC 变换器工作，便于整车高压管理，为保证整体可靠运行起到核心作用。

1）驱动电机控制器：根据整车的需求目标转矩控制驱动电机，驱动车辆行驶；控制车辆制动能量回收（制动时驱动电机起发电机作用）。驱动电机控制器由数字信号处理器（DSP）电机控制板（包括电机 ECU、微控制器等）、绝缘栅双极型晶体管（IGBT）驱动电路板、IGBT 功率模块、电流传感器、隔离变压器、散热系统等组成。DSP 接收整车控制器的指令并反馈信息，检测电机系统内传感器信息，根据指令及传感器信息产生逆变器开关信号。IGBT 用于接收 DSP 的开关信号并反馈相关信息，放大开关信号并驱动 IGBT，提供电压隔离和保护功能。IGBT 可以满足变频器高开关频率、高耐压和大容量的要求，一般开关频率可以达到 2 万次 /s，器件的开通时间和关闭时间一般为几百纳秒。当正的电压（一般为 15V）加到 IGBT 的栅极时，IGBT 开通，电流可以在集电极与发射极之间流动；当栅极的正电压撤销后，IGBT 被关闭，为了防止 IGBT 开通，一般在需要关闭 IGBT 时，给栅极一个小的负电压，其控制原理如图 2-8 所示。

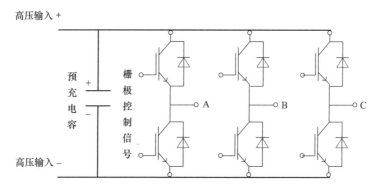

图 2-8　驱动电机电流转换控制原理

2）旋转变压器：依据电磁互感原理工作，其定子和转子分别有相互垂直的正弦绕组和余弦绕组，转子绕组将分别感应的电压信号相叠加，输出到旋变解码芯片，经芯片转换后得到电机的转子位置和转速，再输送给电机 ECU，电机 ECU 控制 IGBT 栅极控制信号，将高压直流电转换为调频的三相正弦交流电，驱动电机运转。

3）电动空压机控制器：根据前后储气筒气压高低，控制电动空气压缩机适时工作，为制动系统提供稳定压力的压缩气体。若有一个储气筒气压低于 6.5bar（1bar=10^5Pa）或两个储气筒气压均低于 7.0bar，则空压机自动起动运转；当储气筒气压均高于 7.6bar 时，则自动停止空压机运转。

4）转向控制器：根据车辆转向需求，控制液压助力转向油泵电机工作，为转向提供助力。

5）DC/DC 变换器：也称为直流斩波器，将动力电池高压电转换为低压电，为整车提供低压供电和对 24V 蓄电池充电。DC/DC 变换器通过调整原直流电占空比，控制输出的有效电压的大小，不仅起到调压作用，还有效抑制了电网侧谐波电流噪声；此外，当车辆高压供电系统出现故障不能正常工作时，DC/DC 变换器将低压电转换成高压电，供给转向电机，保证车辆安全靠边停车。

6）高压配电盘：接收电源管理系统指令，控制主放电回路、DC/DC 变换器回路、空调回路、充电回路的连接和断开，通过熔断配电箱内的熔丝起到过电流保护的功能。

7）电机冷却系统：按冷却方式的不同分为自然冷却和强制冷却两大类，强制冷却又可分为水冷和油冷两种。虽然风冷结构简单，但存在噪声大、散热效率低等缺点，因此纯电动公交客车多采用水冷方式，由冷却液、水泵、电风扇、散热器、温度传感器及循环回路组成。图 2-9 所示为宇通电机冷却液进出口。

图 2-9　宇通电机冷却液进出口

当冷却液流经驱动电机等高温热源时，冷却液吸收其热量，温度升高；当冷却液流经散热器时，冷却液热量传递给散热器片，温度降低，同时，电风扇工作将散热器片上的热量吹走。当电机温度≥45℃或集成控制器温度≥40℃时，水泵继电器闭合，电机冷却水泵开始工作；当电机温度和集成控制器温度均 <40℃时，水泵继电器断开，电机冷却水泵停止工作；温度传感器和控制器共同工作，控制冷却系统工作强度，保持驱动电机在合适的温度环境下工作。

三、分布式电机驱动系统

1. 基本结构

纯电动公交客车分布式电机驱动系统多采用轮边电机驱动，根据电机主轴的安装方向不同分为横向布置轮边驱动和纵向布置轮边驱动，驱动电机主轴旋转方向和轮边行星齿轮旋转方向一致时，为横向布置轮边驱动；驱动电机主轴旋转方向和轮边行星齿轮旋转方向垂直时，为纵向布置轮边驱动。因横向布置轮边驱动方式结构简单、布置方便，在比亚迪 K8、K9 车型上得到了广泛应用。

比亚迪 BYD6100LGEV4 是 K8 车型中的一种代表车型，其驱动系统摒弃了传统车辆的发动机、离合器、变速器、传动轴和差速器等部件，采用型号为 BYD-TYC90A 的永磁同步电机，额定功率为 75kW，峰值功率为 90kW，冷却方式为强制水冷；驱动电机和减速机构集成在轮边，构成轮边驱动桥，采用电子差速代替机械差速，电机控制器接收转向盘转角信号和左、右驱动轮转速信号，经过 ECU 分析计算后，对左、右驱动电机发出不同指令，使左、右驱动轮以不同速度旋转，来实现等速或差速运动。轮边驱动桥主要由轮边驱动电机、轮边减速机构、制动器、悬架、桥壳和轮毂等零部件组成。比亚迪 K8 轮边驱动桥结构如图 2-10 所示。

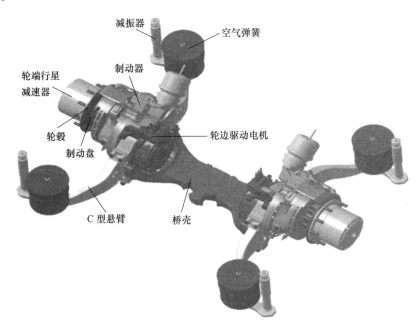

图 2-10 比亚迪 K8 轮边驱动桥结构

2. 工作原理

在 K8 车型中，整车控制器（也称主控制器）位于前舱，对整车高低压线路、DC/DC 变换器、电机控制器（双向逆变充、放电式）和电池管理系统等进行监控，其控制原理如图 2-11 所示。

整车控制器采集加速踏板信号、制动踏板信号和其他部件反馈信号，通过分析判断，控制电机、制动部件等动作，实现整车驱动控制、能量优化控制、制动回馈控制和网络管理等功能，是整个汽车的核心控制部件。整车控制器通过对当前车辆运行要求和电池当前状态分析计算，向左、右电机控制器发出控制信号，左、右电机控制器接收到转动方向信号和驱动转矩值信号后，分别控制左、右驱动电机按设定的转向和转矩运转。D 位时，电机正转，车辆前进，限速 69km/h（长途客运车辆限速 90km/h）；L 位时，电机正转，车辆在 30km/h 内低速大转矩行驶；R 位时，电机反转，车辆倒退，限速 15km/h；N 位时，电机停转，车辆停驶。

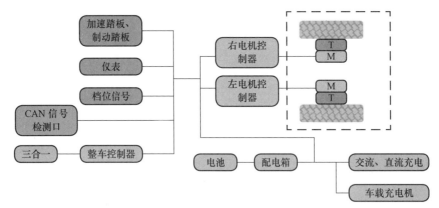

图 2-11　K8 车型控制原理

此外，辅助控制器布置在后舱内，主要是监测、控制驱动桥温度和管控解、闭锁充电枪；DC/DC 变换器及辅助电机控制器也布置在后舱内，主要功能为高低压转换、控制转向电机和空压机正常运作，同时控制 CAN 通信、故障处理、在线烧写及自检等功能；采用水冷方式，确保辅助电机控制器处于一个安全的工作环境。BYD6100LGEV3 后舱部件位置如图 2-12所示。

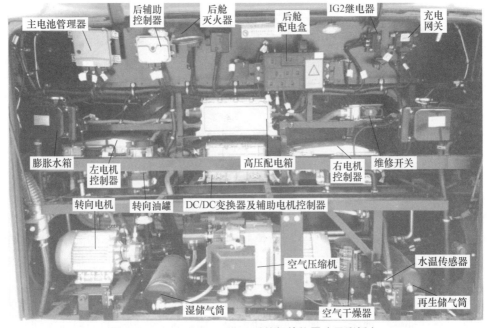

图 2-12　BYD6100LGEV3 后舱部件位置（见彩插）

冷却系统由两套独立的循环回路组成，为驱动电机、驱动电机控制器、DC/DC 变换器及辅助电机控制器等发热部件散热，保证以上部件在合适的温度内工作。散热器中的冷却液由电动水泵抽出，强制流经各个发热电子部件，带走热量，流回散热器，最后通过电子风扇使循环水与流经的空气进行热交换。冷却液在散热器中受到空气的冷却，同时采用风扇强制加速散热器周边的空气流动，以提高散热的速度。冷却系统循环回路如图 2-13 所示。

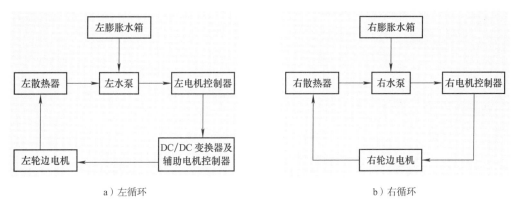

图 2-13　冷却系统循环回路

轮边电机采用永磁同步电机，与减速机构集成为一体，是比亚迪 K8 的特有技术，其集成结构如图 2-14 所示。电机主要由壳体、定子、转子组成，壳体上有冷却水道，并安装有转速传感器、温度传感器、旋转变压器，负责监控电机的转速、转动角度和温度。该减速机构采用二级减速器，第一级减速器采用两级齿轮传动减速，第二级减速器采用行星齿轮传动减速。轮边电机转子轴作为第一级减速器的输入轴，第一级减速器的输出轴与行星齿轮减速器中心齿轮（太阳轮）共用一根轴，作为行星齿轮减速器的主动件。行星齿轮减速器的行星架与轮毂连接为一体作为从动件，是减速机构总动力输出部件，用于驱动车轮转动。

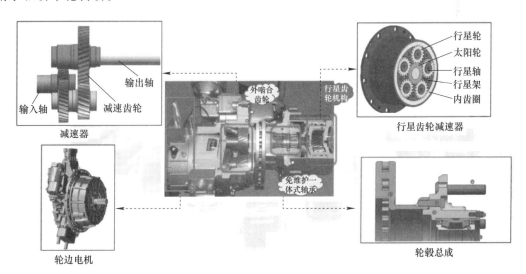

图 2-14　轮边电机集成结构

减速机构传动原理如图 2-15 所示。其中，行星齿轮减速器中齿圈固定，太阳轮是主动件，行星架为从动件，因此，第二级减速器的传动比为：$i=1+$ 齿圈齿数 / 太阳轮齿数。

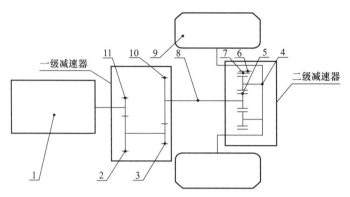

图 2-15 减速机构传动原理

1—驱动电机 2—中间轴齿轮 1 3—中间轴齿轮 2 4—行星架 5—太阳轮
6—齿圈 7—行星轮 8—输出轴 9—车轮 10—输出轴齿轮 11—输入轴齿轮

由于齿圈齿数大于太阳轮齿数，所以此时行星齿轮减速器的传动比大于 2，一般齿圈齿数是太阳轮齿数的 2～3 倍，行星齿轮减速器的传动比可达 3～4。由此可见，减速机构在控制体积的前提下，有效降低了轮边电机的转速，起到了降速增矩的作用，轮边电机所产生的转矩能够满足公交客车的运行需求。

第三节　纯电动公交客车动力电池及其管理系统

一、动力电池基本结构及工作机理

1. 动力电池概述

动力电池的作用是接收和储存由车载充电机、发电机、制动能量回收装置或外置充电装置提供的高压直流电，并且为电动汽车提供高压直流电。动力电池是新能源汽车的核心部件之一，也是新能源汽车上价格最高的部件之一。动力电池的性能好坏直接决定了这辆车的实际价值。

目前，应用在纯电动公交客车上的动力电池主要是锂离子动力电池。作为新能源汽车的动力源，动力电池技术是电动汽车的核心技术，动力电池一旦失效，车辆就会处于瘫痪状态。动力电池属于高压安全部件，内部机构复杂，工作时需要很苛刻的条件，任何异常因素都将导致动力被切断，因此对动力电池的诊断与测试就需要丰富的动力电池基础技术知识，对动力电池组的更换更需要专业规范的操作。

2. 动力电池系统的基本结构

动力电池系统主要由两大部分组成，即电池管理系统和电池本体部分。其中电池管理系统相当于动力电池的神经中枢，主要对电池状态进行监测、对电池电量等进行管理。电池本体部分又称为动力电池包，主要由电池模组、电池箱体及其他辅助器件等部分组成。动力电池系统的组成如图 2-16 所示。

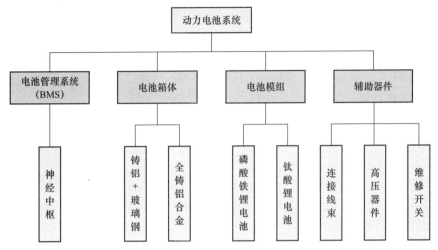

图 2-16 动力电池系统的组成

为了充分利用客车的闲余空间，增大车内有效乘用空间，纯电动客车的动力电池包一般安装于整车下部和后部，也有安装于车顶部分和车身侧面的，图 2-17 所示为宇通纯电动公交客车动力电池包的安装位置。整个电池包分为两部分，一部分安装在车辆后舱内，另一部分安装在车辆底部两侧舱内，每一部分又由若干个模组构成，每个模组内包含数量不等的电池模块，不同的模组之间按照一定的顺序依次连接，同时又通过低压线束与电池管理控制器相连。图 2-18 所示为比亚迪 K9A 纯电动客车动力电池包的安装位置。

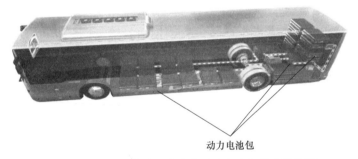

图 2-17 宇通纯电动公交客车动力电池包的安装位置

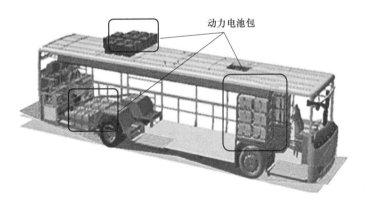

图 2-18 比亚迪 K9A 纯电动客车动力电池包的安装位置

动力电池成组后，安装于电池箱体内，电池箱体主要起到保护动力电池的作用，因此要求箱体要坚固、防水。箱体分为上箱体和下箱体，有些车型为了减轻箱体重量，上箱体采用玻璃钢材质，下箱体采用铸铝材料；而有些车型上、下箱体全部由铸铝合金制成。为了实现上下箱体之间的密封，由定位装置进行定位，并通过密封条进行密封。动力电池箱体的结构如图 2-19 所示。

图 2-19　动力电池箱体的结构

关于动力电池的几个概念：

1）单体电池：单体电池是构成动力电池模块的最小单元，我们通常所说的一个电池，指的就是单体电池。

2）电池模块：多个单体电池并联成一个电池模块，电池模块是单体电池在物理结构和电路上连接起来的最小分组，如图 2-20a 所示。

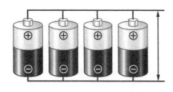

a）并联成模块

b）串联成模组

图 2-20　电池连接关系

3）电池模组：电池模组指多个电池模块或单体电池串联而成的一个组合体，如图 2-20b 所示。图 2-21 所示为实际使用的动力电池模组。

图 2-21　动力电池模组

4）动力电池包：由若干个电池模组通过串联关系组成的一个统一体，称为动力电池包。在高压配电箱内设置有几个接触器，负责控制高压电路的通断；为了对电池的电压、电流、温度、SOC 值等数据进行监测，在电池包内设置了采样线束与采集器相连。

动力电池包的额定电压 = 单体电池额定电压 × 单体电池串联数

动力电池包的额定容量 = 单体电池额定容量 × 单体电池并联数

动力电池包的总能量 = 动力电池包的额定电压 × 动力电池包的额定容量

动力电池包的比能量＝动力电池包的总能量÷动力电池包的总质量

3. 动力电池的类型及基本工作原理

目前应用在纯电动公交客车上的锂离子动力电池有磷酸铁锂电池、钛酸锂电池和三元锂电池等。其中尤以磷酸铁锂电池最为常见，钛酸锂电池在部分车型上有所应用，三元锂电池因其安全系数较低，但能量密度较大，故在家用纯电动汽车上应用较多，而在纯电动客车上很少应用。因此本节只介绍磷酸铁锂电池和钛酸锂电池。

（1）磷酸铁锂电池 磷酸铁锂电池是指用磷酸铁锂（$LiFePO_4$）作为正极材料的锂电池。标称电压为3.2V，充电终止电压为3.6V，放电终止电压为2.0V。

磷酸铁锂电池构造如图2-22所示，$LiFePO_4$作为电池的正极，由铝箔与电池正极连接，中间是聚合物隔膜，它把正极与负极隔开，锂离子可以通过而电子不能通过；电池负极由碳（石墨）组成，由铜箔与电池的负极连接。电池的上下端之间是电池的电解质，电池由金属外壳密闭封装。

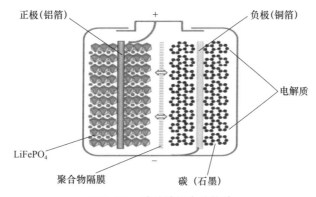

图2-22 磷酸铁锂电池构造

磷酸铁锂电池在充电时，正极中的锂离子通过聚合物隔膜向负极迁移；在放电过程中，负极中的锂离子通过隔膜向正极迁移。锂离子电池就是因锂离子在充放电时来回迁移而命名的。

与其他类型电池相比较，磷酸铁锂电池具有以下优点：安全性能好；寿命长，循环寿命可达2000次以上；高温性能好，热峰值可达350～500℃；工作温度范围宽广，为−20～75℃；无记忆效应，电池可随充随用；容量较大；质量小，同等规格容量的磷酸铁锂电池的体积是铅酸电池体积的2/3，质量是铅酸电池的1/3；环保。从外观来看，磷酸铁锂电池有圆柱形、方形和软包装三种形式，如图2-23所示。

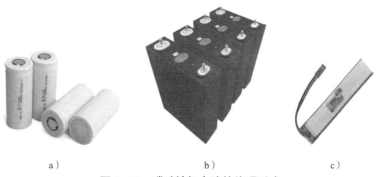

a） b） c）

图2-23 磷酸铁锂电池的外观形式

磷酸铁锂电池也有其缺点：低温性能差，正极材料振实密度小，用于动力电池时，需要面对电池一致性问题。

（2）钛酸锂电池　自从锂电池在 1991 年实现产业化以来，电池的负极材料一直是石墨在一统天下。作为新型锂电池的负极材料，钛酸锂（$Li_4Ti_5O_{12}$，简写为 LTO）由于其多项优异的性能而受到重视。钛酸锂电池就是用钛酸锂作为锂电池的负极材料，并与锰酸锂、三元材料或磷酸铁锂等正极材料组成 2.4V 或 1.9V 的锂离子蓄电池。此外，它还可以用作正极，与金属锂或锂合金负极组成 1.5V 的锂离子蓄电池。图 2-24 所示为圆柱形、方形和软包装三种形式的钛酸锂电池。

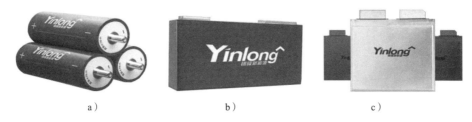

a）　　　　　　　　　b）　　　　　　　　　c）

图 2-24　钛酸锂电池的外观形式

钛酸锂电池由正极板、负极板、隔膜、电解质、极耳、不锈钢（铝合金）外壳等组成，其中，正极板的活性物质为三元锂、锰酸锂或磷酸铁锂，负极板的活性物质为钛酸锂。正负极板是电化学反应的区域，隔膜、电解质提供 Li 的传输通道，极耳起到引导电流的作用。钛酸锂电池的构造如图 2-25 所示。

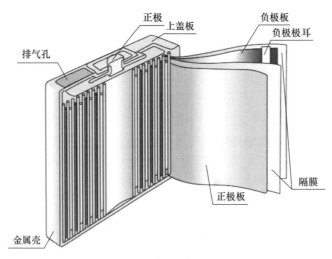

图 2-25　钛酸锂电池的构造

图 2-26 所示为钛酸锂电池的充放电原理，电池充电时，Li^+ 从正极板材料中脱出，在电场力的作用下，进入电解液，穿过隔膜，再经电解液迁移到负极钛酸锂晶体的表面，然后嵌入负极钛酸锂尖晶石结构材料中。与此同时，电子流从正极板通过正极极柱、负载、负极极柱流到钛酸锂负极板，使电荷达至平衡。

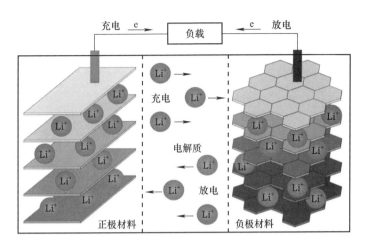

图 2-26　钛酸锂电池的充放电原理

电池放电时，Li$^+$ 从钛酸锂尖晶石结构材料中脱嵌，进入电解液，穿过隔膜，再经电解质迁移到正极材料表面，然后重新嵌入正极材料中。与此同时，电子流从钛酸锂负极板经负极极柱、负载、正极极柱流到正极板，使电荷达至平衡。

电池充电时，正极失去电子，Li$^+$ 脱出，嵌入负极中；负极嵌入锂离子的同时得到了电子成为富锂态。放电时，过程正好相反。在 Li$^+$ 嵌入或脱嵌的反应过程中，钛酸锂是一种理想的嵌入型电极材料，Li$^+$ 嵌入和脱嵌对材料的结构几乎没有影响，因此被称作"零应变"材料，从而保证了其良好的循环性能。

相对其他类型的锂电池而言，钛酸锂电池有其突出的优点：安全稳定性好，经多种破坏性试验，不起火、不爆炸；快充/放电性能优异，可高倍率充放电，在大大缩短充电时间的同时，对循环寿命的影响较小，热稳定性也较强，据测试，最新技术研发的钛酸锂电池 10min 左右即可充满；循环寿命长，30000 次以上循环测试，容量保持率超过 80%；宽温性能良好，耐用性强，在 −50 ～ 60℃均可正常充放电。

但是，钛酸锂电池也有自身的不足：能量密度相对较低；在循环使用中会产生胀气，导致电芯鼓包，影响电池性能的发挥；生产工艺复杂，价格偏高；电池一致性存在差异，随着充放电次数的增加，电池一致性差异会逐渐增大。由于钛酸锂电池的以上特点，故目前主要应用在电动公交系统、轨道交通系统和储能系统中。

二、电池管理系统

由于动力电池能量和端电压的限制，纯电动公交客车需要采用多组电池进行串、并联组合，但由于动力电池特性的非线性和时变性，以及复杂的使用条件和苛刻的使用环境，在纯电动汽车使用过程中，要使动力电池工作在合理的电压、电流、温度范围内，就需要对纯电动汽车上的动力电池进行有效管理。如果管理不善，那么不仅可能会显著缩短动力电池的使用寿命，还可能引起着火等严重安全事故，因此，电池管理系统（Battery Management System，BMS）成为电动汽车的必备装置，如图 2-27 所示。

图 2-27　动力电池管理系统

1. 电池管理系统概述

BMS 是电池与用户之间的纽带，主要是为了能够提高动力电池的利用率，防止动力电池出现过度充电和过度放电。BMS 相当于动力电池的神经中枢。

BMS 是保证动力电池正常使用、行车安全、数据采集和提高动力电池寿命的一种关键技术。作为动力电池和整车控制器（VCU）以及驾驶员沟通的桥梁，BMS 通过控制高压继电器的动作来控制动力电池的充放电，并向整车控制器上报动力电池系统的运行参数与故障信息。

2. 电池管理系统的结构

电池管理系统是集检测、控制与管理为一体的控制单元，主要由主控模块、采集模块、显示模块、电池均衡控制模块以及温度调节装置等组成，如图 2-28 所示。其中最重要的就是主控模块，它相当于 BMS 的"大脑"。各路电芯的电压如何控制、温控系统如何工作、充电机如何把控当前合适的充电电流，都是由它决定的，另外它还负责通过车用的 CAN 总线，给车载仪表、其他控制器传达信号。采集模块最核心的功能就是实时监测电池包里的各种参数，它连接了各路传感器来为主控模块提供控制所需的各种参数，如通过分布在电池包各个部位的贴片式传感器或者探头来检测温度，通过内置的电流传感器读取电流等。

1）主控模块：主要完成对电池组总电压、总电流的检测，并通过 CAN 总线与采集模块、均衡模块、显示模块、车载仪表系统及充电机等通信。

2）采集模块：主要采集动力电池的电压、电流、温度。

3）显示模块：主要用于电池组的状态以及 SOC 等各种参数的显示、操作等，并保存相关数据。

4）电池均衡控制模块：当电池箱内电池电压不一致超过规定值时，在充电电流小于一定值后，可对电池进行均衡。

比亚迪 K8 电动公交车的电池管理系统采用比亚迪自主研发的 BMS，它可以监测动力电池动态电压、温度、电流变化，具有异常状态报警和保护，漏电保护处理，充放电和上电管理，以及故障诊断和记录功能。其主要由采集器（BIC）和控制器（BMC）组成，如图 2-29 所示。

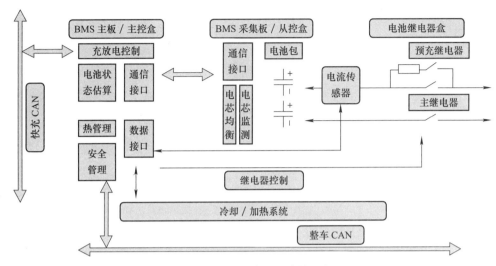

图 2-28 电池管理系统的组成

a）BIC

b）BMC

图 2-29 K8 采集器和控制器

BMS 可对整车动力电池电压和温度实现实时监控，并可以通过车载终端实现实时后台监控，随时了解车辆电池工作状况。

3. 电池管理系统的工作原理

BMS 通过检测动力电池组中各单体电池的状态来确定整个电池系统的状态，并根据它们的状态对动力电池系统进行相应的控制调整和策略实施，实现对动力电池系统及各单体的充放电管理，以保证动力电池系统安全稳定地运行。典型电动汽车 BMS 工作原理如图 2-30 所示。

以某动力电池管理系统为例，其工作原理是：动力电池模组放置在一个密封并且屏蔽的动力电池箱里，动力电池系统使用可靠的高压插接件与高压控制盒相连，输出的直流电由电机控制器转变为三相交流高压电，驱动电机工作；BMS 实时采集各电芯的电压、各温度传感器的温度值、电池系统的总电压值和总电流值等数据、实时监控动力电池的工作状态，并通过 CAN 总线与 VCU 或充电机进行通信，对动力电池系统充放电等进行综合管理。

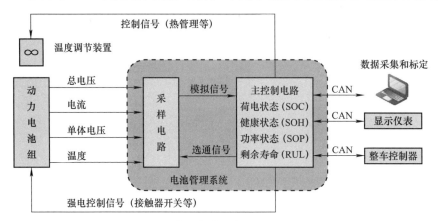

图 2-30　典型电动汽车 BMS 工作原理

4. 电池管理系统的功能

电池管理系统与电动汽车的动力电池紧密结合在一起，随时对动力电池的电压、电流、温度进行检测，同时还进行漏电检测、热管理、电池均衡管理、报警提醒，计算剩余容量、放电功率，报告 SOC、SOH，还根据动力电池的电压、电流及温度用算法控制最大输出功率以获得最大续驶里程，以及用算法控制充电机进行最佳电流的充电，并通过 CAN 总线接口与车载总控制器、电机控制器、能量控制系统、车载显示系统等进行实时通信，以避免出现过放电、过充电、过热和单体电池之间电压严重不平衡现象，最大限度地提升动力电池存储能力和循环寿命。电池管理系统的常见功能模块可以分为监测功能、状态估算功能、系统辅助功能和通信与故障诊断功能，BMS 的基本功能见表 2-2。

表 2-2　BMS 的基本功能

功能模块	关键技术	相关系统和装置	功能
监测功能	建立电池模型	—	描述电池参数的动态变化规律，用数字方程表达，用于动力电池系统仿真
	数据监测及采集	集中式或分布式监测装置	监测单体电池电压、电流、温度以及动力电池总电压和总电流，控制均衡充放电策略
状态估算功能	能量管理	电池管理模块	根据电池的电压、电流及 SOC 控制电池的充放电，防止过充电和过放电
	状态估算		根据动力电池 SOC 和 SOH 的算法，估算电池寿命（衰减）状态
系统辅助功能	热量管理	热量监测模块及传感器	冷却系统和冷却装置检测及控制
	数据显示	仪表、显示器	动力电池组实时电压、电流、SOC、剩余电量、温度等数据显示和故障报警等
通信与故障诊断功能	安全管理	自动断电、报警装置	出现动力电池过充电、过放电、过电压、过电流、高温等危险状态时，自动切断电源、报警等
	数据处理与通信	串行通信接口、CAN 总线	单体电池采用串行通信接口，整车管理系统采用 CAN 总线

（1）监测功能　BMS 的最基本功能就是测量单体电池的电压、电流、温度以及绝缘

检测和高压互锁检测，这是所有 BMS 顶层计算、控制逻辑和动力电池高压安全的基础。

1）监测单体电池（或单元、模块）的电压。监测单体电池（或单元、模块）的电压，对于 BMS 有以下 3 个作用：①可以用来累加获取整个动力电池的电压值；②可以根据单体电池（或单元、模块）电压压差来判断单体电池（或单元、模块）差异性；③可监测单体电池（或单元、模块）的运行状态，动力电池每个电池模组内都装有采集单体电池电压的采集器。

2）监测动力电池温度。动力电池温度传感器安装在动力电池内的多个位置，如图 2-31 所示。监测动力电池温度主要是依靠 NTC 温度传感器进行的。借助动力电池温度可以识别是否过载或有电气故障。出现温度异常情况时必须立即降低电流强度或完全关闭高电压系统，以免动力电池进一步损坏。此外，测量温度还用于控制冷却系统，从而确保动力电池始终在最有利于自身功率和使用寿命的温度范围内运行。

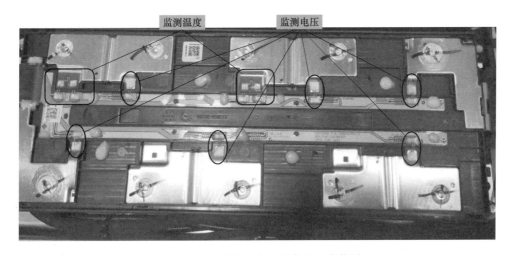

图 2-31　单体电池电压及电池温度监测

3）监测电流。由于动力电池通过单体串联给整车提供电能，所以一般只需要测量一个电流。电流测量工具主要有智能分流器和霍尔电流传感器，如图 2-32 所示。

a）

b）

图 2-32　智能分流器和霍尔电流传感器

4）漏电检测。为安全起见，电动汽车高压电路与车身搭铁是绝缘的。在电动汽车高压部件内都安装有漏电传感器，如图2-33所示。漏电传感器用于对电动汽车直流动力母线及外壳、车身与底盘之间的绝缘电阻进行检测，通过检测与动力电池输出相连接的负极母线与车身底盘之间的绝缘电阻来判断动力电池包的漏电程度。当动力电池包漏电时，传感器发出一个信号给BMS，BMS接收到漏电信号后，进行相关保护操作，并且报警，防止动力电池包的高压电造成人或者物品的伤害和损失。

比亚迪公交客车K8整车高压系统就采用漏电传感器（图2-34）进行漏电检测，通过检测与动力电池输出相连接的直流母线正极或母线负极与车身底盘之间的绝缘电阻，实现对电池漏电的监测。

图2-33 漏电传感器总成

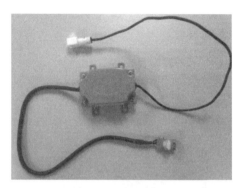

图2-34 比亚迪公交客车K8漏电传感器

5）高压互锁（HVIL）检测。HVIL检测功能也是BMS的一个重要功能，其他高压控制器上也会有这个功能，它的作用是用来检测高压回路中高压插接器的连接状态，识别高压插接器是否连接或意外断开，确认整个高压系统的完整性。当高压系统回路断开或者完整性受到破坏的时候，就启动安全保护措施。HVIL可以使得在高压总线上电之前，就知道整个系统的完整性，也就是说在电池系统主、负继电器闭合给电之前就防患于未然。高压维修开关和高压插接器上的高压互锁接口如图2-35所示。

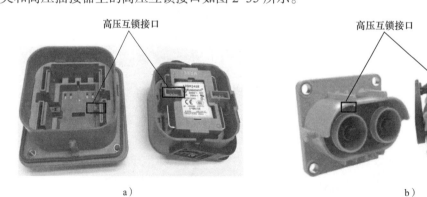

a) b)

图2-35 高压维修开关和高压插接器上的高压互锁接口

（2）状态估算功能 动力电池系统中最核心也是最难的一部分就是SOC、SOH和SOP的估算。

1）SOC 估算。SOC（State of Charge）的全称是荷电状态，也叫作剩余电量，代表的是电池使用一段时间或长期搁置不用后的剩余容量与其完全充满电状态的容量的比值，常用百分数表示。其取值范围为 0 ～ 1，当 SOC=0 时表示电池完全放电，当 SOC=1 时表示电池完全充满。

2）SOH 估算。SOH（State of Health）的全称是电池健康状态，可以理解为电池当前的容量与出厂容量的百分比。一般情况下，SOC 描述的是电流参数的短期变化，SOH 描述的是长期变化。SOH 的测量不需要连续进行，对多数情况只要定期测量就够了，测量的周期取决于不同应用场所。SOH 测量外推法可以预测电池的寿命，但是，是否会突发电池故障是难以预料的。为了测定电池的健康状态，必须知道实际的 SOC，或者必须在相同的 SOC 下测量 SOH。

影响 SOH 的因素有：①电池放电深度（DOD）体现了电池放电的程度，相同容量的电池，放电深度越大，电池释放的能量就越多，电池的寿命就越短。②充放电速率也会对电池寿命产生很大的影响，对电池进行高倍率电流充放电会加剧电池的极化现象，缩短电池的寿命；同样，过小的充放电电流也会影响电池的寿命。③充放电温度过高或过低，都会影响电池的性能，温度过低会影响电池内部电解液的活性，降低电池的充放电效率；温度过高则会使电池内部的化学平衡体系遭到破坏，使电池材料的结构发生变形，缩短使用寿命。④当电池放电至截止电压时，继续放电会使电极与电解液发生不可逆的化学反应，使电池的活性成分变少，缩短电池的使用寿命；同样，过充电也会缩短电池寿命。

3）SOP 估算。动力电池功率状态（State of Power，SOP）算法的目的就是权衡多重因素的影响，从而指导控制单元更合理地使用动力电池系统。对于纯电动汽车而言，动力电池是唯一的能量获取来源，SOP 策略相对简单。而对于混合动力汽车而言，一方面，动力电池容量小，在运行中必然需要高倍率输出，因此对功率平稳输出的优化就更为重要；另一方面，内燃机系统（或燃料电池系统）如何与动力电池进行功率分配才得以实现低能耗、高性能也需要通过 SOP 算法来优化。用户可以根据实际需求来选择是希望车辆性能更强劲或是动力电池寿命更长久。SOP 算法与电芯特性、电池系统性能和整车功率需求等都有着密切的关系。

（3）系统辅助功能 BMS 的辅助功能主要包含继电器控制、热控制和充电控制等，这些功能往往与整车控制系统或者其他相关的系统联合使用。

1）继电器（SMR）控制。动力电池内一般有多个继电器，BMS 至少要完成对继电器的驱动供给和状态检测。继电器控制往往是与整车控制器协调后确认控制，而安全气囊控制器输出的碰撞信号一般与继电器控制器断开直接挂钩。

电池包内继电器一般有主正、主负、预充继电器和充电继电器，在电池包外还有独立的配电盒对整个电流分配进行更细致的保护。对电池包的继电器控制，闭合、断开的状态以及开关的顺序都很重要。系统主继电器是根据动力电池 ECU 信号连接或切断高压供电电路的继电器，一般采用 3 个继电器以确保正常工作。

2）热控制。动力电池的化学性能受环境温度的影响非常大，为了保证动力电池的使用寿命，必须让动力电池工作在合理的温度范围之内，并根据不同的温度给整车控制器所能输出和输入的最大功率。因此，当动力电池温度过高时就要为动力电池降温，温度过低时则需要为其适当加热。目前，对动力电池降温主要采取风冷和水冷两种冷却方式；对动力电池升温主要是通过加热器加热冷却液介质间接给动力电池加热。

3）充电控制。BMS 的一种主要模式是监控动力电池在充电过程中的电池需求。在交流充电过程中，BMS 需要实现 PWM 的控制导引电路的交互；在直流充电过程中，特别需要注意在较高 SOC 下允许充电的电流。在国标系统中，BMS 被要求直接与外部建立通信，交互充电过程中的信息。

（4）通信与故障诊断功能

1）通信功能。BMS 中至少需要给 VCU 发送电池系统的相关信息；在有直流充电的系统之中，特别是在国标系统中，需要直接与外部直流充电桩进行通信。在某些时候，可能还有一条备份的诊断和刷新的通信线，用来在主通信失效的情况下进行数据传输。

2）故障诊断及容错控制。故障诊断及容错控制在任何控制器中都是非常重要的部分，BMS 的故障也需要以故障码（DTC）进行报警，通过 DTC 触发仪表盘中的指示灯。在新能源汽车中，电池故障也有相应的指示灯来提醒驾驶员。由于电池的危险性，往往需要车联系统直接进行信息传送，以应对突然出现的事故。比如当发生事故的时候，安全气囊弹出，继电器由整车控制器直接切断以后，车联系统通过定位和预警来处理事故。故障诊断包括对单体电池电压、电池包电压及电流、电池包温度测量电路的故障进行诊断，确定故障位置和故障级别，并做出相应的容错控制。

BMS 在保证电池正常工作的前提下，提高了电池的工作效率，确保了电池运行的可靠性，是避免电池着火的关键部件，对保障纯电动公交车正常、安全运行具有重要作用。

纯电动客车相较于传统客车空间较为密闭，车辆起步迅速，瞬时车速比较大，在行驶过程中乘客容易出现眩晕的情况，这就要求驾驶员在机非混行路段应控制好车速，不要抢行通过，避免产生意外事故发生。纯电动客车发展初期，因车辆所携带动力电池电量较小，动力电池散热方式多为风冷方式，由于散热不均，车辆在充放电过程中还可能出现自燃的状况，因此，防范车辆自燃也是纯电动客车安全驾驶的一个重要内容。对于纯电动客车涉水驾驶、驾驶员抗疲劳、防范乘客突发状况等方面同样需要提高认识，强化相关人员的岗前培训，主动应对出行服务过程中的各类情况。本章参考交通运输部 JT/T 934—2021《城市公共汽电车驾驶员操作规范》，就围绕安全驾驶与应急处置等措施予以讲解。

第一节 纯电动公交客车安全驾驶要求

纯电动公交客车在日常安全驾驶时，依然遵守"一慢二看三通过"的驾驶原则，坚持出车"三检制"要求，即出车前、行驶中、回场后，保持注意力不分散，缓踩电控踏板，预判前方道路状况，提前动作，耳听六路，眼观八方，快进站时坚持做好"靠边、对正、停稳"六字方针，确保将公交安全驾驶工作扎扎实实落到实处。

一、驾驶员出车准备

1）驾驶员出车前开展酒精测试，确保身体状况良好；按照规定着装，佩戴服务证卡。

2）检查车辆轮胎是否完好，轮胎气压是否充足，轮胎压花不超过 4 个胎花左右；检查车辆车身外观和车窗是否有破损现象。

3）检查车辆底盘无渗漏油、漏水的现象；检查车辆膨胀水箱冷却液液位在 1/2 ～ 2/3 之间，无渗漏现象；检查车辆转向助力油壶油位在黄色刻度线之间，油色透明。注意：请勿使用水直接冲洗后舱、电池舱和散热器等。车厢内严禁使用高压水冲洗车厢。

4）检查仪表信号正常，固定良好，应急锤、破窗器和灭火器等安全设施齐全有效，并符合 JT/T 1240—2019《城市公共汽电车车辆专用安全设施技术要求》的要求。

5）注意检查事项，围绕车辆外部巡检一圈，观察各个舱门是否完全关闭；使用车辆钥匙逐步起动车辆，观察仪表是否有"报警信息"；进行车门打开与关闭测试；车辆存在故障时，要及时报修。

6）车辆上电，打开总电源闸刀（位于车辆右后侧小舱门内）；打开仪表台上的电源开关；检查驻车制动阀锁止、后舱门关闭、档位在空挡；钥匙拧到"START"档，仪表上方显示"READY"符号后，车辆起动。

二、驾驶员行车途中的安全检查

1）在服务过程中，不得吸烟、吃零食、与人闲谈或使用手机；举止文明，尊重乘客，文明服务。

2）车辆仪表出现故障时，应靠边停车，及时报修；SOC 低于 15% 或单体电压低于 2.8V 时，靠边停车报修。

3）行车过程中，禁止急加速和急制动；多辆车进站应顺序进站；途径路口或事故多发路段和限高路段时，应谨慎驾驶。

4）在雨雪雾等特殊天气运行中，应打开雾灯、示廓灯，缓慢行驶；遇路面积水超过 300mm 以上，绕行或将车辆停放至较高路段。

5）发现乘客携带易燃易爆等危险品乘车的，应劝阻其乘车。

三、驾驶员收车后安全检查

1）收车后应按照位置停放车辆。

2）车辆关闭，停稳车辆，将车辆档位切换至空档；锁止驻车制动阀；关闭车辆空调、灯光等所有用电设备；将钥匙拧到"OFF"档，低压电源切断；将仪表台上的翘板电源开关关闭；将车辆左前侧检修舱内的总电源闸刀关闭。

3）做好车辆保洁工作，关闭车辆窗户，防止雨水进入。

4）巡视车辆外部，观察各个舱门是否完全关闭。

5）冷却水检查、漏油检查、漏气检查。

四、安全行车涉水驾驶方法

1）掌握所驾车型的最高涉水警戒线，主要以车辆乘客踏板高度为基准；纯电动公交客车遇到积水区且目测水深应不大于 25cm 时，应将减振气囊升到最高位，低速行驶。

2）选择低水位路面，缓慢匀速通过，保持安全距离。

3）纯电动公交客车在雨中或涉水时出现漏电麻人现象时，应立即停车，打开应急开关、车门，切断电源，疏散乘客。

4）在雨中或涉水时，开启"雨雪模式"（能量回馈取消开关）功能，并控制车速在 25 ～ 40km/h。

5）涉水后应及时蒸发制动片水分，低速行驶轻踩制动，恢复制动性能。

6）纯电动公交客车经过积水路面时，积水深度应不大于 30cm，控制车速不超过 10km/h，同时关注仪表是否报警，谨慎驾驶，确保安全，涉水车辆如报绝缘故障应立即停车检修。当路面积水超过 30cm 时，车辆必须换道行驶或暂停使用，禁止强行通过。

第二节　纯电动公交客车安全运营管理

一、纯电动公交客车安全运营管理基础

要想做好纯电动公交客车的安全运营风险管控工作，必须首先找出影响行车安全的主要因素，认真进行分析研究，有的放矢，对症下药，只有这样，预防预控工作才有针对性，安全运营才会有保障。

1. 影响车辆行驶安全的主要因素

纯电动公交客车底盘低，操控简单，提速快，若驾驶员不熟悉纯电动客车技术状况，

则容易引发车辆行车安全事故。提起行车安全，人们自然会将它与交通事故联系在一起，对于某一起交通事故来说，乍看起来似乎是偶然的，然而必然性寓于偶然性之中。因此，任一一起交通事故都应该从人、车、路三方面加以分析。对企业来说，道路是客观因素，我们这里不做探讨，仅对人（驾驶员）、车两个因素进行分析。

（1）人的因素　人是交通安全中最重要的因素。交通安全的关键在于人，人是交通安全的核心。国内外的交通事故统计表明，有80%～85%的事故是由人造成的，包括驾驶员的情绪控制、驾驶失误、麻痹大意和违章行驶等；还包括行人和骑自行车的人不遵守交通法规等，但从总体来看，关键还是在于驾驶员，因为相对于骑自行车的人和行人来说，机动车驾驶员是交通强者。因此，在交通安全中，人的因素主要是驾驶员的意识与行为。根据道路交通事故的统计与资料分析，因驾驶员失误而发生的交通事故约占交通事故总数的70%，因此，人（驾驶员）是道路交通中最重要的环节，是预防预控工作的主体。

（2）车的因素　交通安全的第二要素是车。在这里，车主要是指纯电动公交客车。据有关统计资料表明，由于车辆本身因素所造成的交通事故，在工业发达国家占5%左右，在发展中国家占10%左右。在交通事故中，因车辆造成的事故，主要是由车辆的机械故障造成的，包括制动失效、转向失效、动力电池短路、温度过高、轮胎脱出或爆裂、灯光损坏、灯光眩目以及连接失效等。近年来，因动力电池散热不及时而造成的着火事故以及极端天气下涉水行驶的水泡车辆有所增多，成为纯电动公交客车预防预控的主要工作。

2．影响公交驾驶员情绪的主要因素

人是交通安全中最重要的因素，公交驾驶员如何控制情绪，冷静、理智地驾驶车辆，是公交客车安全运营的关键。

（1）交通环境

1）道路状况。随着机动车保有量增加和道路施工、交通管制等，城市道路更加拥堵，"路难走、车难行"的情形会引起驾驶员的烦躁情绪。

2）交通行为。部分交通参与者的交通安全观念和交通文明意识严重滞后，车辆随意变道、强行超车、抢闯信号、乱停车；部分新驾驶员因驾驶操作不熟练、路况不熟悉，导致行车不规范，车速忽快忽慢；行人不遵守交通法规及交通信号，随意穿越马路等。这些不文明的人和事是诱发驾驶员不良情绪的原因之一。

（2）工作环境

1）岗位特性。公交驾驶员每天早出晚归，周而复始地行驶在一条线路上，长时间的重复性工作容易造成驾驶员的心理倦怠和思想懈怠。

2）企业管理。企业规章制度的制约和考核、处理，会对驾驶员产生一定的心理压力和紧张情绪。

3）驾乘关系。公交驾驶员每天要面对不同的人群并与之进行互动，少数乘客因为一些小事就对驾驶员进行批评和指责，不良情绪往往会宣泄在驾驶员身上，紧张的驾乘关系使部分驾驶员产生对服务对象、服务环境的厌烦心理。

4）人际关系。保持同事之间、上下级之间等各种人际关系的恰当、平衡、和谐，如果处理不当出现失衡，就可能影响到自己的心态、情绪和心理状况以及日常行为的反应。

（3）家庭环境

1）家庭关系。个人婚姻和家庭和睦是工作以外的事情，但因为家庭中的琐事和夫妻间的情感纠葛引发的负面情绪，会直接影响到驾驶员是否能够保持平静的心情以及良好的心态做好本职工作。营造和谐的家庭氛围对公交驾驶员的生活和工作起到非常重要的作用。

2）亲子关系。孩子是每个家庭的中心轴，大家辛勤工作的首要任务就是为了养育下一代。亲子关系也是牵扯到每一位公交驾驶员是否能全身心地投入工作，为广大乘客做好优质服务的一个重要环节。掌握必要的亲子教育知识，塑造融洽的亲子关系，同样对公交驾驶员的情绪管理和安全心态起到积极重要的作用。

（4）心理因素

1）侥幸心理。驾驶员对可能会出现的复杂情况估计不足，自认为会平安无事，抱着侥幸心理驾驶车辆。

2）赌气心理。驾驶员在行车中，遇到不顺心或违背自己意愿的事而产生赌气情绪，把车辆当成发泄自己怨气或向他人实施威胁、恶意报复的工具，主要表现有：①会车时，对面车辆没有避让或夜间使用远光灯影响到自己的时候，产生上火、生气、焦躁等不良情绪；②超车时，前方车辆阻挡或让路不让速，出现情绪激动和报复心理；③遇到行人、非机动车违反交通法规，妨碍自己行车时，产生急躁、愤怒情绪。

3）恐慌和迁怒心理。驾驶员因外部因素引发愤怒、紧张与恐慌情绪，导致出现感觉混乱，动作失调，操作失误。这些情绪极易导致事故发生，也容易导致与乘客、行人发生口角和纠纷，主要有以下几种情况：①当对车况、路况不熟悉或新驾驶员行驶在复杂路段、危险路段，出现心理紧张感；②个别驾驶员因受外界因素干扰和刺激，情绪不佳，心情烦闷，驾驶中用高速行驶或其他危险驾驶行为来宣泄内心的愤怒和不良情绪；③部分驾驶员在行车过程中看到惨烈的交通事故场面时，受到强烈的视觉冲击，产生强烈的心理反应和躯体化症状。

4）恃强和自我表现心理。恃强凌弱，即凭着自己开的公交车车体宽大，行驶在路上有"高人一等"的心理，开"霸王车"，认为社会车辆都应让行自己。自我表现，即开"英雄车""逞能车"，特别是遇到驾驶新手或女驾驶员，就想展示自己的驾驶水平，从而容易出现争道抢行、冒险通过等现象。

5）注意力不集中。注意力高度集中是保证行车安全的必要前提，部分驾驶员在行车过程中与人聊天、饮食喝水以及使用手机，造成注意力分散，遇到紧急情况时，措手不及、手忙脚乱。

二、驾驶员防春困措施

（1）养精蓄锐　充足的睡眠是行车安全的基本保证，职业驾驶员必须保证足够的睡眠和休息，保障良好精神状态，避免疲劳驾驶或通宵娱乐，以饱满的精神状态准备好第二天的驾驶工作。

（2）放松情绪　轻松的心情是驾驶员安全驾驶的必要条件之一，碰到堵车时不急不躁，做到"宁停三分，也不抢一秒"，红绿灯路口不强行闯关，时刻提醒自己"路口就是虎口"，对自己负责就是对乘客负责，对家人负责，对企业负责。

（3）时常通风　打开驾驶室车窗或顶窗风扇，保持清新空气流通可以刺激人体神经，而且这是驱逐"春困秋乏"最简单的方法。

（4）请勿饱食　午饭建议六七分饱，过饱就会令全身的大部分血液集中在胃部帮助消化，造成大脑供血不足，产生困乏感。个别驾驶员可以携带一些小食品，避免低血糖，到首末站感觉饿时适当补充能量。

（5）提神醒脑　风油精、清凉油有清凉醒脑功用，驾驶员可擦在太阳穴和人中部位，能够起到提神之效，避免疲劳情况的出现。

（6）稍作缓解　营运过程中，若因长时间佩戴口罩感觉呼吸不畅或有不适感时，可在停站或等待信号灯时把头靠近车窗呼吸新鲜空气，稍作缓解；也可选择港湾式站点，下车稍作身体伸展运动，各关节舒展后再投入营运工作。

（7）关注健康　定期开展个人体检，发现身体有不适的及时就医治疗，特别是高血压糖尿病慢性患者、睡眠综合征患者和鼾症患者。日常测量好血糖血压，问题严重时应及时到专科医院诊疗，或到大型医院住院治疗。

（8）利用好科技手段，实施有效监控　筛选新入职和嗜睡等重点驾驶员，将午间11—14时作为重点时段，利用驾驶员行为分析系统实时观察驾驶员的精神状态，一旦发现其有困乏现象，应立即通过调度系统后台对驾驶员予以提醒，必要时暂停驾驶工作，确保乘客安全。

三、安全行车规范"3211""523"

安全行车规范"3211""523"是纯电动公交客车路口限速和进出站规范操作实践经验的总结，可有效减少路口交通事故和客伤事故的发生。据某企业分析统计，坚持这些好的经验做法，每年可使交通事故发生频次下降60%～70%。

1. 3211 限速规定

1）车辆直行通过路口时，车速不得超过 30km/h。

2）车辆左转弯通过路口及在停车场区内行驶时，车速不得超过 20km/h。

3）车辆右转弯通过路口时，车速不得超过 15km/h。

4）车辆在进入或驶出公交站区域时，车速不得超过 10km/h。

2. 523 安全操作法

1）车辆提前 50m 开始减速，并在进入站区前降速到不超过 10km/h。

2）车辆停稳 2s 开启车门，车门关闭 2s 后车辆起步。

3）车辆起步前环顾 3 个方向确认安全：观察右侧后视镜确认车门附近安全；观察中间内视镜和后门监控确认车内乘客安全；观察左侧后视镜确认来往车辆安全。

第三节　纯电动公交客车节能驾驶

节能驾驶是一项与人、车、路等相关的复杂系统工程，公交驾驶员操控车辆的技能水平，是影响车辆能耗的关键环节。一般情况下，驾驶行为习惯将影响车辆能耗量的范围在 30% 左右。节能驾驶就是驾驶员以最轻柔的操控动作，加上提前预判与预处理，摒弃急加速、急减速、大角度打方向，实现最少能耗下的节能运营。驾驶节能技术是一种成本最低、见效最快、效果较为明显的节能措施。

一、平稳起步

纯电动公交车的加速踏板由电机驱动，起步提速时应尽量做到缓起步、缓踩加速踏板。因为起步提速时的电耗较大，用电量与加速性成正比，车辆提速越快，电量的消耗也越大；

反之，电量消耗也会少得多。起步加速时，需要克服因运动惯性而带来的加速阻力，若驾驶员对加速踏板能以缓加速的方式柔和控制，则能有效降低车辆的加速阻力，进而减少车辆燃料消耗。掌握好车辆起步的驾驶技巧对纯电车辆的电量消耗至关重要。

二、匀速行驶

在节能操作中，与燃油汽车一样，纯电动公交车也提倡匀速行驶，这样对安全与节能都很有好处。完成起步提速以后，应根据道路行驶条件把驱动电机转速控制好，而不是始终踩踏加速踏板，追求车辆推背感。转速 1200 ～ 1700r/min 是纯电动客车的经济车速和最大省电区间，应该让车辆保持在一个高车速、驱动电机低转速、动力平衡输出的匀速行驶状态，以达到最佳的节电效果。变速行驶时，因重复加、减速频繁，车辆电量下降会比较明显，所以一定要控制好车辆最高车速，速度越快，电量下降也越快。

三、车辆加速

缓加速时，应逐渐增大加速踏板行程，使驱动电机转速保持在 1/3 ～ 2/3 加速踏板行程范围内运行（电机转速为 3000r/min 时，对应车速 25km/h，此时电机效率在 90%，绿区行驶），运行时间越长，对应的车辆百公里电耗会越低。车辆加速时，逐渐增大加速踏板行程，尽可能使驱动电机的转速保持在绿区行驶，该转速范围为电机的高效率区域。

车辆加速时，若踩踏加速踏板过急过猛，不仅会导致电耗增加，也易摔伤乘客。车辆过度加速，会使电机产生的转矩过量，引发高压系统回路消耗的功率过大，也会增加电耗。

四、制动电量回收

电机的驱动过程是动力电池放电和车辆耗电的过程，而电机的制动和车辆减速制动过程则是由电机向动力电池充电的过程，因此，做好制动能量回收是开好纯电动客车的关键所在。车辆行驶过程中，在保证安全的情况下尽量避免急制动、急减速，轻踩制动踏板才能使电量回充最大化。

制动踏板角度状态如图 3-1 所示。根据制动踏板特性曲线，踏板角度在 0°～ 9° 时，仅有电制动工作，电压信号约为 2V，对应的电制动转矩约为 95N·m；当踏板角度大于 9° 时，气制动和电制动同时接入工作，25° 时气制动达到最大转矩，28° 时电制动达到最大转矩。

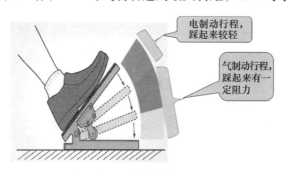

图 3-1 制动踏板角度状态

普通车辆在城区运行时，制动耗散能量占总驱动能量的 40%～ 50%，公交车制动耗散量更高，而制动能量回收一般可延长车辆行驶里程 15%～ 20%。

五、减少不必要的变换车道

当纯电动车辆斜向运动时，按照力的分解，向前的力是有用功，横向运动力为无用功，斜向行驶的角度越大，向前的分力就越小，而横向的分力越大，故而车辆电量损耗就越大。车辆在匀速直线行驶时，电耗较低，而在转向过程时，驱动电机转速升高，电耗也就增加，因此减少不必要的变道和转向，是节能节电的有效措施。

六、做好预判，合理利用滑行

不论是燃油汽车还是纯电动汽车，在实际操作中，预见性驾驶始终是节能操作不可或缺的重要环节。比如对道路情况的判断，对路口信号灯的提前预测，掌握制动位置与距离之间的对应关系，充分利用松开加速踏板提前减速，采用惯性滑行等措施，尽可能做到滑行停止，而不是制动停止，减少急减速、急制动的不良驾驶行为，既节能又可避免交通事故发生。

七、长时间等待时拉上驻车制动手柄，切换到空档

纯电动车辆在长时间等待时，驾驶员应拉上驻车制动手柄，将档位切换到空档，此时转向助力电机会自动停止工作，从而达到节能的目的。

第四节　纯电动公交客车应急处置

纯电动客车因燃料系统和驱动系统结构上的不同，有别于传统天然气和柴油客车，在出现紧急情况时的处理机制和方式也会有所不同，本章参考交通运输部 JT/T 999—2015《城市公共汽电车应急处置基本操作规程》，结合一些典型的事故场景，对纯电动客车在应急处置方面的具体操作方法和步骤进行介绍。

一、突发交通事故处置

公交车是移动的公共空间，作为公交车驾驶员，不仅要确保车辆行驶安全，还要对车上乘客的安全负责，面对各种突发情况，应按照以下应急处置原则，冷静应对，果断处置。

（1）以人为本，生命至上　将驾乘人员的生命安全放在第一位，坚持"先人后物、救人为主、减免损失"原则，切实把保护驾乘人员生命安全放在最高位置，将"先救人"作为最高准则，最大限度地消除威胁人身安全的各类因素，减少事故损失。

（2）沉着冷静，准确判断　保持"遇事冷静、头脑清醒、反应迅速、处理果断"的状态，根据实际情况迅速做出判断，按照事故处理预案，及时采取正确处理措施，同时稳定乘客情绪，疏散乘客，远离事故车辆，防止发生二次事故，保障乘客安全。

（3）及时减速，规避风险　按照"先制动、后转向"和"让速不让道"的原则，迅速降低车速，有效控制行驶方向，尽力降低安全风险，尽可能使车辆在碰撞前处于停车或低速行进状态，同时向其他交通参与者及时传递危险信号。

（4）避重就轻，减少损失　事故发生不可避免时，对现场情况进行快速判断，按照"损物保人"的原则，参照事故处理预案，采用危害较小或损失较轻的处置方案，尽可能减少事故造成的人员伤亡与财产损失。

二、突发严重交通事故处置

公交车作为城市交通的主要载具，车载乘客较多，安全防护措施有限，一旦车辆在行驶过程中与其他车辆发生严重交通事故，难免车上有人员受伤情况发生，或造成车辆损坏严重。此时，作为公交车驾驶员，应冷静处置，采取正确的操控措施，力求将损失降到最低。

1. 处置措施及要领

1）驾驶员立即靠边停稳车辆，打开双闪，拉好制动手柄。

2）立即疏散乘客，并询问有无人员受伤，抢救伤员，安抚其他未受伤乘客。

3）打开车门，组织乘客依次下车，协助维持现场秩序。

4）驾驶员要立即拨打110、120报警。拨打路队电话上报事故，路队按照预案要求，在规定的时间内逐级上报事故给公司相关负责人，公司也要及时将事故上报主管部门。

5）驾驶员在车辆后方50m处放置安全警示牌，警示后面车辆规避事故区域。

6）驾驶员登记部分乘客或目击证人的姓名及联系方式，方便事故调查。

7）待警察和医护人员到来后，及时报告事故情况，并协助开展伤者救助。

2. 注意事项

1）车辆如出现因车门变形而无法打开现象，应帮助和指导乘客及时借助车内安全锤或自动破窗装置来破窗逃生。

2）驾驶员要及时将事故情况上报路队负责人，路队负责人要在规定的时间内将事故情况上报给单位各级安全负责人，最终上报政府主管部门。

3）事故车辆要按照事故处理部门要求移走，不要擅自处理。

4）及时保存车上行车记录仪和车厢视频数据，便于事故调查。

三、电池自燃事故处置

1. 车辆行进中动力电池自燃事故处置

行驶中的纯电动公交车，动力电池如果发生自燃，因其燃烧速度快、反应处置时间极短，会对车上乘客生命和财产造成极大危害，驾驶员应严格按照应急操作规程，合理处置。

（1）事故现象　车辆行驶过程中，电池出现自燃，仪表提示电池高温报警，车厢内闻到异味和冒烟。

（2）处置措施及要领

1）立即停车开启车门（车门开关失效的情况下，驾驶位左边有一键式开门装置或断气阀开关，按动一键式开门装置打开车门或提起断气阀开关将气压排掉，推开前后乘客门或翻转窗，也可利用破玻器或安全锤破窗），疏散乘客，并使乘客与车辆保持30m以上的安全距离。

2）仪表盘装有自动灭火装置按钮，打开开关盖击碎红色保护罩按下按钮，起动电池自动灭火装置进行灭火，并按下档位高压急断开关，关闭点火钥匙（注：爆破玻璃、灭火器开关、高压急断开关需要在低压电源通畅时才有效）。

3）立即关闭低压电源总开关和高压总开关。

4）迅速用手机拨打"119"火警电话，讲明起火车辆停放地点和车辆类型。

5）通知维修人员迅速赶到现场，由专业人员戴上绝缘手套、防护面具拔掉所有电池箱高压线接头；关闭高压总开关90s后，将出现险情的电池箱抽离车体隔离。

6）通知路队，由路队逐级上报政府主管部门。

7）驾驶员携带灭火器下车，用灭火器对燃烧部分进行初级火源扑救，避免火势蔓延。

8）保护好现场，配合相关部门查明事故原因。

（3）注意事项　动力电池应由专业人员处理，避免二次伤害；动力电池自燃事故多为内部电芯自燃造成，用水对电池直接降温是最有效的灭火方式，最好是用灭火车上大流量的水流直接冲刷自燃电池的表面；如车上装有电池箱灭火装置，发现电池自燃，应立即起动，可对电池箱内部降温处理。

2. 车辆充电过程中电池自燃事故处置

纯电动公交车在充电过程中非常容易发生动力电池因散热不均匀而发生自燃现象，从而危及场站及其周围建筑、人员安全，应强化应急防范的处置措施。

（1）事故现象　纯电动公交车充电过程中，电池出现自燃、冒烟，或高压线路及插头冒烟、着火，仪表提示电池高温报警或闻到明显燃烧异味。

（2）处置措施及要领

1）立即告知充电员停止充电，关闭充电桩电源，并拔下充电枪。

2）如无专职充电员的充电站，在保证安全的情况下，由驾驶员自行切断充电桩开关或拔掉充电枪。

3）驾驶员上车，仪表盘有自动灭火装置按钮，打开开关盖击碎红色保护罩按下按钮，起动电池自动灭火装置进行灭火，并按下档位高压急断开关，关闭点火钥匙。

4）驾驶员下车时关闭高压总开关和低压总开关。

5）迅速用手机拨打"119"火警电话，讲明起火车辆停放地点和车辆类型。

6）通知维修人员迅速赶到现场，由专业人员戴上绝缘手套拔掉所有电池箱高压线接头（关闭高压总开关90s后，有条件的情况下，应将出现险情的电池箱抽离车体隔离）。

7）通知路队，由路队逐级上报政府主管部门。

8）驾驶员和充电站人员用车上和站内的灭火器，对燃烧部分进行初级火源扑救，避免火势蔓延。

9）保护好现场，配合相关部门查明事故原因。

（3）注意事项　电池处理应由专业人员处理，避免二次伤害。

四、车厢发现危险品及着火事故处置

1. 车厢发现危险品的处置

公交车内着火，多为部分乘客安全意识淡漠，乘车时会携带油漆、汽油等易燃、易爆、剧毒危险品所致。乘客上车时，车厢内人多拥挤，驾驶员应认真观察，一旦发觉有汽油、煤油、酒精等气味时，应让该乘客出示所携带物品，如携带有"三品"，应责令其下车。如果一些乘客不听劝阻，不肯下车，则应停车拨打110报警或协助车上其他乘客，强制将其带离车厢。如果车厢内着火，则应按照应急预案，合理处置应对。

2. 车厢着火事故的处置

（1）事故现象　在行驶过程中，车厢内出现火情或冒烟。

（2）处置措施及要领

1）发现火情后，驾驶员应立即停稳车辆，打开双闪、拉好制动手柄。

2）打开车门，按动一键式开门装置直接打开车门，或一键式放气阀，由乘客向内拉开车门，组织乘客立即下车。如遇乘客无法打开车门，也可起动一键式破窗器或用安全锤破窗，组织乘客从窗户逃生。

3）如有伤者，立即将伤者救出车外。

4）取出最近的灭火器，从上风口方向，对准火源根部灭火。

5）驾驶员要立即拨打110、120、119报警救援。同时，拨打单位路队电话上报事故，由路队按照预案要求，在规定的时间内逐级上报事故给单位相关负责人和政府主管部门。

6）驾驶员在车后50m放置安全警示牌，警示后方车辆。

7）驾驶员登记乘客的姓名及联系方式，方便事故调查。

8）待警察和医护人员到来后，及时报告事故情况，并协助开展伤者救助。

（3）注意事项　车厢内出现火情，乘客本就慌张，即使打开车门排气阀，乘客也可能因不会开门而无法打开车门逃生，这时驾驶员一定要冷静指挥开门，同时想办法破窗逃生。总之，驾驶员要以最快的速度疏散车厢内的乘客为第一要务。人员疏散后，如无危险，则可关闭车外高低压总电源。事故车辆要按照事故处理部门要求移走，不要擅自处理。及时保存车上行车记录仪和车厢视频数据，便于事故调查。

五、乘客携带危险品的处置

1．危险品的归类

法律、法规、规章中规定的易燃品、易爆品、危险品，如烟花、爆竹、雷管、汽油、煤油、酒精、香蕉水、油漆、电影胶片、含有过氯乙烯、丙烯酸酯、氯丁、酚醛、聚氨酯等成分的各种胶剂，以及携带人不能判明性质的化工产品等。

2．乘客携带危险品事例

2013年6月7日，某市一公交车在行驶过程中突然起火，事故现场如图3-2所示。经公安机关现场勘查发现，事故系人为纵火，助燃剂为汽油。此事故共造成47人死亡、34人因伤住院，形成重大人员财产损失，是一起严重的刑事案件。

图3-2　某市公交车事故现场

驾驶员应做好危险品排查处置工作：

1）驾驶员要知道哪些是易燃易爆危险品，要做到心中有数，早发现早处置，有理有据。

2）对于乘客携带疑似易燃易爆危险品要给予询问、关切，做到"逢包关注、可疑必问"。在确定是易燃易爆危险物品后，果断对乘客实施劝离，严禁其将易燃易爆危险品带上车。

3）对于不听劝阻的乘客，要及时疏散车厢内的其他乘客，将车辆停靠在安全的地方，立即拨打110报警电话求助，切勿直接与乘客发生正面冲突。

4）民警赶到现场后，驾驶员将该乘客移交处理，车辆恢复正常运营。

六、乘客疾病（传染病）、口角、遇险情况的处置

1. 乘客突发疾病（传染病）的应急处置方法

乘客突发疾病时，驾驶员应保持冷静，遵循生命至上的原则，妥善处置。乘客在乘车时突发疾病，需要进行及时的救助，应立即选择应急车道或紧急停车带等安全区域停车，开启危险报警闪光灯，设置危险警告标志。查看问询乘客病情，及时采取基本救助措施施救。乘客之间应互相关照，如遇身边乘客突发急症，应及时告知驾驶员，并力所能及地配合救助。

常见的突发疾病有心脏病、脑血管病、间歇性精神病、癫痫（精神失常、晕厥）以及晕车、中暑、虚脱等。当乘客突发疾病时，驾驶员要及时帮助患者进行紧急自救处理。如果是慢性病患者随身携带有急救药的，驾驶员可迅速帮助患者服药，并密切关注症状缓解情况。对未带急救药物的突发病人，驾驶员要大声向车内乘客询问，是否有医生或带有针对症状的急救药，利用一切可用的条件，对患者提供帮助。遇到症状较重如晕倒或意识丧失，或者服用急救药无效的情况，在拨打急救120电话的同时，紧急送院就医，并在必要时实施心肺复苏急救。驾驶员要向其他乘客做好解释工作，取得大家谅解。

道路运输企业可为驾驶员提供健康咨询服务，使驾驶员掌握常见突发疾病的救助知识和技能，有条件的企业可随车配备急救药箱。乘客有传染病的，按照传染病防治有关要求处置。

2. 乘客发生口角处置方法

车辆行驶过程中，驾驶员与乘客因沟通等问题导致矛盾冲突，进而发生乘客干扰驾驶员，危及行车安全的情形。干扰行为按照强度递增分为谩骂驾驶员、抢夺车辆控制权和攻击驾驶员等。

1）受到谩骂干扰但未影响正常行车或人身安全时，驾驶员应先告知乘客其行为可能带来的法律后果，并责令其立即停止干扰。如果阻止无效，则要立即选择安全地点靠边停车，打开危险报警闪光灯，摆放危险警告标志。在保证自身安全情况下，保持沉着冷静，做好沟通解释，并尽量安抚乘客情绪。

2）驾驶控制权或人身安全突然受到干扰时，驾驶员要尽可能保持驾驶姿势，牢牢把稳转向盘，尽量保持行车路线，尽快减速，并靠路侧选择安全地点停车，打开危险报警闪光灯，不要随意开启车门。在保证自身安全情况下，保持沉着冷静，尽量安抚乘客情绪，做好沟通解释。

3）与乘客沟通解释过程中如果出现矛盾激化、事态升级或受到攻击时，驾驶员应及时拨打110报警电话，并向所属企业管理人员报告现场情况。如有可能，留下至少两名目击证人及其联系方式。

道路旅客运输车辆和城市公共汽电车应在车厢内明显位置张贴乘客文明乘车标识及安全告知，驾驶员应在发车前通过播放安全告知宣传片或口头告知的形式，宣传安全乘车注意事项，以及妨害安全驾驶行为的定罪处罚知识等。具备条件的城市公共汽电车应当安装符合相关标准的驾驶区防护隔离设施，最大可能地避免乘客干扰或攻击驾驶员安全驾驶等行为。

七、驾乘人员反恐应急预案

车辆行驶过程中，若车厢内出现恐怖分子，危及乘客生命及行车安全，驾驶员处置措施及要领如下：

1）尽快靠边停车，迅速疏散乘客下车。

2）关闭总开关，切断整车电源，降低危险系数。

3）冷静判断现场情况，在不被发现的前提下，找准合适时机，及时报警。

4）实施正面教育对话："请不要伤害无辜群众""有话好商量""放松、冷静冷静"，适时沟通，以情感化，防止恐怖事件扩大。

5）积极配合现场处置指挥部的统一安排，真实汇报有关事件信息和现场环境，协助开展现场营救和救援工作。

八、重大事故乘员逃生方法

遇到重大事故，我们首先想到的是逃生问题，车内有多种用于逃生的装置，应在不同的场景下选择最有效的方式逃生。从逃生的方向来说，主要有三个方向，分别为"车门方向""侧窗"和"车顶天窗"，自然逃生装置也分布在这三个方向上，分别为车门内外应急阀、驾驶员应急开关、一键式开门系统、破窗器、一键式手自一体破窗器、侧窗逃生窗、车顶逃生天窗等，下面分别介绍它们的功能和使用方法。

1. 车门内外应急阀使用方法

当车辆遇到危险时，应优先选择从车门处逃生。车门应急阀通常设置在车门外侧车身和车内门泵罩上。遇到紧急情况，当驾驶员无法打开车门时，可直接拧开应急阀，打开车门。使用方法为：

1）按下应急阀红色按钮，应急阀盖向上自动打开，如图3-3a所示。

2）顺时针旋转盒内红色手柄90°，如图3-3b所示。

a) b)

图3-3 车门应急阀开启步骤示意图

3）手动推开乘客门，引导乘客快速有序下车逃生。

4）使用完毕后，应逆时针旋转应急阀旋钮90°回位。

在使用应急阀开、关门或者应急阀复位过程中，要确保所有人员身体任何部位不在乘客门运动轨迹范围内，否则会导致人员伤亡。请勿从车内操作车外应急阀，或从车外操作车内应急阀，否则会出现意外情况，造成人员伤亡。车辆行驶过程中，严禁开门，否则可能会造成人员伤亡。

2. 驾驶员应急开关

当遇到危险时，驾驶员停稳车辆后，应该优先打开车门让乘客逃生，驾驶员应急开关功能一般设在仪表台左侧副台上，一经打开，乘客即可手动打开车门。使用方法如下：

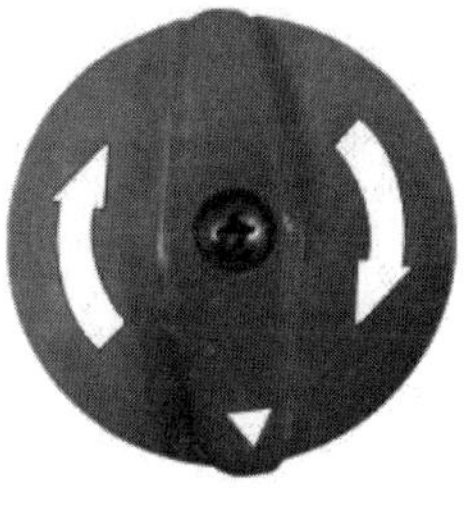

1）顺时针转动应急阀旋钮90°打开应急阀，如图3-4所示。

图3-4　驾驶员应急开关

2）手动推开乘客门，乘客逃生。

3）使用完毕后，应逆时针旋转应急阀旋钮90°回位。

3. 一键式开门系统

一键式开门系统是近几年新出现的装置，主要用于解决传统排气式应急开关排气开门缓慢、需要技巧性较强、一般乘客难以打开的问题，其通过巧妙的管路设计，改变内部管路气流方向自动开门，大幅节约了开门时间，降低了开门难度。针对近两年电动门增加的现状，还出现了一种一键式电动开门系统，即通过电路控制电机开门。为了防止电路断电，该系统采用多源供电方式。该开关一般设置在仪表台左侧的副台处，在车速为零的情况下按动，车门会自动打开。

4. 安全锤

在紧急情况下，需要迅速疏散车厢内的乘客而车门无法打开时，可借助窗立柱处的安全锤来逃生。使用方法：取下固定在窗立柱上的安全锤，敲击玻璃"击破点"或玻璃边角击碎玻璃进行逃生，如图3-5所示。

图3-5　安全锤的使用

5. 一键式手自一体破窗器

为了提高车窗逃生时破窗的效率，很多车辆上安装了一键式手自一体破窗器。它集电动破窗和手动破窗于一体，既可以单独击碎安有该装置的某块玻璃，也可以将安装该装置的所有玻璃瞬间击碎，效率极高。使用方法如下：

1）在仪表台面板处，找到破窗器手动开关，如图3-6a所示。

2）掀开手动开关保护罩，按下红色的按钮开关，整车安装破窗终端装置的玻璃全部龟裂。如图3-6b所示。

3）推动龟裂玻璃使其落下，乘客逃生。

6. 侧窗逃生窗

为了提高侧窗逃生效率，很多车辆在侧面安装了侧窗逃生窗，特别是旅游车，大部分均强制安装了这一装置。使用方法：在仪表台面板处，找到侧窗逃生窗打开按钮，可一键式打开侧窗来逃生，也可掀开侧窗下部的手动开关保护罩，向上搬动红色固定把手，向外推开侧窗。

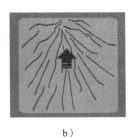

a）   b）

图 3-6　一键式手自一体破窗器

7. 车顶逃生天窗

当发生车辆侧翻、淹车等无法从车门下车逃生情况时，可借助车顶的逃生出口逃生。在车顶逃生天窗上有一个红色应急扳手，按照指示旋转打开，向外推开天窗，便可逃生。开启天窗步骤示意图如图 3-7 所示。

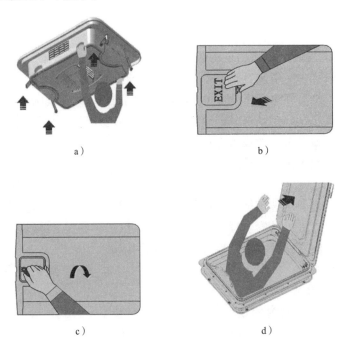

a）   b）

c）   d）

图 3-7　开启天窗步骤示意图

随着纯电动公交客车推广应用的逐步扩展，其车载电动空调普及率越来越高。本章将着重介绍电动空调的相关知识。

第一节　电动空调概述

一、电动空调的特点

1. 与传统汽车空调的区别

传统汽车空调采用发动机作为动力，其工作转速受发动机转速的限制，工作状态也受到发动机工况的制约。而电动汽车空调的驱动力由电机提供，可根据调温需要合理控制电机转速和调温强度。传统汽车空调多由单独制冷系统和水暖制热系统组成，而电动汽车空调则将制冷系统和制热系统综合为一体，利用热泵原理实现车辆制热。

2. 电动空调的优越性

1）冷暖两用、安全可靠：具有制冷、制热功能；三级绝缘、软件防护、双重高压保护、防火设计。

2）安装方便、故障率低：无压缩机支架、无车身管路、不需要现场安装管路，系统现场不用抽真空加注制冷剂；管路焊接、活动连接件少，配件为进口或合资品牌，绝缘性好，性能可靠。

3）节能：电动空调能效比较高，正常工作制冷状态能效在 2.4 左右；热泵正常工作状态能效更高一些；电动空调压缩机采用变频技术，可根据车内温度智能改变压缩机转速，合理控制压缩机的开启，将空调能耗降低到最低。

4）环保：电动空调基本采用交流风机，风机运行时噪声较低（W69dB），远低于国家标准；电动空调使用 R407C 制冷剂，大幅度降低了消耗臭氧潜能值（ODP）和全球变暖潜能值（GWP）。

二、电动空调工作原理

1. 制冷原理

电动空调制冷原理如图 4-1 所示。电动空调工作在制冷状态时，低压气态制冷剂经变频压缩机压缩后形成高温高压气体，经排气管、单向截止阀进入四通换向阀的 D 端，此时四通换向阀线圈不工作，气体经四通换向阀的 G 端出口进入冷凝器。在冷凝风机作用下，车外空气与冷凝器进行热交换，高温高压气态制冷剂在冷凝器内被冷却变为中温高压的液态，液态制冷剂经干燥器后到达双向膨胀阀，经双向膨胀阀节流后进入蒸发器，在蒸发风机作用下车内空气与蒸发器进行热交换（实现制冷）。制冷剂在蒸发器内膨胀吸收热量后由低温低压液态变为低温低压气态，低温低压气态制冷剂经四通换向阀的 E 端进入，从 S 端输出后进入气液分离器，制冷剂经气液分离（将气态与液态制冷剂分离，保证输出端只有气态制冷剂）后由回气管进入压缩机，实现制冷循环。

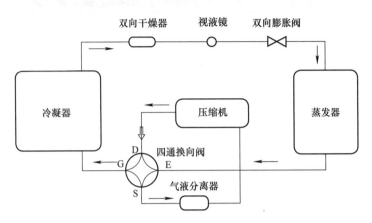

图 4-1　电动空调制冷原理

注：箭头方向表示制冷剂流向。

2. 制热原理（热泵）

电动空调制热原理如图 4-2 所示。电动空调工作在制热状态时，低压气态制冷剂经变频压缩机压缩后形成高温高压气体，经排气管、单向截止阀进入四通换向阀的 D 端，此时四通换向阀线圈通电工作，气体经四通换向阀的 E 端输出进入蒸发器。车内空气在蒸发风机作用下流过蒸发器表面，吸收蒸发器的热量，从而提高车内温度；此时高温高压气态制冷剂在蒸发器内被冷却成中温高压的液体，到达双向膨胀阀后经双向膨胀阀节流变为低温低压液体，经干燥器进入冷凝器。制冷剂在冷凝器内膨胀吸收外界热量由液态变为气态，低温低压气态制冷剂由四通换向阀的 G 端进入，从 S 端输出后进入气液分离器，制冷剂经气液分离（将气态与液态制冷剂分离，保证输出端只有气态制冷剂）后经回气管进入压缩机，实现制热循环。

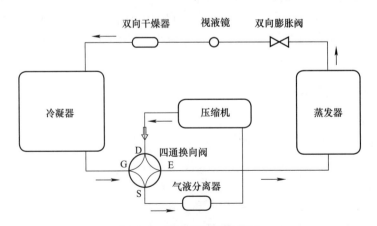

图 4-2　电动空调制热原理

注：箭头方向表示制冷剂流向。

3. 电加热（PTC）工作原理

由于冷凝器内制冷剂汽化吸热，翅片表面会形成冷凝水，当环境温度低于−3℃时，冷凝器表面就会结冰。为避免冷凝器结冰导致空调能效降低，当电动空调热泵在低温（−3℃以下）工作时，电动空调热泵自动停机，同时可编程逻辑控制器（PLC）或 CAN 模块上电加热信号输出，转换为电加热模式，直流接触器吸合，PTC 电源接通，与蒸发风机同步工作。PTC 工作原理如图 4-3 所示。

图 4-3　PTC 工作原理

注："——▶"表示 DC24V 电源，"——▶"表示 DC 高压电源。

三、智能暖风

1. 智能暖风特点

1）安全性高：系统只有 PTC 水加热器为高压电源输入，位于车厢外部，一般安装于底盘；车内暖风机电源电压为 DC24V，系统循环液采用去离子水，绝缘性能良好。高低压隔离以及采用绝缘性循环液，使系统安全性得到很大提升。

2）调温性能良好：系统循环液具有良好的防冻性能，在−35℃仍能保持液态，从而保证系统在低温环境下的正常运行；通过试验测试，在暖风机采用串联布置的方式下，暖风出风的温差为 7℃，如采用并联布置，出风温差会更低，保证车内出风温度的均匀性。

3）运行可靠：连接管路采用高性能橡胶软管，具有良好的耐腐蚀性能。

4）具有较高舒适性：送风方式采用车内底部送风，智能温控系统保证送风温度及出风风速的合理性，符合人体对暖风的舒适性需求。

5）适应性广：通过 PTC 水加热器的选型和暖风机的选型，系统可适应 6 ～ 14m 的客车。

2. 智能暖风工作原理

智能暖风系统由 PTC 液体加热器（可集成水泵）、水泵、车内散热器、膨胀水箱、连接管路组成，智能暖风散热器连接方式有串联和并联两种，其连接方式如图 4-4 所示。智能暖风系统循环液通过 PTC 加热器加热，在循环水泵动力推动下，高温循环液从加热器出口流经车内除霜器、驾驶员取暖器、车厢散热器等终端散热模块，车内空气从散热模块吸收热量，实现除霜或车内空气加热的功能。从终端散热模块出口流出的低温循环液再回到 PTC加热器，从而实现液体的循环加热。智能暖风系统配置膨胀水箱，实现对循环液的膨胀溢流和补偿。智能暖风工作原理如图 4-5 所示。

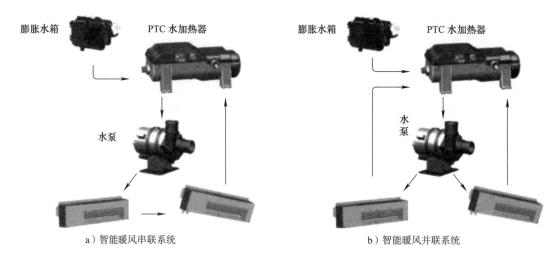

a）智能暖风串联系统　　　　　　　　　b）智能暖风并联系统

图 4-4　智能暖风散热器连接方式

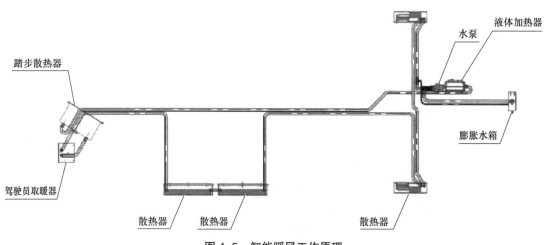

图 4-5　智能暖风工作原理

第二节　电动空调系统基本组成

电动空调主要由压缩机、冷凝器、节流膨胀阀、蒸发器、干燥器、鼓风机、高低压管路和控制电路等组成，整体功能与传统汽车空调相似，但电动空调各组成部件与传统汽车空调的组成部件在结构上存在较大区别。

一、压缩机

目前，电动空调压缩机采用全封闭电动涡旋压缩机，由一个直流电机驱动，多与压缩机制为一体，因此，常把二者合称为电动压缩机。涡旋压缩机是一种容积式压缩的压缩机，具有转矩变化幅度小、允许带液压缩等特点。涡旋机按安装方式分为立式和卧式两种形式；按电源分为变频和定频两种，其中卧式变频涡旋机已成为主导机型。

1. 涡旋式压缩机工作原理

涡旋式压缩机是由两个双函数方程线型的动、静涡盘（简称动盘、静盘）相互咬合而成。在吸气、压缩、排气的工作过程中，静盘固定在机架上，动盘由偏心轴驱动并由防自转机构制约，围绕静盘基圆中心做很小半径的平面转动。气体通过空气滤芯吸入静盘的外围，随着偏心轴的旋转，气体在动静盘噬合所组成的若干个月牙形压缩腔内被逐步压缩，然后由静盘中心部件的轴向孔连续排出。涡旋压缩机动静盘剖面及压缩排气运动如图 4-6 所示。

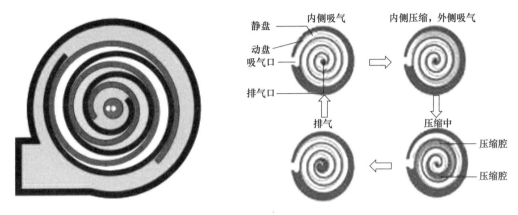

a）动静盘剖面

b）压缩排气运动

图 4-6　涡旋压缩机动静盘剖面及压缩排气运动（见彩插）

2．涡旋式压缩机优点

1）低温性能超卓、高效节能，在中、低温应用时，比传统的压缩机在容积效率上高30% 以上。

2）外形美观，安装于车顶，节省空间；系统设计紧凑，便于安装和维护。

3）无吸气阀和排气阀，没有往复运动机构，结构简单、体积小、重量轻、零件少、可靠性高。

4）力矩变化小、平衡性高、运转平稳、振动小、噪声低，满足环保要求。

5）集成性能高、模块化设计，操作简便，易于实现自动化。

3．涡旋式压缩机缺点

1）运动机件表面多是呈曲面形状，这些曲面的加工及检验均较复杂，因此制造成本较高。

2）运动机件之间或运动机件与固定机件之间常保持一定的运动间隙，气体通过间隙势必引起泄漏，这就限制了涡旋式压缩机难以达到较大的压缩比，因此，大多数涡旋式压缩机多在空调标准工况下使用。

常见的海立涡旋压缩机相关参数见表 4-1。

表 4-1　海立涡旋压缩机相关参数

规格	EVS24C	EVS34C
制冷剂	R407C	
排量 /mL	24.0	34.0
电压	DC（150～420V）或 DC（400～720V）	
转速范围 /（r/min）	2000～6000	
通信协议	CAN2.0B 或 PWM	
运转环境温度 /℃	−40～80	

（续）

冷冻机油	POE，HAF68（100mL）	POE，HAF68（150mL）
最大制冷量 /W	8200	11000
能效比 COP	3.0	3.0
测试工况	进口压力 p_s：0.55MPa 出口压力 p_d：2.23MPa	
压缩机长度 L/mm	245	252
吸气口直径 D_1/mm	18.3	21.3
排气口直径 D_2/mm	15.5	
压缩机重量 /kg	6.9	7.5

二、蒸发器和冷凝器

蒸发器和冷凝器是汽车空调系统中的两个重要部件，它们的作用是实现两种不同温度体之间的热量交换，通常又称为换热器。

1. 蒸发器

经过膨胀机构（膨胀阀）节流后的低温低压液态制冷剂，在蒸发器处吸收车内空气的热量，转变为气化，从而达到降低车内温度的设备。蒸发器的结构有管片式、管带式和层叠式三种，电动客车空调多采用管片式结构。

（1）蒸发器的工作原理　汽车空调蒸发器属于直接风冷式结构，又称作直接蒸发表面式空气冷却器。它利用低温的液态制冷剂蒸发时，吸收周围空气中的热量，从而达到车内降温或除湿的目的。需要注意的是，蒸发器只能和车厢内的空气进行热交换，应采取必要的密封措施，避免车外热源进入蒸发器内形成"热短路"，增加无谓的调温负荷。

（2）蒸发器芯体的特点

1）高效换热内螺纹紫铜管，防止流体层流层的发生，提高管内换热系数，同时也增加了换热面积。

2）波纹翅片，增强翅片侧空气扰动，强化管外换热，增加换热面积，提高换热效率。

3）翅片镀亲水膜，能防止翅片表面积水，防止空调开启后风机带水现象。

2. 冷凝器

压缩机排出的高温、高压制冷剂蒸汽在冷凝器内冷却，使制冷剂由气态凝结为中温高压液态。制冷剂在冷凝器中大体上经历了三个阶段：过热气态、气液两相混合和过冷液态。冷凝器芯体的结构形式主要有管片式、管带式和平行流三种，电动客车空调基本采用管片式结构，少量单冷系统采用了平行流芯体。冷暖两用电动空调冷凝器芯体翅片使用亲水波纹翅片。冷凝器芯体和翅片外形如图 4-7 所示。

a）冷凝器芯体

b）亲水波纹翅片

图 4-7　冷凝器芯体和翅片外形

（1）冷凝器的工作原理 汽车空调系统中，冷凝器都是用空气作为冷却介质，即采用风冷式结构。其特点是不需要用冷却水和水源，使用、安装方便。

（2）冷凝器芯体的特点

1）目前，冷暖两用电动客车空调都采用管片式冷凝器，它耐腐蚀、抗氧化、易清洗，使用寿命较长。

2）平行流式冷凝器主要用在单冷电动客车空调系统上，它换热效率高、制造成本低、有优越的性价比。

3）管带式冷凝器在电动客车空调领域使用较少，对比以上两种形式，没有优势。

三、膨胀阀

1. 膨胀阀的作用

膨胀阀可以起到降压节流作用；根据蒸发器出口制冷剂过热度的大小自动调节进入蒸发器的制冷剂流量，使蒸发器在最佳状态下工作；停机状态下，如果需要更换干燥过滤器，还可起到截止阀的作用。

2. 膨胀阀的结构和外形

电动客车空调使用的膨胀阀目前较多为爱默生分体式和丹佛斯电子膨胀阀。膨胀阀的主要组成部分有阀体、阀芯和阀座，其结构和外形如图4-8所示。

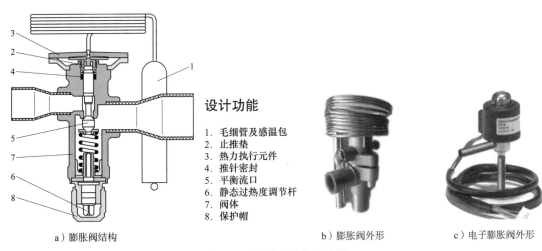

设计功能

1. 毛细管及感温包
2. 止推垫
3. 热力执行元件
4. 推针密封
5. 平衡流口
6. 静态过热度调节杆
7. 阀体
8. 保护帽

a）膨胀阀结构　　　　　　b）膨胀阀外形　　　　c）电子膨胀阀外形

图4-8　膨胀阀结构和外形

3. 膨胀阀的控制原理

膨胀阀的开启度是由膨胀阀内传动片上下移动的行程量来控制的，而作用在传动片上下的压力分别来自内平衡管内的制冷剂压力 p_c 和外平衡管内制冷剂压力 p_d，若弹簧预紧力 p_k 一定，当 $p_c=p_d$ 时，膨胀阀停止动作；当 $p_c>p_d$ 时，膨胀阀开启度变大；当 $p_c<p_d$ 时，膨胀阀开启度变小。p_c 与内平衡感温包感应的蒸发器出口管道温度大小有关，感应的温度越高，感温包及毛细管内制冷剂的压力越大，作用在传动片上的压力就越大；p_d 与流经蒸发器出口管道内制冷剂的压力有关。可见，通过控制膨胀阀的开启度，可以实现对车内调温强度的控制。膨胀阀控制原理如图4-9所示。

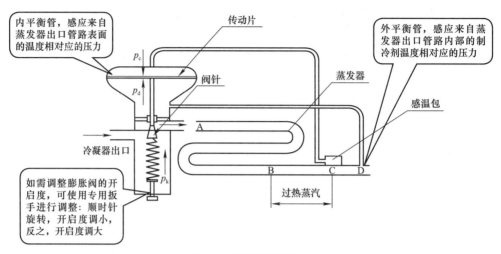

内平衡管，感应来自蒸发器出口管路表面的温度相对应的压力

传动片

p_c

p_d

阀针

冷凝器出口

如需调整膨胀阀的开启度，可使用专用扳手进行调整：顺时针旋转，开启度调小，反之，开启度调大

p_k

外平衡管，感应来自蒸发器出口管路内部的制冷剂温度相对应的压力

蒸发器

感温包

A

B C D

过热蒸汽

图 4-9 膨胀阀控制原理

4. 膨胀阀使用的注意事项

热力膨胀阀虽然设置了调节螺杆，但是一般产品在出厂之前就已经调节好了，在使用过程中一般是不允许调节的；膨胀阀的阀体要垂直放置，不能倾斜安装，更不能颠倒安装；感温包一定要贴紧蒸发器出口管道，且接触面要除锈干净，当吸气管径小于 25mm 时，感温包贴在吸气管顶部，当管径大于 25mm 时，感温包扎在水平管下侧 45° 或侧面中点。电动客车空调膨胀阀是双向性的，更换空调膨胀阀时，阀座不用更换，阀体和阀芯必须同时更换。

四、干燥过滤器

干燥过滤器的功能是吸收水分，过滤有害酸性物质和杂质等。目前使用的干燥过滤器主要采用分子筛作为干燥剂，分子筛采用烧结块形式，如图 4-10 所示。

图 4-10 干燥过滤器

相比于传统车用空调，电动客车空调干燥过滤器采用双向结构，其制冷剂流向如图 4-11 所示。

干燥过滤器的使用注意事项：在安装前不要将干燥过滤器的盖子打开，以免长时间暴露在空气中；当冷冻油变质、系统水分过多、系统内部有污染时，均应更换干燥过滤器。

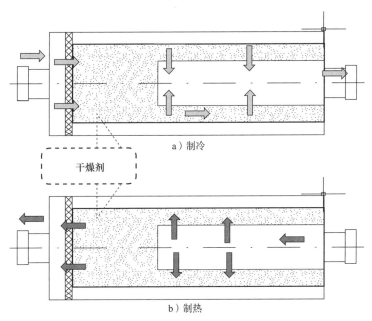

a）制冷

干燥剂

b）制热

图 4-11 干燥过滤器内制冷剂流向（见彩插）

五、四通换向阀

1. 四通换向阀的作用

四通换向阀是热泵型空调装置上用来改变制冷剂气体流向的装置，用它改变室外热交换器和室内热交换器的功能，以达到夏天制冷、冬天供暖的目的；它也可以用来除霜，当室外热交换器上结霜时，可以用它来切换制冷剂流向，使室外热交换器上的温度升高，完成短时间内除霜。

2. 四通换向阀的结构

四通换向阀由主阀、先导阀和电磁线圈组成，其结构如图 4-12 所示。四通换向阀通过先导阀控制主阀，采用压差切换动作，换向灵活可靠。

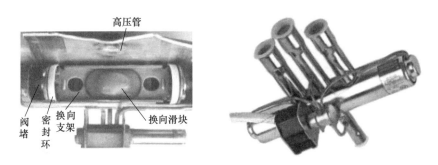

高压管

阀堵　密封环　换向支架　换向滑块

图 4-12 四通换向阀结构

3. 四通换向阀的工作原理

（1）制冷控制原理（四通换向阀线圈断电状态） 当电磁线圈处于断电状态（即制冷状态）时，先导阀在压缩弹簧驱动下左移，高压流体进入毛细管后进入右活塞右侧腔。另一方面，右活塞左侧腔的流体由于和 S 管相通，受压缩机抽吸而排出，使右活塞两侧产生压力差，该压力差推动右活塞及主阀、左活塞同时左移，使 E、L 接管相通，D、S 接管相通，于是形成制冷循环，制冷剂流向如图 4-13a 所示。

（2）制热控制原理（四通换向阀线圈通电状态） 当电磁线圈处于通电状态（即制热状态）时，先导阀在电磁线圈产生的磁力作用下，克服压缩弹簧的弹力而右移，高压流体进入毛细管后进入左活塞左侧腔。另一方面，左活塞右侧腔的流体由于和 S 管相通，受压缩机抽吸而排出，使左活塞两侧产生压力差，该压力差推动左活塞及主阀、右活塞同时右移，使 L、S 接管相通，D、E 接管相通，于是形成制热循环，制冷剂流向如图 4-13b 所示。

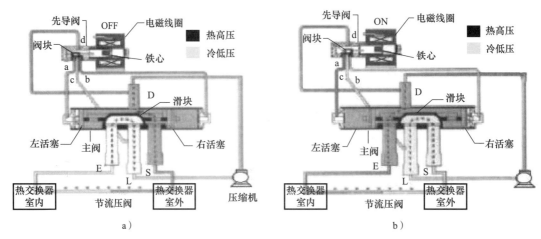

图 4-13 四通换向阀的工作原理（见彩插）

六、蒸发风机与冷凝风机

1. 蒸发风机

（1）蒸发风机的作用 蒸发风机（图 4-14）驱动空气流经蒸发器表面，强制空气与蒸发器进行热交换，降低空气温度。

（2）蒸发风机的分类 电动客车空调蒸发风机一般采用离心式风机，根据空调型号的差异，蒸发风机工作电压有 DC 24V 和 AC 220V 两种。

图 4-14 蒸发风机

（3）蒸发风机的控制方式 AC 220V 蒸发风机主要通过 PLC 或 CAN 模块的信号调节风速，并通过改变变频器工作频率来实现三档风速的转换。DC 24V 蒸发风机的风速调节主要通过 PLC 或 CAN 模块控制电压的高低（控制电压为 0～10V）来改变三档风速的转换。

2. 冷凝风机

（1）冷凝风机的作用 冷凝风机驱动空气流经冷凝器表面，强制空气与冷凝器进行热交换，提高空气温度。

（2）冷凝风机的分类 电动客车空调冷凝风机一般采用轴流式风机，根据空调型号的差异，空调冷凝风机工作电压有 DC 24V 和 AC 220V 两种，如图 4-15 所示。

a）AC 220V 冷凝风机外形　　　　　　　　b）DC 24V 无刷冷凝风机外形

图 4-15　冷凝风机外形

（3）冷凝风机的控制方式　AC 220V 冷凝风机的风速调节主要通过 PLC（或 CAN 模块）的信号或温度传感器的信号，改变变频器工作频率来实现三档风速的转换。DC 24V 蒸发风机的风速调节主要通过 PLC 或 CAN 模块电压的高低（控制电压为 0 ~ 10V）来改变三档风速的转换。

七、气液分离器

1. 气液分离器的作用

1）将气体与液体分离，防止液态制冷剂进入压缩机。

2）储藏少量的制冷剂。

3）过滤杂质，防止杂质进入压缩机。

2. 气液分离器的工作原理

由于气体与液体密度不同，液体与气体混合流动时，液体受到的离心力大于气体，液体附着在分离壁面上，由于重力的作用向下汇集到一起，气体通过排放管排出，立式气液分离器结构如图 4-16a 所示。

气液分离器的输气口位于上部，分离后的气体由上部出口输出，液体由下部收集。气液分离器是利用丝网除沫，或利用折流挡板之类的内部构件，将气体中夹带的液体进一步凝结、排放，以达到去除液体的效果，卧式气液分离器结构如图 4-16b 所示。

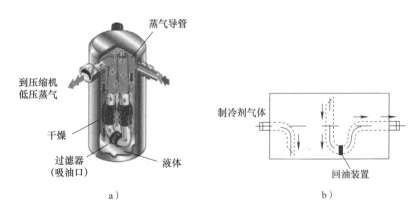

a）　　　　　　　　　　　　　　　b）

图 4-16　气液分离器结构

第三节　电动空调控制系统

一、高压控制电路工作原理

1. 高压控制电路分类

整车直流高压通过高压直流快速熔断器、高压直流接触器和预充电路至变频器或DC/DC变换器高压输入端，再由变频器输出至压缩机、风机。根据预充电路的连接方式不同，高压控制电路可分为两类：①预充电阻与预充接触器并联后与主接触器串联，称为预充串联电路；②预充电阻与预充接触器串联后与主接触器并联，称为预充并联电路。

（1）预充串联电路　操纵器开启后，主接触器 J_1 吸合，直流高压通过预充电阻至变频器或DC/DC变换器充电，充电完成后，预充接触器 J_2 吸合，空调按操纵器开启模式运转。其工作原理如图4-17所示。

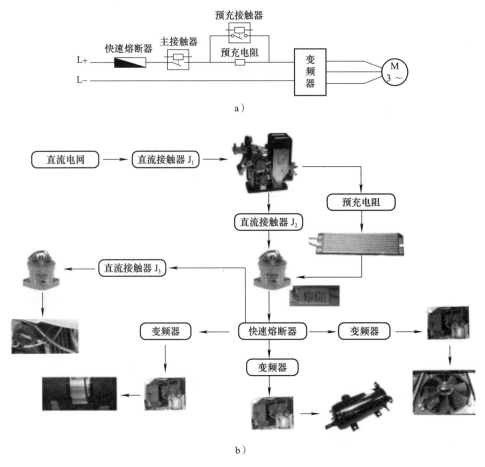

图 4-17　预充串联电路工作原理

（2）预充并联电路　操纵器开启后，预充接触器 J_2 吸合，直流高压通过预充电阻至变频器或DC/DC变换器充电，充电完成后，主接触器 J_1 吸合，J_1 吸合后，J_2 断开，空调按操纵器开启模式运转。其工作原理如图4-18所示。

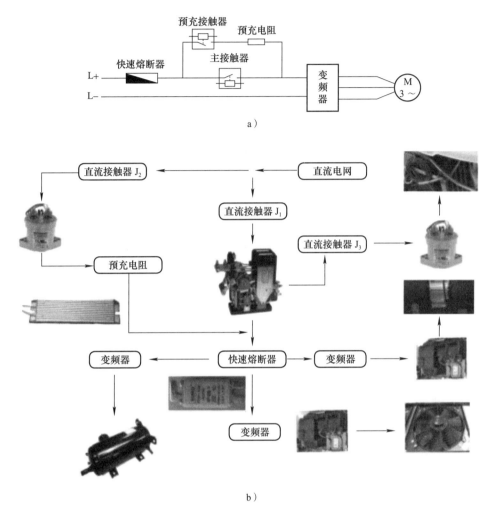

b)

图 4-18　预充并联电路工作原理

注：在无轨电车电路中，增加了电抗器，无预充电路。

2. 预充电路

（1）预充电路的作用

变频器或 DC/DC 变换器直流母线上并接有大电容，电容并接在电源两端时，当电源接通瞬间，电容两端的电压不会突变，而流过电容电路的电流发生突变，急剧加大（电容两端相当于短路），如果没有预充电路，直流接触器触点极易损坏或高压直流熔丝熔断。预充电路在电路中起到了上电瞬间限制电源对电容充电电流的作用，有效保护了电器元件和避免上电时高压快速熔熔断器熔断的情况发生。

（2）两种预充电路的区别

1）主接触器和预充接触器吸合顺序不一样。对于串联方式，主接触器首先吸合，预充完成后，预充接触器吸合（短接预充电阻）；对于并联方式，预充接触器首先吸合，预充完成后，主接触器吸合（此时短接预充接触器及预充电阻），然后预充接触器断开。

2）在串联接法中，空调运行时，预充接触器一直串接在主回路中，预充接触器额定电流需与主接触器一致；而并联接法中，预充接触器只在预充电时吸合，其额定电流远小于主接触器电流。

3）对于预充串联电路，当预充接触器损坏或由于电路原因导致触点未吸合时，如果变频器或DC/DC变换器启动，则负载电流也会通过预充电阻，导致预充电阻发热甚至烧毁。

从上述几点可以看出，预充电路并联方式优于串联方式。

二、高压控制电路基本组成

1. 直流接触器

直流接触器是电动空调中重要的高压开关控制元件。在高压回路中，通过直流接触器常开触头闭合与断开，实现变频器等电器高压上电、断电功能。部分主机厂家在空调高压输出前端亦装有一个直流接触器，该接触器启动信号由空调提供，当开启空调时，同时输出一个启动信号给接触器，整车高压至空调顶置，空调停止状态时，空调顶置无高压。

电动空调配置直流接触器主要采用常规型直流接触器以及真空直流接触器两种类型的接触器。这两种接触器的线圈电压均为DC 24V，都只有一个常开主触点。各接触器外形如图4-19～图4-22所示。

图4-19　EVR40CI-A 直流接触器

图4-20　EVR120CI-A 直流接触器

图4-21　EVR40CI-A 直流接触器

图4-22　SCII LEV100-24AD-2 直流接触器

注意： 真空直流接触器主触点对高压接线电流流向有要求，在触点旁边都有表示（方向反向，接触器触点闭合、断开时灭弧效果不好，显著影响接触器使用寿命）。

2. 变频器

变频器是通过改变电机工作电源频率的方式来控制交流电机的电力控制设备。变频器主要由整流（交流变直流）单元、滤波单元、逆变（直流变交流）单元、制动单元、驱动单元、检测单元、微处理单元等组成。变频器靠内部 IGBT 的开断来调整输出电源的电压和频率，根据电机的实际需要来提供其所需要的电源电压，进而达到节能、调速的目的。

电动空调如配置 AC220V/380V 涡旋压缩机和交流风机，那么变频器是必不可少的配置。

三、低压电路控制部分

低压控制逻辑如图 4-23 所示。

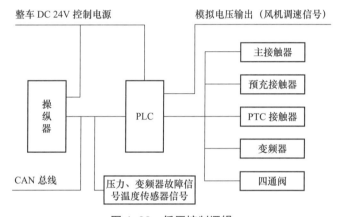

图 4-23　低压控制逻辑

低压控制过程：PLC 得到操纵器指令后，先后起动主接触器、预充接触器（或预充接触器、主接触器），主电路充电完成并检测系统、电气正常后，根据操纵器设定模式，先后起动蒸发风机、冷凝风机、压缩机（制热模式下起动四通阀）。如果系统或电气存在故障，则根据不同故障判断断开主接触器或只起动蒸发风机，并将故障报与操纵器。

四、低压控制电路基本组成

1. 常规操纵器

电动空调常规操纵器外形如图 4-24 所示，按键功能和 LED 指示灯说明见表 4-2 和表 4-3。

图 4-24　电动空调常规操纵器外形

表 4-2　按键功能说明

序号	功能键	功能键说明
1	⏻	汽车点火锁打开后，按⏻键开机，再按⏻键关机
2	MODE	可在通风、制热、除霜、自动模式间依次循环
3	☰	可在新风开启、杀菌、自动模式间依次循环
4	❀	可在风机低速档、中速档、高速档依次循环
5	▲	可提高设定温度或将信息向上翻页
6	▼	可降低设定温度或将信息向下翻页

表 4-3　LED 指示灯说明

序号	LED 灯	功能显示
1	❄	制冷模式
2	❀	通风模式
3	☀	制热模式
4	◌	除湿模式
5	AUTO	上排：自动模式；下排：自动新风模式
6	⚠	故障报警指示
7	☰	新风开启
8	O_3	杀菌开启
9	-888℃	车内温度、除霜温度、故障代码显示
10	ᵒᵁᵀ-88℃	车外温度显示
11	▰▰▰：低速；▰▰▰：中速；▰▰▰：高速	

注：在空调开启制冷、制热模式时，车内温度低于 24℃，允许开启新风，车内温度高于 26℃，禁止开启新风；在通风运行状态下，不受此条件限制。

2. CAN 总线控制操纵器

CAN 总线控制操纵器分 LED 液晶屏操纵器和彩屏操纵器两种。CAN 总线控制操纵器和 PLC（或模块）之间以通信方式连接，操纵器与 PLC（或模块）只需一根双绞屏蔽电缆即可在相互之间发送和接收报文。与常规操纵器比较，CAN 总线操纵器可节省操纵器线束等大量材料，同时，传递信息能力较常规操纵器大大加强，整车可通过 CAN 总线读取压缩机频率、风机频率和空调功率等重要数据与信息；整车也可根据电池 SOC 状态或电池温度，通过 CAN 总线给操纵器发送指令，实现停机（节能）或面板不开机情况下开机（电池热管理），这是常规操纵器所不具备的功能。不过，CAN 总线控制操纵器通信易受电磁干扰影响，会出现通信故障，若电磁干扰没处理好，则空调经常会出现非正常状态停机，或不能正常起动、温度显示不正常等情况。而常规操纵器采用逻辑控制，不会出现这种情况。

CAN 总线控制操纵器接口出线少，一般输出接线只有 6 根，分别是：DC 24V 控制电源线 2 根（注意：与模块相配合使用的 LED 屏操纵器控制输出电源为 DC 12V，如接 DC 24V

整车电源，操纵器可能出现过电压保护，界面无法显示），PLC（或模块）通信线、整车通信线各2根。LED屏液晶操纵器留有一个程序下载端口。部分CAN总线操纵器（如18m纯电动客车配置双顶的电动空调），操纵器另外输出2根线，采取逻辑控制形式（01、10、11）三种状态，作为通风、制热、制冷三种模式控制，达到防电磁干扰目的。

3．LED液晶屏（彩屏）操纵器

彩屏操纵器外形如图4-25所示，各种按键功能说明见表4-4。

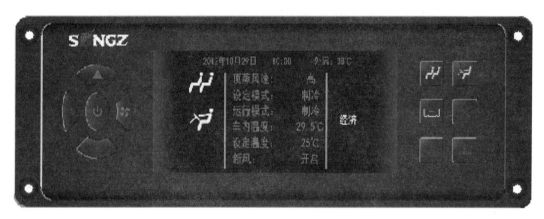

图4-25　彩屏操纵器外形

表4-4　彩屏操纵器各种按键功能说明

按键	功能说明
(⏻)	开关键：整车上电，空调关机状态下，按此键开启空调；空调开机状态下，按此键关闭空调
(⌄)	风速递减键：按此键降低风速
(⌃)	风速递增键：按此键增大风速
△	设定温度递增键：按此键，设定温度递增
▽	设定温度递减键：按此键，设定温度递减
⑂	乘客区空调开启键
⑂	功能模式按键：按此键，空调在节能、经济、高效三种状态下切换
▱	新风开启、关闭功能键
✖	信息显示页面切换键：按此键，可以查看除霜、冷凝温度，风机、压缩机运行频率以及故障记录等相关信息
MODE	模式切换键：按此键，空调在通风、制冷、制热、电热等模式下切换（部分操纵器无电热模式）
⛾	用户设置信息键
⚠	报警显示符号（非操作键）：当空调正常状态下，显示屏不显示此提示；当空调出现故障时，此符号在显示屏左下方闪烁，提示空调出现故障

4. 带 PTC、手动除霜功能操纵器

带 PTC、手动除霜功能操纵器外形如图 4-26 所示，功能键及 LED 指示灯说明见表 4-5 和表 4-6。

图 4-26　带 PTC、手动除霜功能操纵器外形

表 4-5　带 PTC、手动除霜功能操纵器功能键说明

序号	功能键	功能键说明
1	⏻	汽车点火锁打开后，按⏻键开机，再按⏻键关机
2	MODE	可在制冷、通风、制热、手动起动 PTC、自动模式间依次循环
3	☰	可在新风开启、杀菌开启、手动除霜（仅限制热模式）间依次循环
4	❀	可在风机低速档、中速档、高速档间依次循环
5	▲	可提高设定温度或将信息向上翻页
6	▼	可降低设定温度或将信息向下翻页

表 4-6　带 PTC、手动除霜功能操纵器 LED 指示灯说明

序号	LED 灯	功能显示
1	❁	制冷模式
2	❀	通风模式
3	☀	制热模式
4	PTC	手动起动 PTC
5	AUTO	自动模式
6	❁	制热工况下，手动除霜；制冷状态下除霜，❁ 闪烁同时 ❀ 点亮
7	☰	新风开启
8	O_3	杀菌开启
9	-888℃	车内温度、除霜温度、故障代码显示
10	OUT-88℃	车外温度显示
11	⚠	故障报警指示
12	◢	◢：低速；◢：中速；◢：高速

第四节　电动空调维修作业规范

一、操作电动空调时注意事项

空调开启前，应检查风道出风口，保证 2/3 以上出风口处于开启状态，空调风速最好选择高速档位；电动空调运行电压较高，在使用、维护保养及维修过程中，安全尤为重要，以下几点要求必须遵守：

1）电动车辆运行中，仪表出现空调绝缘阻值低报警时，应立即关掉空调，断开空调高、低压电源。

2）空调面板出现故障报警时，应立即关掉空调电源开关。

3）空调运行过程中，如有异响、异味，则必须关闭空调。

4）当空调系统短时间内频繁开启保护功能时，应对空调系统进行锁定，待消除故障后方可继续工作，否则将损害空调设备。

5）清洗回风格栅、二次滤网时，必须关闭空调、断开高压电源。

6）确保在正常运转条件下最少有 2min 的开机时间，在 2min 内，不允许将空调高压电源关闭，以确保压缩机有足够的时间回油。

7）空调面板关闭 20s 后才能关闭车身的高低压电源，保证压缩机正常停机。

8）合理地设定车内温度（建议制冷设定温度 24 ～ 26℃；制热设定温度 18 ～ 20℃）。

9）空调开启制冷、制热模式时，必须关闭空调新风和车内换气装置。

二、检修电动空调时注意事项

严禁未经培训且未持有电工证的人员进行高压部分检修；维修人员需严格按照安全维修操作规程执行维修，确保维修过程安全，避免发生安全责任事故。

1）电动空调电源适用 DC 250 ～ 820V 电压，属于高压电等级范畴，因此要求维修人员须通过国家安监局认可的高压电工作业资格证书相应培训并取得从业资格证书。

2）维修电动空调时，必须戴安全帽、绝缘手套，系安全带，穿绝缘鞋（该操作只有专业维修人员才能进行），并在车辆乘客门或醒目处悬挂"高压检修、禁止触碰"警示牌。

3）必须配备足够量程的仪表。

4）严禁带水操作空调电器部分。

5）空调运行时，系统高压带电，严禁打开空调顶盖或触摸系统用电零部件。

6）严禁短接低压保护线路，防止压缩机损坏及其他安全事故发生。

7）在维修中更换设备时，要求必须关闭空调高、低压电源，断电 5min 后，用万用表测量电动空调高压回路，确保无高压余电。

8）顶置检修时，如需开机检测，顶置带有电池冷却系统空调，请断开整车和空调 CAN 总线连接。

9）执行上电前，确认没有其他人员在进行高压检修操作，避免发生危险。

10）维修故障排除后，需紧固高压部件，特别是高压线束，做好防松和绝缘处理；然后整理工具，撤离警示牌，保持作业环境整洁。

三、电动空调专用维修工具

1. 歧管压力表

歧管压力表(图4-27)由低压表、高压表、表座、软管、接头等组成，表座上装有两个手阀，用来把各通路隔离或根据需要形成各种组合通路。低压手阀、低压表、低压软管、低压接头一般为蓝色或有蓝色标志；高压手阀、高压表、高压软管、高压接头一般为红色或有红色标志；维修软管一般为黄色或有黄色标志，连接真空泵、制冷剂装置、氮气装置等。

> **注意：** 电动空调使用 R407C 制冷剂，当环境温度较高（M30℃）时，停机状态系统内压力相对也高，如果低压表量程较低（M10kg），开机前低压表头部分要谨慎连接，防止表头损坏。

表管排空，禁止从维修表管处排空必须从针阀排空，防止制冷剂造成伤害。

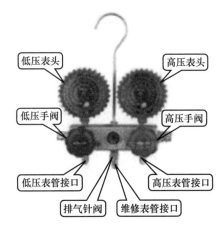

图4-27　歧管压力表示意图（见彩插）

2. 真空泵

真空泵（图4-28）是利用机械、物理、化学或物理化学的方法对被抽容器进行抽气而获得真空的器件或设备。这里讲的"真空泵"是汽车空调安装调试、维修专用的一种设备，它的主要作用是将空调系统内的空气和水分排出。抽真空是制冷设备生产或维修过程中，充注制冷剂前的一个必不可少的重要工序。

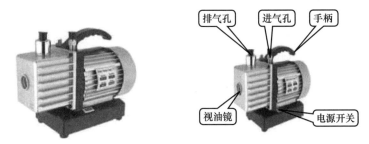

图4-28　真空泵外形及构成

抽真空时，将真空泵与制冷系统管路相连接（一般是高、低压侧同时连接），当真空泵起动后，先将系统中的不凝性气体和水蒸气抽出，随着真空度的增加，系统内绝对压力降低，当系统内的绝对压力降低到与环境温度相对应的饱和水蒸气压力时，系统内剩余的液态水沸腾成水蒸气，被继续抽出。由于抽真空过程中，系统内的温度和外界环境温度是一致的，环境温度越低，对应的饱和水蒸气压力越低，抽真空难度越大，速度越慢。抽空时间根据系统大小及真空泵容量确定。

（1）抽真空的作用

1）除去系统中的不凝性气体：不凝性气体的存在会使系统冷凝压力升高，排气温度升高，影响制冷效果；还可能导致润滑油高温下碳化，危害压缩机的正常运行，甚至烧坏压缩机电机。

2）除去系统中的水分：水分是制冷系统中的最大杀手，一方面，润滑油与水分作用会生成酸，从而腐蚀系统；另一方面，水分会造成膨胀阀阀口或毛细管内结冰，出现"冰堵"。

（2）真空泵性能参数

真空泵的排气能力称为"排量"，表示真空管道通过气体的能力，单位为升/秒（L/s），一般真空泵的铭牌上标注的是 L/min（即表示真空泵每运转 1min 可以排出多少升气体）。真空泵排量越大，抽真空所需要的时间越短。

（3）抽真空操作步骤

1）使用前，请检查真空泵油位，及时按量加油。

2）核实所选的真空泵是否符合要求。

3）高低压同时抽空（如有电磁阀，须打开）。

4）将真空泵与系统连接起来：首先将歧管压力表的高、低压软管分别与空调系统高、低压端连接，将中间维修软管与真空泵出气口连在一起，拧紧各个接头。

5）打开高、低压表手动阀门，起动真空泵。

6）抽完真空后，先关闭歧管压力表的高、低压手阀，再关闭真空泵。

关闭真空泵 5min 后，观察歧管压力表的压力值是否有回升，即在歧管压力表上负压值等于 −1bar，如有真空表，在真空表上产生大于 98kPa（740mmHg）的真空度。若达不到所需真空度，排除工具原因即可确认系统泄漏。

3. 电子秤

电动空调制冷剂加注必须定量，视液镜只能作为辅助参考，具体加注量必须按要求，用计量工具定量加注。建议使用电子秤，方便携带且加注准确。

4. 绝缘维修工具

电动空调维修、保养过程中必须使用满足绝缘等级的维修工具，以免造成人员安全事故的发生，具体要求参照绝缘等级标准。

四、电动空调保养过程的注意事项

1）空调只能用压缩空气或清洁剂清洗，不能用含酸、碱成分的化学药品清理。

2）清理高压舱时，应关闭空调高、低压电源，待用电设备内置电容放电完毕后才能作业。

3）清洁电器高压舱时，只能用干燥的压缩空气清理，可借助毛刷和抹布等辅助设施。

4）清理空调回风格栅、二次滤网时，应关闭空调并断开空调高、低压电源。

5）空调回风格栅、二次滤网应定期清理，清理时间根据车辆保养计划和各地区具体情况而定。

6）空调绝缘测试检测前必须先关闭高低压电源，测试电压应满足测量要求，测量设备电压应满足技术要求。

7）加注制冷剂时，必须加注液态制冷剂，一次性定量加满，不要补加；系统缺制冷剂时，找到泄漏点，放掉系统内的制冷剂并抽空后重新加注。

8）充注制冷剂时，请务必从高、低压侧同时充注液态制冷剂，禁止仅从低压侧充注气态制冷剂。

9）冷冻油必须与相应的制冷剂配套使用，不同型号的冷冻油不能混合使用；冷冻油应按量加注，不能过量，冷冻油用完后一定要密封处理。

五、电动空调维护保养项目

汽车空调在安装及后续的使用中，受环境、自身条件等方面的影响，难免会出现性能下降或故障隐患。为确保产品始终处于最佳状态，能够可靠、经济地运行，采取必要的预防措施和定期的维护保养尤为重要。电动空调维护保养项目见表4-7。

表4-7 电动空调维护保养项目

序号	保养项目	保养方式	技术要求	保养、维护频率				
				说明	周	月	半年	年
1	回风滤网	清洁	滤网干净无油污、无灰尘	每周1~2次（公交）	•			
				每周1次（旅游）	•			
				每月1次（停机季节）		•		
2	芯体滤网	清洁	滤网干净、无灰尘	每月1次（公交）		•		
				每季度1次（旅游）		•		
3	系统制冷剂	观察	无大量气泡	每月1次		•		
4	换热器	清洁	翅片洁净，无油污、无灰尘、无杂物	每年1次				•
5	高压电零件	清洁	干净、无烧损、无摩擦	每年1次				•
6	蒸发风机	检查	干净、无异响	每年1次				•
7	冷凝风机	检查	干净、无异响	每年1次				•
8	线束	检查	无摩擦破损、端子接触良好	每年1次				•
9	压缩机	检查	安装紧固、无异响	每年1次				•
10	绝缘阻值	测量	不低于5MΩ	每年1次				•

第五节 电动空调主要部件诊断分析

当空调系统出现故障时，应根据具体故障现象结合零部件的特性做出正确判断。

一、压缩机

1. 压缩机故障

1）压缩机异响或振动：压缩机开机后振动强烈，伴随异常响声，压缩机内部有明显的金属撞击声。这是涡旋盘被击碎后的金属碎片相互撞击或与压缩机壳体撞击的声音。

2）较低的压缩比：所谓压缩比是指在压缩该气缸中，其排气绝对压力与进气绝对压力的比值。该故障一般表现为排气管不热，吸气管也不凉，压缩机电机完好，并且能够通电运行，但机组的排气压力不升高，吸气压力也不降低，吸气与排气几乎没有压差，不能满足正常压缩比。压缩机电流与额定值差别很大，事实上压缩机在空转。

3）压缩机过热保护：电机部位温度高于压缩机温度保护值（135℃），压缩机温度传感器保护停机。压缩机排气温度过高的原因有回气温度过高、电机发热量大、供电不正常引起电机发热量增大、电压不稳定、电压过高或过低、电压不平衡、电压缺相、接线端松脱、压缩比高、冷凝压力高或制冷剂选用不当。

2. 更换压缩机注意事项

1）压缩机吸、排气管焊接使用焊条的含银量至少在5%以上，如使用含银量低于2%的焊条，要求焊接技术较高，防止焊料进入压缩机引起故障。

2）连接间隙应保证在0.3～0.5mm内。

3）焊接同时应通入氮气保护，防止铜管内壁氧化物产生，落入系统引起压缩机等相关部件故障。

4）烧焊时压缩机管口不要过热，焊接时间应控制在120s以内。

5）安装好压缩机后，对系统抽真空，确认系统无泄漏后，再加注适量的制冷剂和冷冻油。

二、四通换向阀

1. 四通换向阀故障

四通换向阀故障表现为在制热运行时不能换向，制热时出现制冷现象。该现象在制热除霜时表现比较突出，主要原因有：

1）流量不足：空调系统发生泄漏，造成系统制冷剂循环量不足；天气很冷时，制冷剂蒸发量不足；四通阀与系统匹配不佳，即所选四通阀中间流量大而系统能力小；四通阀换向不到位，也会导致制冷剂流量不足。一般系统设计为压缩机停机一定时间后四通阀才换向，此时高低压趋于平衡，换向到中间位置便停止，即四通阀换向不到位，主滑阀停在中间位置，下次起动时，由于中间流量作用造成流量不足；压缩机起动时流量不足，变频机更明显。

2）换向不良：线圈断线或电压不符合线圈性能规定，造成先导阀的阀芯不能动作；空调系统制冷剂泄漏，制冷剂不足，换向所需的压力差不能建立而不能使阀芯动作；压缩机的制冷剂循环量少，不能满足四通阀换向的必要流量；变频压缩机转速频率低时，换向所需的必要流量得不到保证；涡旋式压缩机使系统产生液压冲击造成四通阀活塞被破坏而不能动作。

外部原因也会导致四通换向阀换向不良。由于外部原因，先导阀部分变形，造成阀芯不能动作；由于外部原因，先导阀毛细管变形，流量不足，形成不了换向所需的压力差，而不能使主阀动作；由于外部原因，主阀体变形，活塞被卡死而不能动作；系统内的杂物进入四通阀内，卡死活塞或主滑阀而不能动作；钎焊配管时，主阀体的温度超过了120℃，内部零件发生热变形而不能动作。

3）四通换向阀串气：用手摸四通阀下面的三条管，若均发热，说明四通阀换向未到位，处在中间串气状态；也可以通过一小块磁铁来判断，当换向时小磁铁不随之移动，则也说明串气。向系统充入一定量的制冷剂，便可换向到位。

2. 更换四通换向阀注意事项

1）四通换向阀焊接前须拆下线圈。

2）四通换向阀焊接时，为保护阀体会冷却降温，防止水进入阀体内部。

3）四通换向阀焊接时应通入氮气保护，防止氧化物产生，落入四通换向阀内引起故障，焊接完工冷却后用氮气清理阀体内部。

4）四通换向阀焊接时，主体内、外温度应低于120℃，防止阀内换向阀块烧损。

5）焊接时必须保护好阀体上的毛细管，防止毛细管变形或损伤，影响正常工作。

6）四通换向阀更换后，还要进行以下检查：①四通换向阀固定螺栓是否紧固可靠；②四通换向阀线圈电压是否在 AC180V 或 DC24V 以上，满足线圈工作的技术要求；③起、停四通换向阀线圈，阀体内有无气压响声；④用手感觉四通换向阀进出管路的温度是否正常。

三、膨胀阀

1. 膨胀阀使用注意事项

1）热力膨胀阀虽然设置了调节螺杆，但一般来说产品在出厂前已经调节好了，在使用过程中是不允许调节的。

2）膨胀阀的阀体要垂直放置，不能倾斜安装，更不能颠倒安装。

3）膨胀阀感温包一定要贴紧蒸发器出口管路，且接触面要除锈干净。当吸气管径小于25mm 时，感温包贴在吸气管顶部；将当吸气管径大于 25mm 时，感温包包扎在水平管下侧45°或侧面中间。

4）更换膨胀阀时，必须将阀芯、阀体一起更换。

2. 膨胀阀故障现象

1）不制冷，低压报警，低压开关频繁动作。

2）低压低，甚至会显示负压。

3）视窗内无气泡，感觉像制冷剂过多。

4）阀体凝露、结冰。

5）压缩机排气压力偏低，甚至低于 1MPa。

3. 膨胀阀的检修

1）检查膨胀阀内部有无污物。

2）观察膨胀阀的阀锤，在常态下，其应为开启状态。

3）给膨胀阀的均压管逐渐提供压力时，检查阀锤是否会逐渐收缩，直至关闭。

四、干燥过滤器和气液分离器

1. 干燥过滤器

干燥过滤器的主要故障有冰堵或脏堵，常表现为压缩机起动运行一段时间后，冷凝器不热，无冷气吹出，视窗内有大量气泡，像缺很多制冷剂一样；干燥瓶前后有压差，大于0.1MPa，手摸干燥过滤器，发冷、凝露或结霜，压缩机发出沉闷过负荷声。

干燥过滤器更换注意事项：焊接时对干燥过滤器必须进行保护，防止内部结构受损；干燥过滤器焊接冷却过程中防止水分进入过滤器内，防止干燥剂失效；电动空调干燥过滤器是双向的，焊接顺序无特殊技术要求。

2. 气液分离器

气液分离器的作用是将气体和液体分离，过滤杂质，防止液态制冷剂进入压缩机，保证压缩机回油；同时也储存少量制冷剂。

气液分离器的主要故障是回油滤网堵塞，常表现为压缩机抱死或压缩机高温保护而停机。

五、风机

风机包括冷凝器风机和蒸发器风机，其故障主要表现为电机烧损、风叶变形、风机异响、异常振动和风机反转。

维修更换风机时必须把风机电源线全部更换并固定牢靠，禁止将电源线剪短连接；风机反转时，只需调换风机三条电源线中任意两条线，风机即可正常工作；风机轴承异响时应立即更换风机，防止风机电流过大，变频器过载保护导致空调无法工作；更换风机时各固定螺栓必须完备、紧固；更换风机后，电源线必须固定，防止摩擦损坏电源线导致安全隐患。

六、变频器故障

1. 变频器故障代码

当变频器负载或本身出现故障时，变频器自带简易面板故障指示灯会点亮，也可以用数字面板查看故障发生时显示的故障代码，辨别故障原因；同时可以查看变频器最近出现的故障记录。不同型号变频器的故障代码有所不同，常见的汇川变频器故障代码见表4-8，台达变频器故障代码见表4-9。

表4-8　汇川变频器故障代码

序号	故障名称	故障代码	原因排查	处理方法
1	逆变单元保护	Err01	变频器输出回路短路	排除外围故障
			电机和变频器接线过长	加装电抗器或输出滤波器
			模块过热	检查风道是否堵塞、风扇是否正常工作并排除存在问题
			变频器内部接线松动	插好所有连接线
			主控板异常	寻求技术支持
			驱动板异常	
			逆变模块异常	
2	加速过电流	Err02	变频器输出回路存在接地或短路	排除外围故障
			预留未来加装某一功能窗口	进行电机参数辨识
			加速时间太短	增大加速时间
			动转矩提升或V/F曲线不合适	手动提升转矩或调整V/F曲线
			电压偏低	将电压调至正常范围
			对正在旋转的电机进行起动	选择转速追踪起动或等电机停止后再起动
			加速过程中突加负载	取消突加负载
			变频器选型偏小	选用功率等级更大的变频器
3	减速过电流	Err03	变频器输出回路存在接地或短路	排除外围故障
			预留未来加装某一功能窗口	进行电机参数辨识
			减速时间太短	增大减速时间
			电压偏低	将电压调至正常范围
			恒速过程中突加负载	取消突加负载
			没有加装制动单元和制动电阻	加装制动单元及制动电阻

（续）

序号	故障名称	故障代码	原因排查	处理方法
4	恒速过电流	Err04	变频器输出回路存在接地或短路	排除外围故障
			预留未来加装某一功能窗口	进行电机参数辨识
			电压偏低	将电压调至正常范围
			运行中有突加负载	取消突加负载
			变频器选型偏小	选用功率等级更大的变频器
5	加速过电压	Err05	输入电压偏高	将电压调至正常范围
			加速过程中存在外力拖动电机运行	取消此外动力或加装制动电阻
			加速时间过短	增大加速时间
			没有加装制动单元和制动电阻	加装制动单元及制动电阻
6	恒速过电压	Err07	输入电压偏高	将电压调至正常范围
			运行过程中存在外力拖动电机运行	取消此外动力或加装制动电阻
7	控制电源故障	Err08	输入电压不在规范要求的范围内	将电压调至规范要求的范围内
8	欠电压故障	Err09	瞬时停电	复位故障
			变频器输入端电压不在规范要求范围	调整电压到正常范围
			母线电压不正常	寻求技术支持
			整流桥及缓冲电阻不正常	
			驱动板异常	
			控制板异常	
9	变频器过载	Err10	负载过大或发生电机堵转	减小负载并检查电机及机械情况
			变频器选型偏小	选用功率等级更大的变频器
10	电机过载	Err11	电机保护参数 F9-01 设定不合适	正确设定此参数
			负载过大或发生电机堵转	减小负载并检查电机及机械情况
			变频器选型偏小	选用功率等级更大的变频器
11	输入缺相	Err12	三相输入电源不正常	检查并排除外围线路中存在的问题
			驱动板异常	寻求技术支持
			防雷板异常	
			主控板异常	
12	输出缺相	Err13	变频器到电机的引线不正常	排除外围故障
			电机运行时变频器三相输出不平衡	检查电机三相绕组是否正常并排除故障
			驱动板异常	寻求技术支持
			模块异常	
13	模块过热	Err14	环境温度过高	降低环境温度
			风道堵塞	清理风道
			风扇损坏	更换风扇
			模块热敏电阻损坏	更换热敏电阻
			逆变模块损坏	更换逆变模块
14	外部设备故障	Err15	通过多功能端子 DI 输入外部故障信号	复位运行
			通过虚拟 10 功能输入外部故障的信号	
15	通信故障	Err16	上位机工作不正常	检查上位机接线
			通信线不正常	检查通信连接线
			通信扩展卡 F0-28 设置不正确	正确设置通信扩展卡类型
			通信参数 FD 组设置不正确	正确设置通信参数

表 4-9 台达变频器故障代码

序号	故障代码	故障现象	故障排查
1	OC	过电流	驱动器输出端 U-V-W 是否短路
			电机连接线是否有短路或搭铁
			驱动器与电机连接的螺丝是否松动
			加长加速的时间是否有效
			用电负载是否过大
2	OU	过电压	检查输入电压是否在规定的电压范围，并检查是否有突波电压产生
			是否有惯量回升电压（即制动时），造成驱动器直流
3	OL	过载	检查 V/F 曲线设定是否异常
			检查排气压力是否过大
			变频器选型是否太小
4	OH	过热	检查环境温度是否过高
			检查散热片是否有异物
			检查风扇是否正常运转
			检查通风空间是否足够
5	LU	低电压	检查 LV 准位是否设定正确
			检查输入电压是否满足
			检查负载是否有突变增加

2. 变频器故障检修

首先确认高压电是否正确接入变频器；PLC 控制变频器起停信号是否正常输出；变频器起停控制线接线是否正确；变频器控制端子拨码开关是否正确；PLC 至变频器的频率信号是否有输出；变频器起动与频率来源参数是否正确；变频器的内置 PLC 是否开启；技术人员确认内置 PLC 程序及参数是否正确。变频器常见故障排除方法见表 4-10。

表 4-10 变频器常见故障排除方法

序号	故障现象	可能原因	排除办法
1	上电无显示	车内网电压没有或者过低	检查输入电源
		变频器驱动板上的开关电源故障	检查母线电压
		整流桥损坏	变频器内部故障，需寻求该变频器厂家技术支持
		变频器缓冲电阻损坏	
		控制板、键盘故障	排除控制板故障、键盘硬件故障
		控制板与驱动板、键盘之间连线断开	检查 4 芯和 28 芯排线有无接触不良或短路
2	上电显示 HC	驱动板与控制板之间的连线接触不良	重新拔插 4 芯和 28 芯排线
		控制板上相关器件损坏	检查控制板
		电机或者电机线路对地短路	测量电机和电机线路
		电网电压过低	检查母线电压
3	上电显示"Err23"报警	电机或者输出线对地短路	用绝缘表测量电机和输出线的绝缘端
		变频器损坏	寻求该变频器厂家技术支持
4	上电变频器显示正常，运行后显示 HC 并马上停机	风扇损坏或者堵转	更换风扇
		外围控制端子接线有短路	排除外部短路故障

（续）

序号	故障现象	可能原因	排除办法
5	频繁报 Err14（模块过热）故障	载频设置太高	降低载频（F0-15）
		风扇损坏或者风道堵塞	更换风扇、清理风道
		变频器内部器件损坏	寻求该变频器厂家技术支持
6	变频器运行后电机不转动	电机及电机线故障	重新确认变频器与电机之间的连线，更换电机或清除机械故障
		变频器参数设置错误（电机参数）	检查并重新设置电机参数
		驱动板与控制板连线接触不良	检查驱动板与控制板间连线是否牢固可靠
		驱动板故障	更换驱动板
7	DI 端子失效	参数设置错误	检查并重新设置 F4 组相关参数
		外部信号错误	重新接外部信号线
		OP 与 +24V 跳线松动	重新确认 OP 与 +24V 跳线
		控制板故障	更换控制板
8	变频器频繁报过电流和过电压故障	电机参数设置不对	重新设置电机参数或者进行电机调谐
		加减速时间不合适	设置合适的加减速时间
		负载波动	寻求该变频器厂家技术支持
9	上电（或运行）报 Err17	软起动接触器未吸合	检查接触器电缆是否松动
			检查接触器是否有故障
			检查接触器 24V 供电电源是否有故障
			寻求空调厂家技术支持
10	上电显示 Err29	控制板上相关器件损坏	更换控制板

第六节　电动空调常见故障及排除办法

一、快速熔断器熔断常见原因及排除

（1）高压短路的故障现象　高压保险熔断。

（2）故障原因　高压端子固定螺钉松动；高压导线破损或高压接头处进入灰尘或泥沙，导致高低压绝缘不够；电路设计缺陷，电路无预充电阻；整车高压电源不稳定。

（3）诊断方法　断开各高压电器和其他元件高压接线，使用普通万用表 2M 档或 M 档测量各电器高压输入端子阻值（表笔反向，测量两次）。测量值低于 1MΩ 甚至很小，则该电器电路板高压短路，需更换；测量阻值大于 1MΩ，则该电器正常（注意：不要用绝缘表测量，以免电器损坏）。

（4）排除方法　如果测量电阻阻值正常，则适当提高变频器欠电压保护参数。如果变频器频繁发生不能启动高压欠电压保护的情况，则应测量电压，若高压存在问题，需配套厂家配合排除。偶尔出现压缩机电压下降时，可调整变频器参数，使变频器在高电压状态下具有欠电压保护功能，可有效避免高压熔丝熔断。

二、预充电阻发热原因及排除

（1）故障原因　预充电阻发热一般在电路预充时发生，导致预充电阻发热的根本原因是有电流通过电阻。以下几种情况是导致预充电阻发热的常见原因：

1）高压电器高压短路，空调启动预充时，预充电阻急剧发热。

2）PTC 高压电源直流接触器触点黏结或该接触器线圈得电，导致 PTC 启动时，预充电阻发热。

3）对于海立压缩机，高压输入电源正负接反，预充充电时，导致高压全部加载在预充电阻上，产生大电流，导致预充电阻发热。海立压缩机高压接头正负输入为：接头 1 为负，接头 2 为正。

4）在预充电阻串联接法中，预充接触器未吸合，空调频繁启动、停止、启动，导致电流全部通过预充电阻，使预充电阻发热。

（2）排除方法　采用"排除法"，针对上述各原因逐项排除。

三、电动空调整车绝缘报警的原因及排除

1. 空调绝缘阻值过低引发绝缘报警的原因

1）各高压电器（变频器、DC-DC、压缩机、交流风机）高压绝缘阻值不够。

2）电器舱排水孔堵塞、进水或潮湿。

3）高压导线破损，影响绝缘。

2. 空调绝缘阻值的检测方法

系统检测高压负极对车身绝缘阻值，如果检测到绝缘阻值低于设定报警值，则整车绝缘报警，整车断电。排除绝缘阻值报警故障之前，首先要清楚厂家报警设定值为多少，一般客车厂家将此值设定为 0.5MΩ。

1）检测工具：绝缘电阻表或绝缘阻值电子测试仪。

2）测量方法：断开整车高压，用绝缘电阻表或电子测试仪测量空调高压负极对车身阻值（绝缘电阻表的额定电压为 1000V，电子测试仪置于 1000V），仪表读数稳定后显示数值即为空调对整车的绝缘阻值。

3）因为空调与整车安装有绝缘垫块，空调与整车绝缘很好，但绝缘垫块在雨天可能会失去作用（许多车辆雨天出现绝缘报警就是这个原因），所以还需测量空调高压负极对空调芯体或铜管的绝缘阻值。

4）如果测量值（空调高压负极对空调铜管或芯体）大于 3MΩ，则可以完全排除空调导致整车高压绝缘报警的情况。如果测量阻值很小，小于 1MΩ 甚至更低，则需要断开各高压电器高压接线，单独测量各电器对铜管或芯体的绝缘阻值（变频器、DC/DC 变换器、压缩机正常状况出厂的绝缘阻值均在 20MΩ 以上），找出问题电器并更换。

5）各种电器并接后，特别是受压缩机影响，经常测量出空调高压负极对空调铜管绝缘阻值只在 1 ～ 2MΩ 之间。如果整车绝缘报警值为 0.5MΩ，则没有问题，整车不会出现绝缘报警。

四、电动空调制冷制热不能转换的原因及排除

在制冷、制热两种模式下，空调都处于制冷或制热状态，没有转换。出现这种现象时，检查流程如下：

1）四通阀线圈是否在制冷、制热模式下都得电或都不通电。

2）如该现象存在，则检查 PLC 输入控制冷热转换模式点位；如果该点位在制冷、制热

模式下均为高电位或低电位，则检查操纵器或操纵器线束。正确的状态是：制冷时该点位得电，指示灯点亮；制热时该点位失电，指示灯熄灭。

3）如果四通阀线圈电压制冷时无电压而制热时有电压，则四通阀线圈损坏或四通阀阀体损坏，不能转换。

注意： 操纵器或模块制冷制热转换线（棕色线）的正确状态是通风制冷时，该线断开，制热时，该线与负极接通。不过也有部分模块在制热时，制冷制热转换线输出 DC 24V 电压。

五、电动空调操纵器未开启但空调蒸发风机自动运转的原因及排除

整车上电后，操纵器未开启但空调蒸发风机自动运转的原因一般是线路故障。操纵器线束白色线或橙色线，这两根线在操纵器未启动的情况下不应有电，如果任意一根和电源线导通，则是线路出现了短路，需查明线路短路原因。

注意： 带电池热管理系统的产品充电时，在不开启操纵器的情况下，空调有可能启动（电池温度达到设定值，整车发出空调启动信号）。

六、电动空调预充电路中主接触器吸合而预充接触器不吸合（预充电阻串联）或预充接触器吸合，主接触器不吸合（预充电阻并联）的原因及排除

开启空调后，在预充电阻串联的空调中，主接触器吸合而预充接触器不吸合；或在预充电阻并联的空调中，预充接触器吸合而主接触器不吸合，导致空调不能正常开启，出现这种故障的原因是因为高压未达到程序设定值。由于 PLC 或模块程序带有高压检测，当高压未达到程序设定值时，表示预充未完成，PLC 不会输出其他信号，所以预充接触器或主接触器不吸合。

针对这一现象，首先检查高压熔丝和预充电阻是否正常；如果高压熔丝、预充电阻均正常，高压已达到空调设定值，则检查变频器、DC/DC 变换器是否存在高压短路情况（若是这种情况，则预充电阻会发热）。

对于海立压缩机，如果预充电阻不发热，则有可能是通信连接不上，系统检测不到高压。如果检查通信连接没问题，则更换压缩机。

对于台达或汇川专用机，如果万用表测量高压输入正常，则用小面板查看变频器高压。如果面板显示电压为 0 或很低，则更换变频器。

七、电动空调操纵器报压力故障且压缩机不能起动的原因及排除

根据设定程序，当空调系统高压压力或低压压力连续出现两次故障时，自动停止输出压缩机起动信号，并报送故障信号输出。当系统制冷剂不够或发生其他故障导致压缩机起动后，低压压力或高压压力连续出现两次不正常，则 PLC 锁定、压缩机停机。压缩机停止运转后，高低压压力恢复正常。

排除这一故障时，首先断电，将操纵器故障清零，然后空调系统挂表，打开空调并留意系统高压、低压压力情况及 PLC 输入指示灯状态，确定故障原因。如果压力正常，PLC 指示灯亦无熄灭情况发生，开机不久后，依然压缩机停机，操纵器报压力故障，则可能是PLC 线排与 PLC 接触有问题，更换 PLC 线排。

八、电动空调无刷风机不运转的原因及排除

风机正常起动的条件为：有 DC 24V 电源输入（DC 24V 电源正负极必须正确），同时有模拟电压输入。如果风机不运转，则应检查风机 DC 24V 电源、模拟信号与风机接线是否松脱；检查模拟电压负极是否与 DC/DC 变换器负极连接且接线紧固。

九、电动空调变频器启动后出现过电流或过载的原因及排除

如果是由于变频器输出电压过高而导致报警，则调整参数即可。如果是高压短路或电机堵转导致电流过大，则检查风机变频器。可断掉所有风机，然后逐个接上，找出问题风机所在。

变频器端子接触不良或变频器本身故障，也会导致过电流或过载，必要时更换变频器。

十、CAN 总线操纵器（或操纵器 + 模块）控制受干扰的原因及排除

1. 故障现象

1）空调正常启动，车辆运行途中，空调运行，当温度达到设定温度，压缩机停机；待温度回升后，压缩机不再起动；需关闭整车电源后，再次开启空调，压缩机才能起动。

2）车辆静止状态时，空调运行正常；当车辆运行时，出现压缩机停机或操纵器不能关机，操纵器显示温度不准确现象。

3）车辆静止时，空调通风状况正常，压缩机开启后，制冷（制热）指示灯闪烁（压缩机运行），操纵器无法正常开机、关机，温度显示无变化。

2. 故障原因

由于电磁干扰，导致 PLC（或模块）与操纵器之间不能正常发送和接收报文，出现压缩机非正常停机或不能停机、温度显示异常等。

3. 故障排除

1）对整车提供的空调 DC 24V 控制电源加装低压滤波器。安装时，先断开整车与空调 DC 24V 电源连接，将滤波器输入端（Line）接整车端，滤波器输出端（Load）接空调端即可。通信线外加磁环。

2）更换操纵器、模块，更换后操纵器、模块带电压隔离，自身抗干扰能力强。

十一、客车厂与配套的电动空调之间出现通信故障的原因及排除

1. 故障原因

1）电动空调的操纵器线束通信线反接，导致操纵器 CANH、CANL 分别对应 PLC（或模块）CANL、CANH。

2）整车 CAN 线与电动空调操纵器 CAN 对接错误，导致空调通信故障。

3）安装风道时，螺栓将通信线打断或两根通信线接通，或 CANH 与电缆屏蔽线接通。

2. 故障排除

CANH、CANL 两线短路导通的简单判断办法为用万用表测量两根通信线之间的电阻，操纵器与 PLC 连接，正常阻值应为 60Ω 左右；如果阻值接近零，则说明两线短路导通；如果阻值无穷大，则说明两线至少有一根通信线断路。

十二、电动空调制热时操纵器无压缩机起动信号输出（无电磁干扰）的原因及排除

制热时，回风温度低于设定温度，但制热指示灯一直闪烁，操纵器无压缩机起动信号输出（无电磁干扰）。出现这种状况通常是因为除霜温度短路，导致除霜温度过高，操纵器不输出压缩机起动信号。可通过操纵器查看蒸发器除霜温度是否正常，以此来判别除霜温度是否短路。

十三、电动空调压缩机不能起动的原因及排除

1. 故障原因

1）空调系统高压压力或低压压力不正常。

2）操纵器损坏，操纵器无压缩机起动信号输出。

3）变频器自身故障，不能正常起动而无信号输出（变频器输出故障主接触器不吸合）。

4）压缩机电路板故障，不能起动，需更换压缩机或电路板。

2. 故障排除

1）排除法：如风机导致变频器过电流或过载保护，则可首先断开所有风机，然后逐个接上风机，很容易找到问题风机。

2）替代法：在没有把握判断操纵器、模块等元件好坏的情况下，可以将该电器元件和空调正常运行车辆上的元件相互替换，进行测试（要确保空调电路无冒烟或熔丝烧断情况，以免造成电器新的损坏）。

3）故障屏蔽法：在检修中，可以将一些故障保护屏蔽，如将模块操控黄黑线直接与电源负极短接（屏蔽变频器故障或 DC/DC 变换器保护），以便查找故障原因（在空调维修完毕后，一定要恢复所有控制保护）。

纯电动客车充电模式的选择、充电场站建设标准、充电监控和安全管理，以及充电场站和充电桩的维护对纯电动客车充电管理起着至关重要的作用。只有加强场站运营人员、设备日常维护管理，加强充电监控、安全管理，才能预防各类事故发生，维护人身、财产安全，保证充电设施安全稳定运行，提供及时、有效、安全的充电服务。

第一节　纯电动客车充电模式

纯电动客车动力电池放电后，用直流电源连接动力电池，将电能转化为动力电池的化学能，使它恢复工作能力，这个过程称为动力电池充电。动力电池充电时，动力电池正极与充电电源正极相连，动力电池负极与充电电源负极相连，充电电源电压必须高于动力电池的总电动势。

合适的充电方式不仅能够最大限度地发挥电池的容量，而且可以延长电池的使用寿命。纯电动客车的电能补充可以划分为两种模式，即充电模式和换电模式。其中换电又被称为机械充电，是通过直接更换已充电的动力电池来达到电能补充的目的。

一、纯电动客车充电系统

1. 纯电动汽车充电技术概况

充电系统是新能源汽车主要的能源补给系统。特别是纯电动汽车的充电技术，最关键的问题是如何能实现高效率的快速充电。这关系到充电器的容量和性能、电网的承载能力和动力电池的承受能力等。随着动力电池本身充放电速度的不断提高，充电系统的性能也在不断改进，以满足在多种不同应用情况下的快速充电需求。

除了固定充电装置以外，电动汽车还带有车载充电器，可以在夜间从家里的市电插座进行充电，甚至还可以在用电高峰期把电力逆变后返送回电网。目前根据不同的汽车动力电池电压和容量、充电速度要求，以及电网供电容量等因素的考量，固定充电器的容量一般在 15 ～ 100kW 之间，输出电压一般为 DC 50 ～ 500V。车载充电器容量则在 3kW 左右。

2. 纯电动汽车充电系统的组成

纯电动汽车充电系统主要由充电桩、充电线束、车载充电机、高压配电箱、动力电池、DC/DC 变换器、低压蓄电池以及各种高压线束和低压控制线束等组成。图 5-1 所示为纯电动汽车充电系统示意图。

（1）充电桩　充电桩作为新能源汽车充电系统的配套设施，有交流充电桩和直流充电桩两种类型。

1）交流充电桩。如图 5-2 所示，交流充电桩俗称"慢充"，是指固定安装在电动汽车外、与交流电网连接，为电动汽车车载充电器（即固定安装在电动汽车上的充电器）提供交流电源的供电装置。交流充电桩只提供电力输出，没有充电功能，需连接车载充电机为电动汽车充电，相当于只起了一个控制电源的作用。

2）直流充电桩。如图5-3所示，直流充电桩俗称"快充"，是指固定安装在电动汽车外、与交流电网连接，可以为非车载电动汽车动力电池提供直流电源的供电装置。直流充电桩的输入电压采用三相四线 AC 380V±15%，频率 50Hz，输出为可调直流电，直接为电动汽车的动力电池充电。

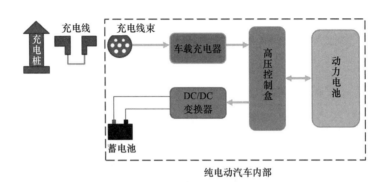

图 5-1　纯电动汽车充电系统示意图

图 5-2　交流充电桩

图 5-3　直流充电桩

（2）车载充电机（OBC）　车载充电机（图5-4）是指固定安装在电动汽车上的充电机，具有为电动汽车动力电池安全、自动充满电的能力，充电机依据电池管理系统（BMS）提供的数据，能动态调节充电电流或电压参数，执行相应的动作，完成充电过程。

在充电过程中，充电机能保证动力电池的温度、充电电压和电流不超过最大允许值；并具有单体电池电压限制功能，自动根据 BMS 的电池信息动态调整充电电流。

图 5-4　车载充电机

自动判断充电插接器、充电电缆是否正确连接。当充电机与充电桩和电池正确连接后，充电机才能允许起动充电过程；当充电机检测到与充电桩或电池连接不正常时，立即停止充电。

（3）高压配电箱（PDU）　新能源汽车高压配电箱是所有纯电动汽车、插电式混合动力汽车的高压大电流分配单元。高压配电箱总成的功能主要是通过对接触器的控制来实现将动力电池的高压直流电供给整车高压电器，以及接收车载充电机或非车载充电机的直流电来给动力电池充电；同时含有其他的辅助检测功能，如电流检测、漏电监测等。PDU 一般与车载充电机和 DC/DC 变换器做成一体，如比亚迪高压三合一充配电总成，主要是由一个 6.6kW 的车载充电机和一个 2.2kW 的 DC/DC 变换器，以及一个配电箱组成的，整体体积基本上就相当于一个传统车载充电机的体积，如图 5-5 所示。

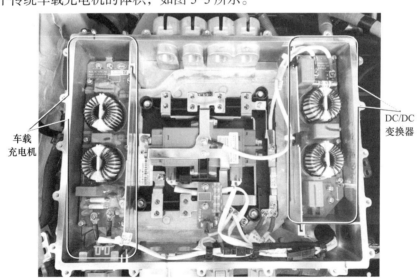

图 5-5　比亚迪高压三合一充配电总成

（4）DC/DC 变换器　作为电动汽车动力系统中很重要的一部分，它的一个功用是为动力转向系统、空调以及其他辅助设备提供所需的电力。另一个功用是出现在复合电源系统中，与超级电容串联，起到调节电源输出、稳定母线电压的作用。

二、纯电动客车充电模式

纯电动客车充电模式主要有常规充电、快速充电、无线充电和移动式充电等几种充电方式。

1. 常规充电模式

常规充电也称传统充电，只需将车载充电器的插头插到停车场或家中的电源插座上即可充电，是以较低的充电电流进行充电，一般充电时间较长，可达 8 ～ 10h（SOC 达到 95% 以上）。常规充电方式的充电器安装成本比较低，电动汽车家用充电设施（车载充电机）和汽车充电站多采用这种充电方式。可以充分利用电力低谷时段进行充电，降低充电成本，提高充电效率，并延长电池的使用寿命。纯电动客车常规充电模式主要有恒流充电、恒压充电和阶段充电等几种。

电池类型不同，其适应的充电模式不同。对于镍氢电池，其基本的充电制度是恒流模式或多阶段恒流模式充电；对于锂离子电池，基本的充电制度是恒压限流模式充电。可根据具体情况选择一种充电方法或几种方法的组合方法，现代智能型蓄电池充电器可设置不同的充电方法。

（1）恒流充电　恒流充电（图 5-6）是指充电过程中使充电电流保持不变的方法。恒流充电具有较大的适应性，容易将蓄电池完全充足，有益于延长蓄电池的寿命。该方法具有以下特点：

1）充电过程中，充电电流恒定，但充电电压是变化的（充电过程中，蓄电池的端电压不断升高，为保证充电电流的恒定，充电电源电压或调节负载应随时变化）。

2）充电电流的大小可根据充电类型及蓄电池的容量确定。

3）不同端电压的蓄电池可以串联充电。

4）充电时间较长。

（2）恒压充电　恒压充电（图 5-7）是指充电过程中保持充电电压不变的充电方法，充电电流随蓄电池电动势的升高而减小。该方法具有以下特点：

1）充电过程中，充电电压保持不变（充电开始时，充电电流很大，随着蓄电池电动势的不断升高，充电电流逐渐减小，直至为零）。

2）一般单格电池的充电电压选择 DC 2.5V，若充电电压选择过低，则蓄电池会出现充电不足的现象；若充电电压选择过高，则蓄电池充足电后还会继续充电，此时的充电则为过充电。

3）恒压充电开始时，电池电动势小，充电电流很大，对蓄电池的寿命造成不良影响，且容易使电池极板弯曲，造成电池报废；在充电中后期，由于电池极化作用的影响，正极电位变得更高，负极电位变得更低，所以电动势增大，充电电流过小，造成长期充电不足，影响电池使用寿命。

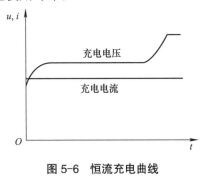

图 5-6　恒流充电曲线

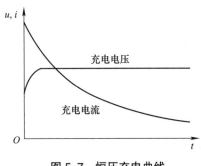

图 5-7　恒压充电曲线

（3）阶段充电　常用的阶段充电方法有二阶段充电法和三阶段充电法。

1）二阶段充电法采用恒电流和恒电压相结合的充电方法，首先，以恒电流充电至预定的电压值，然后改为恒电压完成剩余的充电。一般两阶段之间的转换电压就是第二阶段的恒电压。

2）三阶段充电方法是在充电开始和结束时采用恒电流充电，中间用恒电压充电。当电流衰减到预定值时，由第二阶段转换到第三阶段进行恒流充电，后两阶段之间的转换电流一般就是第三阶段所保持的恒定电流。

阶段充电法同时采用了恒流充电和恒压充电，可以综合这两种充电方法的优点。目前，纯电动公交客车多采用该充电方法。

2. 快速充电模式

快速充电法就是以较高的充电电流，在短时间内使电池充到满电状态的方法。快速充电机功率较大，一般都大于30kW，采用三相四线制380V供电，其充电时间通常为10～30min。这种充电方式对电池寿命有一定的影响，特别是普通蓄电池不能进行快速充电，因为在短时间内接受大量的电量会导致蓄电池过热。

常见的快速充电方法有脉冲快速充电法、Reflex TM 快速充电法、变电流间歇充电法、变电压间歇充电法和调幅/调频式充电法等。

（1）脉冲快速充电法　脉冲快速充电法是首先用脉冲电流对电池充电，然后停充一段时间，再用脉冲电流对电池充电，如此循环，如图5-8所示。间歇期可使蓄电池经化学反应产生的氧气和氢气有时间重新化合成水，减小电池极化现象，使下一轮的恒流充电能够更加顺利地进行，提高蓄电池的存储能量。由于有较充分的反应时间，因此减少了析气量，提高了蓄电池的充电电流接受率。

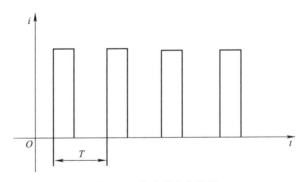

图 5-8　脉冲式充电曲线

（2）Reflex TM 快速充电法　Reflex TM 快速充电法是美国的一项专利技术，最早主要面对的充电对象是镍镉电池。这种充电方法缓解了镍镉电池的记忆效应问题，并大大降低了蓄电池快速充电的时间。Reflex TM 快速充电的一个周期包括正向脉冲充电、反向瞬间脉冲放电和停充维护三个阶段。与脉冲式充电相比，Reflex TM 快速充电法加入了负脉冲。这种充电方法在其他类型的电池上也开始大量应用，用于提高充电速度并降低充电过程中电池的极化。

图5-9所示为Reflex TM 快速充电电流波形，先用0.8～1倍额定容量电流进行恒流充电，

使蓄电池在短时间内充至额定容量的 50% ～ 60%，当单格电池电压升至 2.4V（针对铅酸蓄电池）且开始冒气泡时，由充电机的控制电路自动控制，开始脉冲快速充电，首先停止充电 25ms（称为"前停充"），再放电或反向充电，使蓄电池反向通过一个较大的脉冲电流（脉冲深度一般为充电电流的 1.5 ～ 2 倍，脉冲宽度为 150 ～ 1000ms），然后停止充电 40ms（称为"后停充"）。以后的过程：正脉冲充电→前停充→负脉冲瞬间放电→后停充→正脉冲充电……直至充足电。

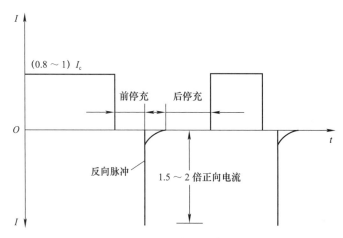

图 5-9　Reflex TM 快速充电电流波形

（3）变电流间歇充电法　变电流间歇充电法是建立在恒流充电和脉冲充电的基础上，如图 5-10 所示。其特点是将恒流充电段改为限压变电流间歇充电段。充电前期的各段采用变电流间歇充电的方法，保证加大充电电流，获得绝大部分充电量。充电后期采用恒电压充电段，获得过充电量，将电池恢复至完全充电状态。通过间歇停充，使蓄电池经化学反应产生的氧气和氢气有时间重新化合而被吸收掉，减小电池的极化现象，使下一轮的恒流充电能够更加顺利地进行，提高蓄电池的存储能量。

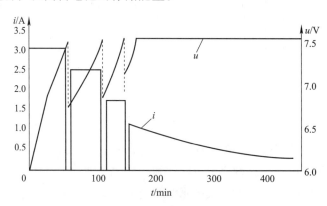

图 5-10　变电流间歇充电曲线

（4）变电压间歇充电法　在变电流间歇充电法的基础上形成了变电压间歇充电法，如图 5-11 所示。变电压间歇充电法与变电流间歇充电法的不同之处在于第一阶段不是间歇恒电流，而是间歇恒电压。

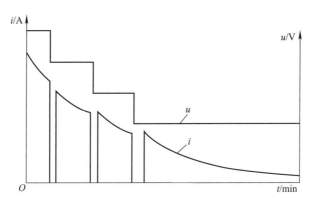

图 5-11　变电压间歇充电曲线

比较上述各类充电方法，图 5-11 更加符合最佳充电规律的充电曲线，在每个恒电压充电阶段，由于电压恒定，充电电流自然按照指数规律下降，符合电池电流可接受率随充电过程逐渐下降的特点。

（5）调幅 / 调频式充电法　调幅 / 调频式充电法综合了各种充电方法的优点，通常采用以下三种控制方法。

1）脉冲电流的幅值可变，驱动充 / 放电开关管（PWM）信号的频率固定。

2）脉冲电流的幅值不变，PWM 信号的频率可调。

3）脉冲电流的幅值不变，PWM 信号的频率固定，PWM 信号的占空比可调。

图 5-12 所示为第 3）种充电方法的充电曲线，在调整 PWM 信号的占空比的同时，加入间歇停充阶段，能够在较短的时间内充入更多的电量，提高蓄电池的充电接受能力。

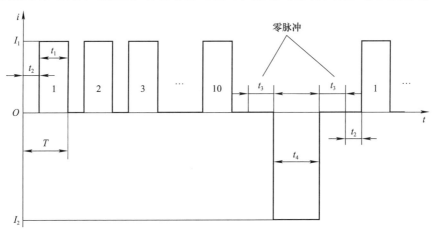

图 5-12　调幅 / 调频式充电曲线

3．无线充电方式

电动汽车无线充电方式是近几年国外的研究成果，其原理就像在车里使用的移动电话，将电能转换成一种符合现行技术标准要求的特殊激光或微波束，在汽车顶上安装一个专用天线接收即可。有了无线充电技术，公路上行驶的电动汽车或双能源汽车可通过安装在电线杆或其他高层建筑上的发射器快速补充电能。电费将从汽车上安装的预付卡中扣除。无线充电一般有电磁感应充电、磁共振充电和微波充电三种方式，如图 5-13 所示。

图 5-13　无线充电方式

4. 移动式充电方式

对电动汽车而言，最理想的情况是汽车在路上巡航时充电，即所谓的移动式充电（MAC），如图 5-14 所示。这样，电动汽车用户就没有必要寻找充电站、停放车辆并花费时间去充电了。MAC 系统埋设在一段路面之下，即充电区，不需要额外的空间。

接触式和感应式的 MAC 系统都可实施移动式充电。对接触式的 MAC 系统而言，需要在车体的底部安装一个接触拱，通过与嵌在路面上的充电元件相接触，接触拱便可获得瞬时大电流。当电动汽车巡航通过 MAC 区时，其充电过程为脉冲充电；对于感应式的 MAC 系统，车载式接触拱由感应线圈所取代，嵌在路面上的充电元件由可产生强磁场的大电流绕组所取代。很明显，由于机械损耗和接触拱的安装位置等因素的影响，接触式的 MAC 对人们的吸引力不大。

图 5-14　移动式充电方式

第二节　充电站建设标准

为使电动汽车充电站的建设工作能贯彻执行国家有关方针政策，统一技术要求，做到安全可靠、技术先进、经济合理，特提出此建设标准。

一、标准充电站的建设

充电站是由 3 台及以上电动汽车充电设备（至少有一台非车载充电机）组成，为电动汽车进行充电，并能够在充电过程中对充电设备、动力电池进行状态监控的场所。

电动汽车充电站的建设应符合下列原则：

1）贯彻国家法律、法规，符合本地区国民经济和社会及企业发展规划的要求。

2）与当地的区域总体规划和城镇规划相协调。

3）符合防火安全、用电安全和环境保护的要求。

4）积极稳妥地采用新技术、新设备和新材料，促进技术创新。

1. 充电站规模

1）充电站布局要综合考虑电动汽车类型、保有量等因素，并充分利用供电、交通、消防、排水等公用设施。

2）充电站规模要综合考虑电动汽车充电需求、车辆日均行驶里程和单位里程能耗水平等因素。

3）电动汽车充电站规模划分为大型、中型和小型三类：大型充电站配电容量大于或等于 500kV·A，具备为各类乘用车、商用车充电的能力，且充电设备数量不少于 10 台；中型充电站配电容量大于或等于 100kV·A，小于 500kV·A，且充电设备数量不少于 3 台；小型充电站配电容量小于 100kV·A，且充电设备数量不少于 3 台。

2. 充电站站址选择

1）电动公交客车使用的专用充电站宜设置在公共汽车枢纽站或专用停车场内。

2）充电站的总体规划应符合城镇规划和环境保护的要求，并应选在交通便利的地方。

3）充电站站址宜靠近城市道路，不宜选在城市干道的交叉路口和交通繁忙路段附近。

4）充电站站址选择应与城市中低压配电网规划和建设密切结合，满足供电可靠性、电能质量和自动化等方面的要求。

5）充电站应满足环境保护和消防安全的要求。充电站不应靠近有潜在火灾或爆炸危险的地方，不宜设在多尘或有腐蚀性气体的场所，当无法远离时，不应设在污染源盛行风向的下风侧，不应设在有剧烈振动或高温的场所。

3. 充电站站区布置

1）充电站包括站内建筑、站内外行车道、充电区、临时停车区及供配电设施等。充电站的站区平面布置应满足总体规划要求，站内工艺布置合理，功能分区明确，交通便利，节约用地。

2）充电设备的布置应靠近充电位以便于充电，设备外廓距充电位边缘净距不宜小于 0.4m。充电设备的布置不应妨碍其他车辆的充电和通行。同时要采取保护充电设备及操作人员安全的措施。

3）充电站宜设置适当数量的临时停车位置。

4）充电站内道路的设置应满足消防及服务车辆通行的要求。充电站内部从入口到出口至少应有 2 条车道，入口和出口宜分开设置，明确指示标识。

5）充电站内双列布置的充电位，中间行车道按行驶车型双车道考虑；单列式布置的充电位，行车道按行驶车型单（双）车道考虑。充电站车道宽度及道路转弯半径应按行驶车型确定；道路坡度不应大于6%。站内道路不应采用沥青路面。

4. 充电站充电机的配置

1）应根据电动汽车动力电池组的特性及数量确定充电机的最高充电电压。

2）应根据电动汽车动力电池组的容量和对充电速度的要求，以及供电能力和设备性价比，在确保安全、可靠充电的情况下确定最大充电电流。

3）充电机应具有根据电池管理系统（BMS）提供的数据，动态调整充电参数、自动完成充电过程的功能。应具备与电池管理系统通信的接口，用于判断充电连接状态，获得蓄电池充电参数及充电实时数据。

4）充电机应具有判断充电机与电动汽车是否正确连接的功能，当检测到充电接口连接异常时，必须立即停止充电。充电机应具备交流输入过/欠电压保护、交流输入过电流保护、直流输出过电压保护、直流输出过电流保护、内部过温保护等功能。

5）充电机应具备与充电站监控系统通信的功能，用于将充电机状态及充电参数上传到充电站监控系统，并接收来自监控系统的指令。

6）充电接口应在结构上防止手轻易触及裸露带电导体。充电插接器在不充电时应放置在人不轻易触及的位置。对于安装在室外的充电机，充电接口应采用必要的防雨、防尘措施。

5. 充电站供配电系统配置

1）充电站应按照重要程度和配电容量选择电源数量。用电设备容量在100kW及以下或需用变压器容量在50kV·A以下者，可采用低压三相四线制供电。

2）供配电系统的布置应满足规定，遵循安全、可靠、适用的原则，便于安装、操作、搬运、检修和调试。

3）高低压配电系统宜采用单母线或单母线分段接线。低压进出线开关、分段开关宜采用断路器。来自不同电源的低压进线断路器和低压分段断路器之间应设机械闭锁和电气联锁装置，防止不同电源并联运行。

4）高压电力电缆宜选用铜芯交联聚乙烯绝缘类型，低压电力电缆宜选用铜芯交联聚乙烯绝缘类型，也可选用铜芯聚氯乙烯绝缘类型；低压三相回路宜选用五芯电缆，单相回路宜选用三芯电缆，且电缆中性线截面应与相线截面相同；三相用电设备的电力电缆，其外护套宜采用钢带铠装。单芯电缆外护套不应采用导磁性材料铠装；单芯电缆不宜单根穿钢管敷设，当需要单根穿管时，应采用非导磁管材，也可采用经过磁路分隔处理的钢管。

5）为减小供电电压偏差，充电站的设计宜采取相关措施进行改善，如选择合理变压器变压比和电压分接头、降低系统阻抗、补偿无功功率以及调整三相负荷平衡等措施。

6. 充电站监控及通信系统

1）对于大中型充电站，监控系统由站控层、间隔层及网络设备构成。站控层提供充电站内各运行系统的人机界面，实现相关信息的收集和实时显示、设备的远方控制，以及数据的存储、查询和统计等，并可与相关系统通信；间隔层采集设备运行状态及运行数据，上传至站控层，并接收和执行站控层的控制命令。

2）站控层配置应能满足整个系统的功能要求及性能指标要求，主机容量应与监控系统所控制采集的设计容量相适应，并留有扩充裕度。

3）充电监控系统宜具备数据采集、控制调节、数据处理与存储、事件记录、报警处理、设备运行管理、用户管理和权限管理、报表管理与打印功能、可扩展性、对时等功能。

4）大型充电站应设置视频安防监控系统，并具有入侵报警、出入口控制设计。中小型充电站可适当简化。

5）间隔层网络通信结构应采用以太网或CAN结构连接。部分设备也可采用RS485等串行接口方式连接；站控层和间隔层之间及站控层各主机之间网络通信结构应采用以太网连接；监控系统应预留以太网或无线公网接口，以实现与各类上级监控管理系统交换数据。

7. 充电站建筑及设计

充电站内建筑应按NB/T33004—2020《电动汽车充换电设施工程施工和竣工验收规范》建设，宜统一形式，做好建筑节能、节地、节水、节材工作；充电站生活给水和排水设计应符合规定，站区雨水可通过截水沟或雨水口收集后排入市政雨水系统。雨水排水系统设计优先考虑重力流排水，不具备重力流排水条件时可采用机械排水方式。当不具备集中排水条件时，站内地面雨水可散流排出站外；充电站采暖、通风和空气调节设计应符合规定，建筑物房间宜采用自然通风方式，有特殊通风要求的房间可采用机械通风。充电站应做好防雷电、防静电措施，以及电气设备的工作接地、保护接地及信息系统的接地等，宜共用接地装置，其接地电阻不应大于4Ω。

充电站应同时设计消防给水系统，消防水源应有可靠的保证。站内建筑物应满足耐火等级不低于二级；充电站在规划、设计和建设中，建筑物宜采用节能环保型建筑材料，应贯彻国家节能政策，合理利用能源，做到节能与环保。

二、公交客车充电站的建设

1. 建设纯电动公交客车充电站的原则

首先应按照国家建设标准和建设原则进行建设，其次考虑纯电动公交客车类型及保有量，第三点考虑纯电动公交客车充电需求、车辆日均行驶里程和单位里程能耗水平等。因此，公交客车充电站建站规模应为大型充电站标准，站址应选择在公共汽车枢纽站或专用停车场内。

2. 纯电动公交客车充电站建设应考虑的因素

1）应考虑纯电动公交客车动力电池类型，决定充电设备的数量和型号，对于需充电时间较长的车辆，其充电站应建在专用停车场内；对于需充电时间较短的车辆，其充电站可考虑建设小型充电站。

2）应考虑到公交客车线路运行时间，对于白天运行的车辆可在专用停车场内建站，利用夜间集中充电；对于夜间运行的车辆，也可在专用停车场内建站并利用白天充电。

3）充电机充电电压选择应按照电动客车动力电池电压进行选择。如磷酸铁锂电池单体电压按照 $2.8 \sim 3.7V$ 计算，充电电压为 $504 \sim 666V$，因此可选用 $350 \sim 700V$ 的充电机。

4）充电机功率选择。考虑车辆夜间仅需小功率充电，白天可支持大功率 $1C$ 电流充电，因此可选用30kW分布式充电机，通过多个30kW分布式充电机构成分布式充电系统，满足车辆的充电需求。

5）充电系统工作方式，考虑到公交车辆白天运行较多，晚上运行较少，因此车辆充电可采取"夜间主充电，白天补充电"的方式进行。考虑到低谷时段充电电费低，因此在夜间时段将所有车辆充满电。白天补充电可以以 1C 电流快充，满足车辆白天充电需求。

例如，磷酸铁锂电池电动公交车辆的电池能量密度较大，充电时间较长，适合运行里程较长的公路及城乡公交客车，可以在专用停车场建设大型充电站，利用夜间低谷时段集中充电，白天运行补充电。而对于钛酸锂电池电动公交车辆，其电池能量密度小，充电时间短，适合运行里程较短、可频繁充电的城市公交客车，可以在首末站建设小型充电站，利用车辆停靠站时间即可完成充电。

第三节　充电监控管理

目前，国内公交企业的充电站、充电设施并没有完全开展商业运营，大多数为专属公交企业内部的充电站，仅服务于企业内部纯电动公交客车，并不向社会开放。为保证电池充电的安全性，提高充电站的运营管理水平，充电监控管理就显得尤为重要。本节主要介绍充电监控系统和 BMS 监控。

一、充电监控系统

充电监控系统宜具备数据采集、控制调节、数据处理与存储、事件记录、报警处理、设备运行管理、用户管理和权限管理、报表管理与打印功能、可扩展性、校时等功能。

1）数据采集功能：采集充电机工作状态、故障信号、功率、电压、电流、电量等信息。

2）控制调节功能：向充电设备下发控制命令，遥控起停、校时、紧急停机、远方设定充电参数等。

3）数据处理与存储：具备充电过程数据统计、故障统计等数据处理功能，具备对充电设备的遥测、遥信、遥控、报警事件等实时数据和历史数据的集中存储和查询功能。

4）事件记录：具备操作记录、系统故障记录、充电运行参数异常记录、电池组参数异常记录等功能。

5）报警处理：提供图形、文字、语音等一种或几种报警方式以及相应的报警处理功能。

6）设备运行管理：具备对设备运行的各类参数、运行状况等进行记录、统计和查询的功能。

7）用户管理和权限管理：系统根据需要，规定操作员对各种业务活动的使用范围和操作权限等。

8）报表管理与打印功能：用户可根据需要定义各类日报、月报及年报，并具有定时、召唤打印等功能。

9）可扩展性：系统应具备较强的兼容性和扩展性，以完成不同类型充电设备的接入及充电站规模不断扩容的要求。

10）校时功能：系统应能接受时钟同步系统对时，保证系统时间的一致性。

二、BMS 监控

国标充电是指由国家能源局、工业和信息化部（简称工信部）提出，由电动汽车充电设施标准化技术委员会颁布的国家充电标准，针对充电机和车载设备提出了标准、智能、安全的充电要求。我们通常所说的国标充电是指 BMS 和充电机按照国标通信协议进行充电，目前使用的通信协议版本为：GB/T 27930—2015《电动汽车非车载传导式充电机与电池管理系统之间的通信协议》。

BMS 监控是指 BMS 实时采集、处理、存储电池组运行过程中的重要信息，与充电机交换信息，实时监控充电机与充电车辆物理连接、握手阶段、参数配置、充电阶段、充电结束等充电流程各阶段，从而提高动力电池的利用率，防止电池出现过度充电，延长电池的使用寿命，监控电池充电的状态。

1. 物理连接

充电枪与充电插座完好对接，充电机与 BMS 开始工作并检测连接确认信号（充电机检测 CC1 对地 3.2～4.8V，BMS 检测 CC2 对地电压 5.2～6.8V）正常，则物理连接成功。

2. 握手阶段

当 BMS 和充电机物理连接完成并上电后，BMS 和充电机进入握手阶段。首先，充电机发送报文 CRM 给 BMS 请求握手；当 BMS 接收到充电机的 CRM 报文后，向充电机发送 BMS 和车辆辨识报文 BRM 回答握手；当充电机收到 BMS 发送的 BRM 辨识报文后，表示辨识成功，则握手阶段完成。

3. 参数配置

充电握手阶段完成后，充电机和 BMS 进入参数配置阶段。首先，BMS 向充电机发送动力电池充电参数 BCP；充电机给 BMS 发送时间同步信息 CTS 和最大输出能力报文 CML；BMS 根据 CML 报文判断能否进行充电，同时发送充电准备就绪报文 BRO；充电机接收到 BMS 的 BRO 报文后发送充电机输出准备就绪报文 CRO，充电准备完成。

4. 充电阶段

充电配置阶段完成后，充电机和 BMS 进入充电阶段。在整个充电阶段，BMS 实时向充电机发送电池充电需求，充电机根据电池充电需求来调整充电电压和电流以保证充电过程的正常进行。在充电过程中，充电机和 BMS 相互发送各自充电状态，除此之外，BMS 根据要求向充电机发送动力电池状态信息及电流、电压、温度等信息。

BMS 根据充电过程是否正常、电池状态是否达到 BMS 自身设定的充电结束条件以及是否受到充电机中止充电报文来判断是否结束充电；充电机根据是否收到停止充电指令、充电过程是否正常、是否达到人为设定的充电参数或者是否受到 BMS 中止报文来判断是否结束充电。

5. 充电结束

当充电过程中出现异常或者充满电时将停止充电，同时 BMS 给充电机发送停止报文 BST，充电机也给 BMS 发送停止报文 CST，充电机和 BMS 停止充电，双方进入充电结束阶段。在此阶段，BMS 向充电机发送整个充电过程中的充电统计数据，包括初始 SOC、终了 SOC、电池最高电压和最低电压；充电机收到 BMS 的充电统计数据后，向 BMS 发送充电过程中输出电量、累计充电时间等信息。

第四节　充电安全管理

一、充电站操作人员安全管理

1. 岗位设置

充电站应设置负责人、安全员、设备维护员、监控员和充电员等岗位。负责人是充电站的第一安全责任人，应全面负责充电站的安全及日常运营管理工作。安全员负责充电站的安全宣传教育和监督工作，协助站长进行安全管理。设备维护员负责充电设备的巡查、检测和维护工作，保障设备正常运营。监控员负责充电监控设备及通信网络的正常运转，对充电过程进行实时、有效地监控。

2. 岗位职责

1）负责人应了解电动汽车的结构，熟悉充电设施的工作原理，熟练掌握充电站的运行和服务规范、安全知识和应急处理方法。

2）安全员应了解电动汽车的构造、充电设备的工作原理，掌握充电操作规程、安全知识和应急处理方法。

3）设备维护员应掌握充电设备的工作原理、动力电池的基本知识、电动汽车构造，掌握本岗位操作流程、设备检测、故障判断及处理。

4）监控员应了解动力电池电化学性能和动力电池应用的基本知识，掌握监控系统使用方法。

5）充电员应了解电动汽车动力电池的基本常识，掌握电动汽车充电安全知识、本岗位操作规程和应急处理方法。

3. 岗位要求

1）充电站各岗位必须经过上岗前培训，掌握电动汽车安全知识、用电安全规范、操作规程、发生紧急情况的处理方法和触电急救方法后才能上岗。

2）所有人员必须取得当地安全生产监督管理部门认可的"低压电工作业证"，且必须经充电设备生产厂家培训考核合格后方可上岗。

3）充电站人员的日常安全教育按企业内部的《安全生产教育培训管理办法》执行。

4）充电站操作人员应严格按照操作规程和安全生产管理规定进行操作，杜绝违章操作和不安全行为。必须密切监控充电站的设备运行状况，以确保安全、高效运行。发现异常情况应通过紧急按钮停止充电，并及时上报、做好详细记录。当班时严禁脱岗、串岗、溜岗、睡岗或做与工作无关的事情。

5）充电过程中严禁在充电区域进行其他操作，严禁非专业人士靠近及随意触碰充电电缆或插头。

6）监控室当值人员不得长时间离开。换班时接班人员未到，当值人员不得擅自离去，必须办好交接手续方可下班。

二、驾驶员及车辆安全管理

1）车辆进站充电时，驾驶员应服从充电站操作人员指挥，严格按照行驶路线驾驶车辆，车速控制在 5km/h 范围内；按规划区域停放（充满电和待充电区），不得阻塞通道，一车不得占据多个充电车位；禁止无关车辆进入充电区域，禁止在紧急疏散通道停放任何车辆。

2）进场驾驶员必须严格遵守充电站安全管理规定，不得损坏站内各项设施。必须严格遵守充电站安全防火规定，禁止场内吸烟，严禁携带易燃易爆或有剧毒、腐蚀性、辐射性、强电磁等危险品的车辆进入充电站。

3）进场车辆和驾驶员要保持场内清洁，禁止在场内乱丢垃圾与废杂物。

4）进场车辆严禁在充电站内修车、试制动，禁止任何人在充电站内学习车辆驾驶。

5）充电结束后、行车前，驾驶员应确认充电终止以及充电设备与电动汽车是否物理分离。

6）无权限移动车辆的充电站操作人员，严禁挪动车辆。

7）车辆出现危险情况立即切断充电电源，必要时拨打报警电话。

三、设备安全管理

1）充电设备不能受强烈振荡或持续暴露于高温和潮湿的环境中。设备周边禁止放置易燃易爆物品、腐蚀性化品、强电磁物品和金属导电物，不得堆放杂物。

2）设备柜台上不得放置茶杯、壶、盛有液体的容器、手机、钥匙等；设备柜内不得储物。

3）机房、监控室及设备不能乱拉电线电缆，粘贴与设备无关的文件图片。

4）电缆线上不得压置重物及有棱角的金属物体。

5）严禁在充电枪或充电线缆存在缺陷、出现裂痕、磨损、破裂、充电线缆裸露等情况下使用充电桩；也不得使用正处于维护维修中的充电桩、插头进行充电操作。

6）设备运行时不得进行设备柜内外附着物的清洁和一切维护维修作业，包括紧固螺丝、更换零配件、移动电线电缆以及控制台等。设备运行（充电过程）中，非特殊情况不得拉闸断电。

7）充电设备两次开机间隔时间不少于20s（切断输入电源）。

8）严禁用尖锐物体触碰或野蛮操作充电机触摸屏，按键操作时请勿用力过大。严禁用硬物涂刮充电机外壳，禁止使用呈酸性的液体或磨损性清洁剂擦拭充电机任何部位，以免损伤机壳。

9）严禁充电机内凝露及有较严重的霉菌存在。

10）严禁非专业人员拆卸、维修、改装充电设施。充电设施故障不能及时检修时，须设立警示标识和故障提示标语。遇雷雨天气和接地故障发生时，需注意存在跨步电压，操作者须穿绝缘鞋，且远离接地点。

四、运营安全管理

1）配电箱钥匙需放置在值班室（监控室）的钥匙箱内，值班人员换班时需将钥匙箱的管理权限交接，并由当值人员对钥匙的数量和准确性进行清点、核查。

2）充电站正常运营期间，值班人员应定时巡查，遇雷雨、超负荷、电力紧张等情况时应增加巡视次数，充电过程须全程监控。对设备异常状态要做到及时发现，正确处理，做好记录，并向有关上级汇报。

3）定期对道路及场区的排水设施进行全面检查和疏通，特别是雨季来临前，防止站内积水浸泡充电机底座或充电机进线电缆；充电机 2m 范围内不能有积水。

4）下雨时对房屋渗漏、下水管排水情况进行检查，雨后检查地下室、电缆沟、电缆隧道等积水情况，并及时排水。设备室潮气过大时做好通风。

5）应保持充电站、变配电房、充电房地面卫生清洁，电缆沟干净，盖板齐全。

6）做好防水、防鼠、防盗工作，进出变电室、配电室、充电房注意随手关闭好门窗，经常查看防护网、密封条防护情况，谨防小动物窜入而发生意外。

7）设备室空调、散热风扇运行应正常，如有异常或者停止工作应及时维修或更换，不得无故延期处理。

8）严禁携带任何易燃易爆品或有腐蚀性、强电磁、辐射性等对设备正常运行构成威胁的物品进入充电站。严禁在充电站内使用与充电不相关的电器设备。

9）充电站内不得从事与充电不相关的工作。严禁吸烟。

10）非工作人员未经批准不得擅自进入监控室、充电房、配电室及充电区域。

11）监控用的计算机不得做与监控工作无关的事情，禁止使用设备服务器（计算机）浏览网页。不得在监控室的设备上编写、修改、更换各类软件系统及更改设备参数设置。各类软件系统的维护、增删、配置的更改，各类硬件设备的添加、更换，以及平台数据的设置必须由专业厂家进行。

12）设备不间断电源应定期检查、维护，不得用于其他用途。

13）充电站操作人员发现充电车辆明显异常时应告知客户，提示客户进行车辆维修。

14）严禁无关人员插、拔充电枪或触摸充电设备。

15）遇到紧急事故，应快速准确地断电、防止事故扩大；经常主动与供电部门联系，及时了解供电网络运行情况。

16）认真做好值班记录、巡回记录和交接班记录。

五、充电站巡查、清洁、维护、检测、维修管理

1. 巡查、清洁安全要求

1）设备维护及巡检人员需进行专业培训并取得资质后才能上岗。非专业人员禁止私自打开充电机柜体及其他配电设备进行作业。

2）高压设备巡查时应与带电体保持距离，当电压等级为 10kV 时，人体与带电体的距离不小于 0.7m。

3）线路上禁止带负荷接电或断电，并禁止带电操作。在断电清洁设备时，需要在对应设备开关、操作手柄、断路器下方悬挂"有人工作，禁止合闸"类似标识，确保人身安全。

4）用绝缘棒或传动机构拉、合高压开关，应戴绝缘手套。雨天室外操作时，除穿戴绝缘防护用品外，绝缘棒应有防雨罩，并有人监护。

5）清洁时需要戴安全帽、戴绝缘手套、穿绝缘鞋，以防砸伤、电击。进行现场清洁时，一人清洁操作，一人配合监督，严禁单人操作。

2. 巡查方法

巡查方法概括起来可分为：看、听、闻、摸、试。

1）看：主要看设备的外观和颜色变化有无异常，仪表数字显示有无异常变化；如看充电桩指示灯颜色、充电桩配电箱指示灯状态等。

2）听：主要听设备运行的声音是否正常；如根据充电桩工作时内部继电器的声音来判断充电桩是否正常。

3）闻：主要闻有无绝缘材料在温度升高时的烧糊气味；凭借设备内部发出的气味来诊断。

4）摸：用手摸试，如充电桩表面有无温度过高现象，内部有无水汽凝结现象。

5）试：试验验证，如按下充电桩内部断路器漏电测试按钮，断路器能否自动断开等。

3. 巡查要求

巡查设备时一般不处理发现的缺陷，发现问题，要及时汇报，不要动手独自处理，如有较大的隐患，应暂停设备的使用并切断电源。

4. 清洁要求

1）每周：使用压缩空气、毛刷对充电枪内脏污进行清洁，如无条件可以使用无尘布或棉签对充电枪进行清洁。如果发生意外情况（如充电枪丢弃、掉落在地上等），则应及时采用上述方法进行清洁。对充电机表面进行灰尘清洁。

2）每月：查看设备内部是否有积水或水汽凝结情况。如果有，则在断电的情况下，用干毛巾进行擦拭，确保干燥后，方可使用设备。

3）每季：对设备内部进行灰尘清洁，防止内部绝缘性能下降，如遇恶劣环境，可视具体情形缩短清洁间隔时间。清洁充电桩、充电柜通风防尘网。

5. 维护、检测、维修要求

主要设备维护应由专业服务机构或厂家售后按设备维护要求进行，并跟踪记录维护情况，双方签字确认。每年应委托专业机构，按相关要求，对高压电设备、绝缘电阻、接地装置、防雷装置、继电保护等进行检测，并出具检测报告。对发现的设备故障，应及时通知所委托专业服务机构或厂家售后服务机构进行维修，维修完成经双方签字确认后，方可启用设备。

六、标志、标识设置要求

1）充电站内设备及设施应根据规定设有符合现场情况和安全规程要求的标示牌。安全标识应清晰醒目、规范安装可靠、便于维护，适应使用环境要求，并符合 Q/GDW 434—2010《国家电网公司安全设施标准》及（GB 2894—2008）《安全标志及其使用导则》的规定。

2）安全标志牌应设在便于识别、醒目的位置。环境信息标志宜设在有关场所的入口处和醒目处；局部环境信息应设在所涉及的相应危险地点或设备（部件）的醒目处。

3）安全标志牌不宜设在可移动的物体上（换电设备除外），以免标志牌随母体相应移动而影响认读。标志牌前不得放置妨碍认读的障碍物。安全标志牌应定期检查，如发现破损、变形、褪色等不符合要求的情况时，应及时修整或更换。修整或更换时，应有临时的标志替换，以避免发生意外伤害；临时标志牌应采取防止脱落、移位措施。

4）多个标志在一起设置时，应按照警告、禁止、指令、提示类型的顺序，先左后右、先上后下地排列，且应避免出现相互矛盾、重复的现象；也可以根据实际，使用多重标志。

5）有触电危险或易造成短路的作业场所安装的标志牌应使用绝缘材料制作。

6）充电站门口应设置减速带和限速 5km/h 标志。

7）距离电压等级为 10kV 的高压设备 0.7m 处，应有明显的标识。

8）充电站、换电站内换电设备应设置"随时起动，请勿靠近"警告标志及两侧警示线。

9）高电压部位应贴上"高压危险，切勿触摸"等警示，以防人员触及而发生意外触电事故。

10）充电站应在相应的位置配挂设备标识、充电站安全要求、充电操作流程、车辆停放要求和充电站应急处置方法等。

七、其他要求

1）各充电站管理单位生产安全综合应急预案应相应增加充电站防电气火灾、防电池火灾、防爆炸、防电击、防汛、防环境污染等应急处置措施，以及供电系统故障、停电、断网等突发事件的应急处置方案。

2）充电站应具备必需的技术资料，包括充电站设备说明书、充电站工程竣工（交接）验收报告、充电站设备修试报告。

3）充电站巡查、清洁、维护、检测、维修记录应保留原始记录。记录应及时、准确、真实、完整，保存期限不少于 3 年。

4）充电站技术资料应有专人管理，并建立有关管理制度。

八、充电操作流程

1. 单枪充电操作

1）关闭车辆电源开关。

2）连接充电枪。

3）操作台上查看对应终端状态（正常情况下，插枪 25s 后自动起动充电）。

4）操作台上显示充电中：在操作台上单击对应终端的"结束充电"按钮，结束充电。

5）操作台上显示已完成：可直接拔枪结束充电。

2. 双枪充电操作

1）关闭车辆电源开关。

2）分别连接两把充电枪（双枪插枪间隔在 20s 内）。

3）操作台上查看对应终端状态（正常情况下，插枪 25s 后自动起动充电）。

4）操作台上显示充电中：在操作台上单击对应终端的"结束充电"按钮，结束充电。

5）操作台上显示已完成：可直接拔枪结束充电。

九、充电安全注意事项

1）正确选择充电设备，充电设备与充电车型不匹配可能对车辆安全造成损害。

2）充电前请确认充电设备无损坏和异常情况，确认枪头干燥、清洁，确认充电枪已连接到位；如充电枪内有积水或者杂物，需将枪头内积水、杂物清除。观察枪头和枪座是否有烧蚀，如有异常，严禁充电。

3）充电过程要保证车辆驻停可靠，按照充电要求，正确操作，充电开始后避免触碰充电设备和车辆充电口，并随时关注充电数据，严禁人车分离。

4）严禁在充电过程中拔卸枪头和移动车辆，按照操作规程确认充电已复位或将充电枪归位后，按下"结束/复位"按钮方可驶离。

5）请严格按照充电设备上的操作规程及提示进行操作，否则存在触电及火灾风险；如发现异常情况请停止使用并及时联系工作人员，或拨打客服电话，由专业人员进行解决和维修。

6）发生火情未断电时，严禁触碰设备或用水灭火；发生火灾、充电设施浸水等事故，严禁靠近充电设备，请及时通知熟悉设备和应急处理方法的人员进行应急处理。

7）尽量避免雨天涉水行走，要特别注意周边被淹没电气设备的漏电风险和没有井盖的井口吞没风险。

8）非专业运维人员严禁开启、拆卸、接线、改造、破坏充电设备，设备检修时必须切断电源；非生产和工作人员严禁在充电设施周围活动，避免发生事故。

十、应急处置注意事项

1. 火灾应急处置

1）现场人员发现火情时，应第一时间拨打应急联系电话，如箱变（箱式变电站）高压侧、电动汽车燃烧或存在火情蔓延无法控制的情况请同时拨打119；除车辆电池起火用大量水扑救情况外，充电终端、总控箱、箱变等位置起火均可以用干粉灭火器进行扑救。

2）第一时间切断上级电源，扫清灭火过程的触电风险：车辆起火可按下终端急停按钮；终端起火可拉下总控箱电闸；总控箱起火可断开配电室电闸；高压箱变起火需拉下电网杆上开关，必要时请求供电局协助。如果不能确保是否切断电源，则严禁使用水介质灭火。

3）若火势扩大，应及时疏散周围车辆、易燃易爆物，确保与着火电动汽车距离15m内无可燃物，同时疏散周边车辆及周边群众。

4）电动汽车起火后，应拨打119报警。电动汽车起火应注意有毒烟气和触电风险，因为电池箱是封闭的，灭火器无法扑灭电池箱火，最有效的方法是使用大量水给电池箱降温。对电池箱喷水时，高压回路可能连通水柱导致触电，因此要佩戴绝缘手套和绝缘靴，尽量使用水雾模式灭火。

5）抢险人员应正确佩戴个人防护用品。

2. 触电应急处置

1）迅速切断电源或用绝缘物品移除触电者身上的电线等带电物品。

2）查看呼吸和心跳情况，保持伤者呼吸畅通。

3）呼叫120急救，正确报告地点和受伤情况。

4）伤者呼吸、心跳停止时，接受过正规训练的人员可以对其进行心肺复苏。

5）妥善处理局部电烧伤的伤口，保持创面清洁。

3. 灾害天气应急处置

1）灾害天气前，请对充电设备及附属设备进行检查，必要时提前断电，断电操作需由专业电工进行。

2）灾害天气发生时，如发现充电设备淹没、附属设施倾覆等情况，及时拨打应急联系电话，通过本地或远程及时断电。

3）当总控箱、箱变内部被淹没时，应从淹没部位上级（配电室、分界开关）进行断电，严禁在水中接近已被淹没的配电设施，切断电源前应确保断电部位周边无触电风险。

4）灾害天气后，设备未经检查严禁使用。

第五节　充电站及充电桩的维护

为了降低机动车排放对城市环境的污染，各地市城市公交大都采用了纯电动公交客车，与之配套的充电站及充电设施在各地市公交企业场站陆续开工建设。为保障纯电动客车的正常、平稳运行，充电站的维护管理就显得尤为重要。

充电站内的充电桩主要分为直流充电桩和交流充电桩。直流充电桩由于需要将交流电转换为直流电并进行升降压转换，所以结构复杂，维护起来成本更高，但是其充电效率更快，能够较快地为电动汽车充电，应用较为广泛；交流充电桩相对应来说结构更为简单，只需要接通220V或380V的交流电就可以了，车辆自身所带的充电系统会将交流电转换为相应的直流电进行充电，目前在纯电动客车方面应用较少。

一、充电站的维护

为降低用户对新能源车辆充电时的安全风险，减少用户因充电机或其插接器损坏造成影响车辆运营问题的发生，对充电站及充电设施维护要求如下。

1. 充电站防雨设施要求

充电站应建设防雨棚，且雨棚伸出长度应能覆盖车辆充电口位置，如图5-15所示。直接采用露天充电，可能存在如下安全隐患：

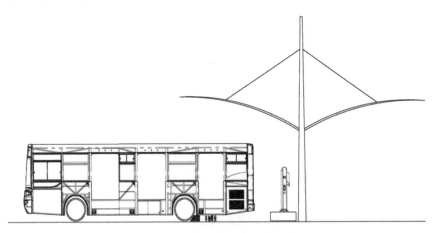

图5-15　充电站防雨棚设施要求

1）进行充电操作时如遇雨雪天气，操作人员将直接暴露在雨雪环境中，湿手操作充电机可能造成人员触电，危及人身安全。运送充电枪至车辆充电接口过程中容易造成充电枪进水，雨水引起充电枪绝缘强度降低，造成充电绝缘检测失败，无法正常充电，影响车辆运营。

2）充电过程中如遇暴雨天气，正在工作的充电枪及其所连接的插座长时间处于水浸状态，充电枪、插座的密封部件磨损或老化后进水造成充电机保护断开，导致车辆不能正常充电，影响车辆的正常运营。

3）充电作业完成时如遇暴雨天气，操作人员将直接暴露在暴雨环境中，湿手操作充电机可能造成人员触电，危及人身安全。充电枪容易在运送过程中进水，雨水造成充电枪绝缘强度降低，影响下一次充电作业，影响车辆运营。

4）充电操作人员佩戴绝缘手套进行充电作业，雨雪环境将造成绝缘工具丧失绝缘性能，不能起到绝缘作用，造成操作人员触电，危及人身安全。

2. 充电站对充电桩的安装要求

1）充电桩底座需高于安装地历史最高水位20cm。

2）雨棚遮盖长度需确保能覆盖车辆充电口位置（国内充电雨棚通常伸出长度为4.5m，高度4.2m）。

3）充电过程中严禁充电枪及车辆充电口进水。

3. 充电站强降雨天气充电安全要求

夏季部分地区易出现城市内涝现象，为确保充电站安全运行，要提前做好防范，确保人身和设备安全，对强降雨天气下使用充电桩进行如下要求：

1）及时关注强降雨预警信息，提前对漏电保护开关进行测试，若充电场站在强降雨天气下曾遭受过水浸，需提前断开充电桩总电源。

漏电保护开关测试方法如下：操作漏电保护开关的试验按钮，检查其是否能正常断开电源。在检查时应注意操作试验按钮的时间不宜太长，一般以点动为宜，次数不宜过多，不超过三次，以免烧毁内部元件。

漏电保护开关在使用中发生跳闸，经检查未发现开关动作原因时，允许试送电一次，如果再次跳闸，应查明原因，不得连续强行送电，若发现用电设备或电缆遭受水浸，不得试送电。

2）打雷、闪电时不要进行充电作业，或直接断开进线电源总开关。

3）充电桩遭受水浸时，应断开进线电源总开关，断开前禁止操作充电机，防止因雨水淹没用电设备等引起人身触电。

4）充电站应避免非工作人员进入工作区，如发现电力线路断落、线路放电、电气设备着火等情况，应立即远离（至少在10m以外），并拨打当地供电部门报修电话或服务热线。

5）遭受水浸的充电桩等用电设施进线电缆需经绝缘检测后，方能再次送电，用1000V兆欧表测试相间及对地绝缘阻值应 >1MΩ，充电桩柜内进水应请公司专业售后人员进行处理及检测。

二、充电桩的维护

1. 充电枪

1）不使用时尽量避免枪头直接暴露在外面，应插回插座，防止损坏。

2）充电线缆或充电枪头如有外壳破损、线缆裸露等问题存在，请不要继续使用。

3）拔枪时，注意枪柄卡扣位置，避免野蛮拖拽。

4）保持枪头干燥，禁止积水存在，并定期使用棉签蘸医用酒精清洁充电枪插口。

5）检查桩体外壳是否生锈、漏水。

6）检查显示屏显示信息是否完整，是否会花屏，各指示灯是否指示正常。

7）后台连接：检查联网的桩体是否连接上服务器。

8）电量记录：每车记录当次充电电量数据，汇总当天数据，作为后续运营数据分析。

9）故障记录：针对发现的故障进行记录跟进。

2．巡检维护

1）内部线缆：是否有损坏；是否有脱落的线缆，有焦味，接线端子是否变色，特别是强电侧。

2）检查空开的漏电保护按钮：是否检测正常。

3）电源模块是否正常工作，输出能力是否正常，电流输出能力是否正常。

4）电源模块是否闪红灯，红灯即不正常，需要联系充电桩厂家进行协调解决。

5）电源模块风扇运转是否正常（不转或转速下降）。

6）充电功能：电压电流输出是否正常。

7）刷卡功能：刷卡是否反应正常。

8）急停功能：急停是否能正常动作。

9）后台数据：整理后台数据与总电量数进行对比，是否有差别。

10）对充电桩内部的灰尘进行清理，主要针对电源模块、主控印制电路板（PCB）、散热出风口处的灰尘进行处理。

11）巡检维护视各充电站点的地理位置、季节气候和使用频繁程度自行制定周期（通常分为周、月、季节性维护）。

3．操作规范

1）将充电枪插在车上，确保枪与车可靠连接（黄色充电灯闪烁证明连接可靠）。

2）单击充电界面右上角的"输入密码"按钮，输入密码或刷充电卡进入充电界面。

3）单击开机按钮，屏幕下方提示绝缘检测等信息。

4）当屏幕显示"正在充电，请确保充电枪可靠连接"文字时，表明充电成功。

5）当充满电时，直接退出界面，拔下充电枪放回原处。

4．操作注意事项

1）潮湿天气时应确认充电枪头与车辆插座干燥，否则禁止充电。

2）严禁在充电枪或充电线缆存在缺陷、出现裂痕、磨损、破裂、充电线缆裸露等情况下使用充电桩，如有发现，请及时联系厂家。

3）充电过程中禁止直接拔枪。

4）充电结束时，建议充电界面完全跳转之后再拔插充电枪（电压电流升降需要一个过程，保证安全）。

5）在充电过程中，车辆禁止行驶，只有在静止时才能进行充电，充电前确保车辆已经熄火方可充电。

6）充电桩附近应配备专用消防设备，预防紧急情况发生。

7）充电桩站点需要设有经过使用培训以及安全教育的人员（充电工、安全员），作为充电桩站点专项负责人，进行充电桩站点的日常维护、充电管理、安全充电指导。

三、直流充电机维护作业项目及排查标准

直流充电机维护作业项目及排查标准见表5-1。

表5-1　直流充电机维护作业项目及排查标准

序号	作业部位	所需工具	技术标准	操作步骤	维护周期	图片
1	充电机内部结构	目视	1. 风扇工作正常 2. 充电连接线无磨损，充电接头牢固可靠 3. 直流充电机腔内无积尘 4. 接地线可靠接地	1. 在日常维护中，应确保散热风扇正常工作，否则需及时更换同型号风扇 2. 充电连接线的缠绕管磨损，应及时更换新的缠绕管以保护充电连接线；若充电连接线老化，则需更换新的连接线；充电接头如果松动，则需及时紧固 3. 应定期清理充电机内部积尘，防止内部绝缘性能下降 注：如需进行维护，需切断充电机上一级交流输入电源，切勿带电操作	日常	
2	防尘网	扳手	柜体通风状态良好，无积灰	1. 切断充电机上一级交流输入电源，从通风钣金框中摘取防尘网，并用清水清洗 2. 待防尘网干燥后，将防尘网放入侧门通风钣金框内，用卡扣或螺栓锁紧	建议每3个月对直流充电机内部清洁一次，如遇恶劣环境（如杨絮或风沙严重），用户可视具体情形缩短清洁间隔时间	
3	交流线路	万用表	交流进线端、充电机内部交流回路正常，无短路	1. 确保充电机上一级交流输入电源断开，用万用表导通档测试交流进线各火线之间、火线和零线之间是否导通。如果有导通现象，则不能进行上电操作，待排除故障后方可上电 2. 用万用表导通档测试充电机交流各火线铜排之间、火线铜排和零线铜排之间是否导通。如果有导通现象，则不能进行上电操作，待排除故障后方可上电	首次使用或长时间空闲重新上电前	

（续）

序号	作业部位	所需工具	技术标准	操作步骤	维护周期	图片
4	充电枪	无尘布、毛刷或高压气枪	充电枪内部清洁无灰尘脏污	1. 使用压缩空气、毛刷对充电枪内脏污进行清洁，如无条件可以使用无尘布或棉签对充电枪进行清洁 2. 如果因意外情况（如充电枪丢弃、掉落在地上等），应及时采用上述方法进行清洁 3. 清洁维护过程中如发现充电枪有烧蚀迹象，请及时联系厂家进行更换或维修处理	每周	
5	充电机外观检查	目视	1. 充电机及配电箱外观完好、无裂纹、无损坏、无放电痕迹等异常现象，外壳无脱漆、无锈蚀，各部分螺栓完整，无松动 2. 充电机基础外观完好，基础高度高于场站最高积水位20cm，无锈蚀、无倾斜、无下沉，砖、石结构基础无裂缝和倒塌的可能 3. 充电机、配电箱周围无威胁安全、无影响运行和阻塞车辆通行的堆积物等	1. 电器设备损坏需报修并做好记录，反馈给服务经理，按照售后服务流程进行处理 2. 基础和堆积物存在安全隐患需告知客户并责令其尽快整改	每3个月	

第六章 纯电动客车维护修理工艺规范

近几年来，随着纯电动客车制造业的发展，新技术、新工艺、新材料得到了广泛应用，我国客车制造技术正在快速地从传统的燃油客车向燃气客车、混合动力客车、纯电动客车、氢燃料客车发展和普及。不同燃料的使用在技术理论上早已日臻完善，但是进入纯电动公交客车大规模制造、大规模应用的领域却还是近5年的事情。

目前，各地市的交通运输企业就出现了纯电动客车已广泛推广应用，但纯电动客车的培训教材、维修技术规范却跟不上运营管理的实际状况。为此，我们参考了河南省郑州公交集团、安阳公交集团、河北省石家庄公交集团、陕西省西安公交集团以及山东省济南公交集团等相关运输企业多年来车辆维护修理的实践经验和车辆维护制度，结合宇通客车公司、比亚迪公司、格力钛公司、松芝空调、凯雪空调、宁德电池、德纳车桥等客车厂、配套企业对车辆维护的要求，本着"择优选配、规范运用、定期检测、强制维护、视情修理"的原则，以客车厂家、配套厂家提供的技术资料为依据，吸收、借鉴了兄弟城市公交同行的有益经验，汇集整理了本书。

随着科技部、财政部、工信部、交通运输部等四部委对新能源客车的大力支持，纯电动客车所占比重越来越大，纯电动客车电气设备的维护所占比例更是高达80%～95%。故本次编写主要侧重纯电动客车的维护。

本章将车辆维护等级划分为日常维护、一级维护、二级维护、加强二级维护、电机视情维护五大部分。日常维护本着车长检查方便而又不易产生维护漏项的原则进行编写；日常维护和驱动电机维护按照视情维护原则进行。高一级维护的作业内容包含了低一级维护的作业内容，要求竣工检测不漏项。各级维护工艺规范按照"一个主线，多个分支"的布局进行编写，即按照纯电动汽车构造——电气设备、底盘、车身为主线进行编写，其中电气设备分为电源和用电设备；底盘按照底盘构造分为行驶系、转向系、传动系和制动系，车身分为车身内外附件进行编写。

作为纯电动客车车辆维护修理的工艺规范，我们虽然在制定过程中力求正确、系统、全面，但在具体实施中仍然可能会发现有遗漏或错误的地方，希望各位同行能及时向我们交流反馈，以便尽快修正存在的问题，为纯电动客车维修技术发展提供强有力支持，使新能源客车维护逐步走向规范化、常态化、制度化。

第一节 纯电动客车维护原则及基本要求

一、纯电动客车维护原则

纯电动客车维护基本原则是预防为主、定期检测、强制维护、择优选配、规范运用、视情修理。

纯电动客车为经济驾驶和经济维护的车辆，不同于普通燃油客车，减少了许多燃油车需进行的维护项目。为保持车辆处于最佳技术状态，应按照维护须知进行维护车辆。

定期维护车辆有助于节省电能,延长车辆的使用寿命,确保行驶安全、行车稳定、车辆清洁。

二、纯电动客车维护的分类

纯电动客车维护的分类见表 6-1。

表 6-1　纯电动客车维护的分类

维护分类	间隔里程
走合维护	≤ 5000km
日常维护	出车前或收车后
一级维护	5000 ～ 6000km（8000 ～ 10000km 以齿轮油更换为准）
二级维护	30000 ～ 40000km
加强二级维护	60000 ～ 80000km

注:维修间隔里程的选择,需要结合每个运输企业的运营成本和维修体系现状的实际而定。

1. 走合维护

走合维护作业内容以清洁、检查、紧固调整为主,清除新能源设备上的灰尘和油污。按技术要求检查车载设备的性能,重点检测整车高压电气设备的总绝缘达标。

新车走合期内应遵守的使用原则:整个走合期内应在平坦的、坡度较小的硬实路面上行驶。规范操作、安全驾驶,尽量平稳运行,避免急加速、急减速操作。严禁硬撑、猛冲,避免突然加速和急剧制动。

注意检查驱动电机、轮边减速器、轮毂及制动器等部位的温度。当有严重发热时,找出原因,及时进行调整维修。避免纯电动客车在深度 250mm 以上的水中长时间(建议最长不能超过 1h)涉水运行。

2. 日常维护

日常维护作业内容是清洁、安全检查、补给,每日由驾驶员在出车前、行车中、收车后执行。

1)用水清洗轮罩、挡泥板和车轮各部油污、泥垢,保证各表面清洁。

2)采用压缩空气清除吸附于散热器表面的杂物。用手握住压缩空气喷嘴,使其逆散热片空气流动方向,在离散热片约 6mm 处对着散热片的空隙上下平移地缓缓吹扫,直至将杂物清除干净;喷嘴气压应低于 205kPa。

3)后舱清洁。车辆后舱分布着大部分高压控制器,禁止用水冲洗。需采用压缩空气清洁,用手握住压缩空气喷嘴,缓缓吹扫,直至将杂物清除干净;喷嘴气压应低于 205kPa。

4)清洗后桥桥壳及悬臂表面泥垢,要求表面清洁。禁止用水清洁高压控制器,禁止用水直接冲洗地板。

3. 一级维护

一级维护作业内容以清洁、补给、润滑、紧固等为主,除包括日常维护内容外,对有关安全部件和高压电器进行检查,清除新能源设备以及高压舱内的灰尘、油污以及杂物,紧固各高压电气设备的接线螺母,检查所有高压接插件的紧固状态,检查接插件内部无异物后,插合接插件并确保接插件已经插合到位。按技术要求,对整车所有空调、运营电气设备进行维护,并测量整车高压电气设备的总绝缘。

4. 二级维护

二级维护作业的中心内容是以清洁、检查、紧固、调整和检测为主，在完成一级维护作业内容的基础上检测调整，紧固各高压电气设备的接线螺母，检查所有高压接插件的紧固状态，检查接插件内部无异物后，插合接插件并确保接插件已经插合到位。按技术要求对整车所有空调、运营电气设备进行维护，并测量整车高压电气设备的总绝缘达标。更换电动空压机机油、滤芯，对各高压接线端子进行检紧。

5. 加强二级维护

加强二级维护作业的中心内容是在完成二级维护作业项目的基础上，以清洁、检查、紧固、调整、检测和更换为主，测量整车高压电气设备的总绝缘，更换电气设备中的润滑油品。

对转向系、传动系、制动系各连接部件进行拆检、清洗维护；对转向器、前后桥润滑油进行更换，对转向电机、驱动电机、五合一控制器以及高压电气设备进行相应检测，视情制定相应的方案进行维护修理工作。

三、纯电动客车维护的基本要求

1）高压电气电路的维护必须由持当地安全监督管理局颁发的"低压电工证"的维修电工执行维护工作，并严格遵守电工安全操作规程。

2）维护纯电动客车高压电气所需工具齐备，主要有兆欧表、万用表、钳流表（含直流及交流）、带有绝缘手柄的操作工具（含力矩扳手、快速扳手、螺丝刀等）、绝缘手套、绝缘鞋等。检测用仪器需要先检查功能及附件，需要校准的仪表校准后方可使用，操作工具应检测绝缘达标，需要使用绝缘胶带包裹的工具应提前做好，避免因仪器故障或操作工具误触带电部位，导致高压触电事故的发生。

3）在进行高压电气维护前必须先切断高压电源。作业中应悬挂"高压危险，正在作业"标志牌，标志醒目。完成作业后要按照操作规程恢复车辆，应确保低压总电源开关处于关闭状态，再插入快断器。

4）对集成式控制器维护操作要保证在高压断电 15min 后进行。因集成式控制器内部有预充电电容，高压断电后必须等待 15min 以上，经过预充电容自放电检测控制器电压低于 36V 后才能操作。操作时须佩戴绝缘手套和绝缘鞋、使用绝缘工具。

5）检测驱动电机绝缘时，要拔下快断器，电机 U、V、W 三相线要与集成式控制器断开。

6）当车辆需要焊接时，必须断开低压电源，拔掉快断器、拔掉防抱死制动系统（ABS）模块、仪表模块、整车控制器、集成控制器、动力电池箱等部位线束插件，再进行焊接操作，否则可能导致以上部件损坏，完成焊接后将各插接件复原。

7）不得擅自拆装电池系统总成内部中任一部件，如需拆解必须是厂家授权（有技术服务资质）条件下进行拆卸。不得将电池箱作为承重台使用，不得用其他物品覆盖在电池箱上，不得将电池箱与火源接触或在太阳下暴晒。

8）对客车电气设备除尘时，应使用高压空气吹去浮尘，不得用水进行清洗。

9）整车高压电气总成绝缘电阻值检测见表 6-2。

表 6-2　整车高压电气总成绝缘电阻值检测

测试项目		检测合格标准 （电压档、电阻值）	合格 √	操作工	不合格 记录	修复人	检验员
集成式控制器	U 相对车身	1000V 档，进行绝缘 电阻检测： 1. ≥ 5MΩ 合格 2. ＜ 5MΩ 不合格					
	V 相对车身						
	W 相对车身						
	电池正对车身						
	电池负对车身						
	充电正对车身						
	充电负对车身						
	空调正对车身						
	空调负对车身						
	空压机 U 插芯对车身						
	空压机 V 插芯对车身						
	空压机 W 插芯对车身						
	转向电机 U 插芯对车身						
	转向电机 V 插芯对车身						
	转向电机 W 插芯对车身						
	电除霜正插芯对车身						
	电除霜负插芯对车身						
	电加热正插芯对车身						
	电加热负插芯对车身						
集成式控制器端高 压线（接线盒外）	驱动电机高压线 U 对车身						
	驱动电机高压线 V 对车身						
	驱动电机高压线 W 对车身						
	空压机高压线端 U 插芯对车身						
	空压机高压线端 V 插芯对车身						
	空压机高压线端 W 插芯对车身						
	转向电机高压线端 U 插芯对车身						
	转向电机高压线端 V 插芯对车身						
	转向电机高压线端 W 插芯对车身						
	电除霜高压线端正插芯对车身						
	电除霜高压线端负插芯对车身						
	空调正对车身						
	空调负对车身						
充电插口	充电插口正极对车身						
	充电插口正极对负极						
电池正负极绝缘	电池总正对车身（从高压输入端测试）						
	电池总负对车身（从高压输入端测试）						
快断器正负极 绝缘监测	快断器插座输入正极对车身						
	快断器插座输入负极对车身						

四、纯电动客车维护的注意事项

1. 注意车辆性能、声音变化及仪表警示

1）冷却液温度持续过高：可能是冷却液不流动或有泄漏的征兆。

2）电机有卡滞或异响是电机出现故障的先兆，往往伴随电机运转时有过大振动、电机无法起动、动力总成漏油现象，动力总成有异味产生，动力显著降低。

3）车辆下部漏液：除空调滴水属正常现象外，车辆下部有泄漏液体多为管道破损、不密封所致。

4）踩制动踏板有海绵感觉，是制动效能下降甚至丧失的预兆。

5）电池温度持续高温，过热保护，无动力输出，说明动力电池系统出现故障。

如果发现以上现象，那么车辆可能需要及时调整或修理。

2. 高压系统维护应严格执行作业规范

纯电动客车进行维护时，除了 24V 低压系统外，还有高压直流和高压交流两个系统。这两个系统的电压可造成人员死亡或重伤，须谨慎操作。

请勿徒手触碰高压线束（橙色）、接头及高压零部件。严格遵循各高压部件所附的警告标识内容。不要随意拆卸或更换高压部件。严禁徒手或用导电物体触碰维修开关插座。在进行维修作业时，应确保车辆时无电状态。

第二节　纯电动客车走合维护工艺规范

新车的正确走合对延长客车的使用寿命、提高客车工作的可靠性有极大的关系。建议新车或具有新传动系统部件（驱动电机、轮边减速器、轮毂轴承等）的车辆，在最初的 5000km 之内为走合运行期，在走合开始的 2500km 之内，电机转速控制在 5500r/min 以下；2500km 以后，可逐步提高电机转速行驶。走合期维护作业项目与技术要求见表 6-3。

本部分主要作业性质以清洁、检查、紧固、调整为主，清除新能源设备上的灰尘和油污。按技术要求，检查各新能源设备的性能，并测量整车高压电气设备的总绝缘，使车辆新能源部分设备都达到技术要求规定的内容。新车走合期内应遵守下列规定：正确驾驶，严禁硬撑、猛冲，避免突然加速和急剧制动；整个走合期内应在平坦的、坡度较小的硬实路面上行驶；请勿以单一的转速长时间地快速或慢速行驶；注意驱动电机、轮边减速器、轮毂及制动器等部位的温度。如有严重发热时，应找出原因，进行调整或修理；在最初 2500km 之内，请勿拖拽其他车辆。走合后，按照维护计划表进行走合维护项目操作。维护计划是用于保证行车稳定、减少故障发生、安全与经济驾驶。

表 6-3　走合期维护作业项目与技术要求

序号	作业项目	技术要求	标准值
1	整车控制器、驱动电机控制器	1. 各部件连线接牢靠，插接件插接良好，无松动、无过热、无变色、护套无变形现象。控制器、绝缘子表面清洁 2. 驱动电机控制器表面清洁，支架螺栓牢固无松动 3. 电机控制器控制功能正常、指示灯功能正常、通信功能在仪表上显示正常 4. 热风机运转正常，无异声，风机滤尘网罩清洁	
2	各类开关及熔断器	1. 各部接插件接触良好 2. 开关断、合动作灵活，无卡滞现象 3. 表面清洁无积灰，接线螺母紧固	
3	电源变换器（DC/AC、DC/DC）	1. 各部件安装牢靠，电源变换器表面清洁 2. 各部件连接线牢靠，无松动、无过热、无变形和无变色现象 3. 变换器控制、报警功能、通信和显示正常 4. 散热风机运转正常，无异声，风机滤尘网罩清洁	
4	动力电池内、外箱及电池托架	1. 各紧固件螺栓、螺母无裂痕、无锈蚀、无松动或脱落现象，正负极柱处的绝缘套完好，箱体正负极柱的紧固螺栓拧紧力矩 33～35N·m 2. 电池内箱、外箱及电池托架完好，无损坏、无裂缝、无变形、无腐蚀等 3. 清洁电池内箱、外箱及两侧通风散热孔，无积尘、无积水、无杂物 4. 电池托架与车身连接处螺栓拧紧力矩为 90～110N·m 5. 对四、六芯低压接插件插头与插座连接进行排查，保证插件的锁扣完好 6. 对电池托架的锁止机构进行排查，保证锁止机构的状态及紧固固定完好	

（续）

序号	作业项目	技术要求	标准值
5	冷却系统	1. 检查冷却液是否充足 2. 检查冷却水管是否有磨损、泄漏现象 3. 检查电子风扇、电动水泵是否工作正常 4. 检查水箱散热格栅是否有破损	
6	前后桥、轮边电机	1. 检查、调整前轮前束 2. 检查转向主销及其润滑脂 3. 检查空气悬架管路、阀体是否漏气 4. 检查气囊上下螺栓紧固情况，气囊是否有损伤 5. 检查车辆的各润滑点是否完全润滑 6. 检查前后桥轮毂内润滑油存量，轮边润滑单元是否有泄漏 7. 更换轮边驱动桥齿轮油，更换轮边电机润滑油 8. 检查轮边电机三相线是否受损 9. 检查加速和减速性能状况及异响 10. 清洗后桥通气塞	
7	高压线路（含高压控制线路）	1. 高压线路排列整齐，固定牢靠，不与运动部件干涉，与发热部件距离大于20cm，不得有临时导线 2. 各部件连接线绝缘层无老化和破损现象，套管完好 3. 连接线铜接头无脱焊、松动、损裂和过热现象	
8	驱动电机	1. 电机工作正常，无松动，无异常声音 2. 低压连接接插件牢固可靠、无松动 3. 电机进出水口紧固件无松动 4. 冷却水路无折弯，无损伤，有充足的冷却液 5. 电机周边线束排列整齐，固定牢靠	
9	加速和制动控制器	1. 踏板无卡滞现象，轻放时能回到位 2. 加速和制动踏板自由行程在2～3mm之内 3. 踏板底板紧固螺栓及连接锁紧机构牢固、可靠	
10	转向泵电机	1. 转向泵电机运转无异响 2. 接线板清洁，无积尘和受潮现象	
11	空压机电机	1. 检查外观、输入输出线束完好，散热风扇转动无异常 2. 清洁空滤滤芯（整车空滤及空压机机头空滤）、更换油过滤器及冷却液	
12	空调系统（高压部分）	1. 装置牢固，工作正常 2. 回风罩滤网清洁，无灰尘 3. 蒸发风机和冷凝风机运转无异响	
13	CAN总线系统	1. 装置齐全、安装牢固、表面清洁 2. 信息显示正常，参数符合技术要求 3. 连接线和插接器完好，插头与插座接触良好	
14	车载监控、驾驶员疲劳监控、360环视系统、胎压监测系统	1. 线束规整、接插件无松动、颜色无变色或褪色 2. 图像清晰、无花纹无跳动 3. 显示屏、主机固定安全牢固，位置调整正常 4. 车载监控硬盘不卡顿，监控画面清晰；疲劳监控系统运转连续不卡顿；360环视系统摄像视频正常，与原标定状态一致；胎压监测系统数据回传正常，监测模块无脱落，不失效	
15	各部附加绝缘	各部绝缘子表面清洁，无松动和碎裂	
16	轮胎	检查轮胎气压，气压值保持在8.5～9bar；轮胎表面无划痕、无裂纹，胎面磨损在正常值范围内	
17	总绝缘	高压电气设备的总绝缘≥500Ω/V	
18	试车	1. 高、低压系统信息及仪表显示正常 2. 起动、加速无冲击 3. 制动减速时有明显的回馈充电显示	

第三节　纯电动客车日常维护工艺规范

纯电动客车日常维护作业项目与技术要求见表6-4。日常维护作业是确保纯电动客车良好技术状况的基础，要严格按照项目技术要求，不漏检、不少项，高标准、严要求完成日常维护作业。

表6-4　日常维护作业项目与技术要求

作业项目			技术要求	标准值
出车前检查	车身外观检查		1. 外观无碰挂，漆面完整、光洁；倒车镜、灯罩齐全完整，玻璃无缺损，流水槽完好，无破损 2. 车桥位置正确无走斜，车身外部无歪斜现象 3. 检查车身外部各舱门，无翘曲、无变形、无锈蚀，密闭良好，开启灵活，支撑杆作用正常，锁具齐全、锁止有效，各锁孔防护盖齐全有效，格栅完好。充电插座边盖完好，防尘盖齐全有效，锁止可靠 4. 车门开闭灵活，无漏气，无异响，锁止有效 5. 密封胶条无严重缺损或松脱，对车门滤杯进行排污 6. 车门扶手杆固定牢固、无变形，缓冲胶墩齐全完好 7. 车门机构运动副在回转区域内与其他非连接部件无干涉、无磨损 8. 车门应急开关、前门车外换向阀作用正常，无漏气、无报警，开关（阀）盖齐全完好，开启轻便，锁止有效，操作提示标识清晰无缺失	
	车身内部检查		1. 车立柱、扶手、座椅固定牢固无松动。立柱胶套完好，拉手齐全完好，拉手拉带的磨损量：宽度不超过1/3，厚度不超过1/4 2. 厢板无破损，压条及固定螺钉齐全紧固 3. 天窗开合正常，锁止机构及防护盖齐全完好，换气扇固定牢固，工作正常，无异响。操作提示标识齐全完好，无翘曲缺损 4. 清洗空调回风栅滤网。风道检修盖齐全完好，固定牢固，锁具齐全有效。出风口附件齐全完好，调节作用正常 5. 侧窗玻璃推拉活动自如，胶条或绒槽无松脱现象。玻璃锁扣齐全有效 6. 地板革无破损，地板无塌陷，检修盖齐全完好，固定螺丝齐全有效 7. 灭火器安装牢固，作用有效。保险销齐全有效，喷管无老化、无破损，指示标识齐全完好；安全锤齐全有效，防丢失功能正常，应急时，可轻便取用 8. 遮阳板（帘）齐全完好，作用正常，固定牢固，自锁功能良好；内视镜齐全完好，作用正常，固定牢固 9. 档位控制面板固定牢固，作用正常。档位标识齐全有效，无破损 10. 驾驶座椅齐全完好，固定牢固，座椅调整功能正常，安全带齐全有效 11. 车厢内车门应急开关作用正常，无漏气、无报警，开关（阀）盖齐全完好，开启轻便，锁止有效，操作提示标识清晰无缺失；下客提示按钮齐全完好，功能有效；各挡板齐全完好，固定牢固；车内垃圾桶或垃圾箱应整洁完好无破损，固定牢固	
	底盘	行驶系	1. 轮胎气压符合规定要求 2. 轮胎无严重破损、无鼓包或非正常磨损；轮胎螺母、半轴螺栓齐全、紧固，轮毂无油污 3. 气门防护帽无缺失，气门无漏气 4. 胎体表面无异物，胎冠花纹深度不小于3mm	
		转向系	1. 转向助力电机总成固定牢固，工作正常无异响，转向助力液清澈，无浑浊、无变质现象，不足者按规定品牌型号适量添加 2. 转向器安装牢固，转向机构及横直拉杆无松旷。转向盘自由行程≤10°。转向顺畅无卡滞	
		传动系	传动系统工作正常，无异响	

（续）

作业项目			技术要求	标准值
出车前检查	底盘	制动系	1. 气压制动车辆：驻车制动、行车制动作用正常，无漏气，无拖滞现象；紧急制动系统工作可靠 2. 液压制动车辆：制动液适量，无变质，制动液罐固定牢固，无油液泄漏现象	
		集中润滑系统	1. 润滑脂脂面应在储油箱上下刻度线之间，不足者适量添加同规格型号的润滑脂 2. 程序控制器工作正常，无故障报警，集中润滑系统工作正常	
		油水分离器、储气罐	对油水分离器、储气罐进行排污，检测无泄漏	
	电气设备	动力电池	1. 动力电池箱体固定牢固，固定螺钉齐全有效，电池箱无变形破损 2. 动力电池防爆阀齐全、完好、有效 3. 插接件接触良好，锁止有效 4. 线束走向规范，固定牢固，无干涉、无磨损、无线芯裸露现象 5. 动力电池舱密封胶条齐全完好、安装规范；格栅完好，格栅挡板（保温帘）固定牢固，无缺失，根据季节安装位置正确，确保夏季通风良好、冬季保温良好 6. 动力电池舱内不得存放杂物	
		蓄电池	1. 蓄电池固定牢固，托盘完好，固定牢固 2. 蓄电池桩头紧固，无松动，桩头防护套齐全完好 3. 蓄电池荷电指示状态正常 4. 蓄电池舱内线束走向规范，固定牢固，无干涉、无磨损、无线芯裸露现象	
		电动空压机	1. 检查电动空压机油，油位处于油尺（或观察孔）上、下刻度线之间，油品清澈无变质，不足者适量添加同规格型号机油 2. 空气滤芯和机油滤芯清洁、无污物，安装牢固、无破损 3. 空压机机油散热器及散热风扇固定牢固，散热器及管路无漏油，散热风扇工作正常，无异响 4. 观察螺杆空压机冷却润滑油，如低于标准值应补充 5. 检查螺杆空压机冷却器翅片，确保无灰尘、异物堆积	
		驱动电机	1. 驱动电机工作正常，无异响，无异味，固定牢固，胶墩无损坏 2. 驱动电机冷却液在膨胀水箱上、下刻度线之间，各水管卡子齐全有效，水管与相邻非连接部件无干涉、无磨损，管路无渗漏 3. 电动冷却水泵固定牢固，工作正常，无异响	
		高压电缆	1. 高压电缆、屏蔽线固定牢固，无干涉磨损，连接部位无松动 2. 防水锁紧螺母齐全有效，拧紧到位	
		高压快断器	外观完好，作用正常，锁止有效	
		集成式控制器、BMS、整车控制器、电器盒	1. 各部件清洁无积尘，线束走向规范，固定牢固，无干涉、无磨损、无线芯裸露现象 2. 集成式控制器指示灯指示正常，无故障报警信号，诊断接口防护盖齐全完好，安装到位 3. 电器盒表面清洁，密闭良好，无烧蚀、无破损现象	
		车载机、投币机、监视器、电子路牌、头屏、尾屏、腰屏	1. 车辆各附属电子设备安装牢固，螺钉齐全有效，作用正常 2. 电子路牌、头屏、尾屏、腰屏等显示屏内容清晰，显示正常	
		各部仪表、灯光、音响讯号和开关	1. 灯具齐全完好，灯光明亮 2. 音响讯号声音正常 3. 仪表齐全完好，作用正常。自检后无故障报警信号，各显示值符合规定要求；各开关齐全完好、作用有效，刮水器电机作用正常，工作可靠	
		空调系统及除霜器	1. 压缩机运转正常，作用良好 2. 风机运转正常，无异响 3. 在空调使用淡季，应检查空调系统管路压力，保压时间不少于15min 4. 除霜器固定牢固，工作正常，对除霜器滤芯进行除尘，滤芯安装方向正确	
		起动车辆前检查充电枪连接	1. 确认充电枪与车辆无连接 2. 确认充电警示标志已撤去 3. 环顾四周安全无障碍	

（续）

作业项目			技术要求	标准值
	行车中检查		1. 仪表显示正常，无故障报警信号，制动气压、电机温度、动力电池 SOC 等指示正常 2. 嗅闻车辆各部位有无异味。如发现异味，则及时查清发生部位、起因，妥善处理 3. 注意转向系、行驶系、传动系、制动系有无异常。如有，则及时停车，查明原因，及时处理 4. 到终点站时应下车检查轮胎气压是否正常，轮毂、制动器有无过热现象，整车各部分有无漏气、漏水、漏油现象 5. 车辆行驶途中遇积水路面，应减速或停车观察。如水位低于车辆安全涉水水位时（300mm），以 5～10km/h 的车速缓慢通过积水路面；如水位较高，应尽量绕行，勿强行通过。装有空气悬架的车辆应打开车身提升开关，提升车辆涉水高度，保证安全平稳通过。涉水后恢复到车辆正常行驶状态 6. 当车辆遇冒烟、起火等紧急情况时，先靠边停车，疏散乘客，同时关闭钥匙、断开电源总开关和机械式电源总开关，上报并采取相应措施进行灭火	
收车后检查	车身		1. 车身外部无碰挂损伤，各部玻璃无碎裂 2. 车内设施（包括车厢立柱、拉手、座椅、安全锤、灭火器、车载机、投币机、报站器、监视器等）齐全，固定牢固，无损坏，作用正常	
	底盘		1. 轮胎气压符合规定要求，胎体无破损，如有石子、铁钉、螺钉等杂物，则应及时清除 2. 气路管路无漏气	气压标准见附录
	刮水器、各部灯光、讯响器		工作正常	
	车载监控、驾驶员疲劳监控、360 环视系统		1. 线束规整，接插件无松动，颜色无变色或褪色 2. 图像清晰，无花纹无跳动 3. 显示屏、主机固定安全牢固，位置调整正常	
	停车要求		1. 转向盘回正，拉好驻车制动，档位恢复空档位置，断开电源总开关和机械式电源总开关，车辆长期停放时须拔下高压快断器 2. 关闭、锁止天窗、侧窗、车门；车辆电量不足时，视情补充电量；发现故障和隐患，及时报修	

第四节　纯电动客车一级维护工艺规范

一级维护作业是提升车辆运行质量的关键，车辆运行一定时间和里程（5000～6000km）后，需进行一次较深度的维护作业，以改善车辆运行状况。纯电动客车一级维护作业项目与技术要求见表 6-5。

表 6-5　一级维护作业项目与技术要求

作业项目			技术要求	标准值
电气设备	电源	动力电池	1. 清洁动力电池箱表面积尘 2. 电池内箱、外箱及电池托架固定牢固，外观完好，无损坏、无裂缝、无变形、无腐蚀等 3. 电池托架与车身连接处螺栓拧紧力矩：刚性接触力矩带绝缘端子 M12 螺栓（80±10）N·m，不带绝缘端子 M16 螺栓（190±10）N·m，柔性接触力矩为 70～75N·m 4. 检查插接件连接情况，保证插接件的锁扣锁止有效 5. 检查电池托架的锁止机构，锁止可靠，固定牢固 6. 检查动力电池箱体上的手动维护开关（MSD）是否松动、发热 7. 装有动力电池平衡阀的车辆，平衡阀齐全完好，作用有效 8. 动力电池箱铭牌齐全完好，无翘曲缺损现象	

（续）

作业项目			技术要求	标准值
电气设备	电源	充电插座	1. 充电舱门无翘曲、变形，开闭灵活，锁具固定牢固，锁止有效 2. 充电插座防护盖开闭灵活，锁止有效 3. 充电插座固定牢固，外观完好，干燥无水渍，插孔无异物，冠簧无变色发黄、镀层无磨损脱落、黄铜基材无外露、金属无点蚀微熔等现象，否则应更换	
		蓄电池	1. 清洁蓄电池舱，清除蓄电池及电线外表污垢 2. 蓄电池固定牢固，托盘无破损、无松动现象，固定螺钉齐全有效，滑道完好 3. 蓄电池通气孔通畅无堵塞；检查荷电指示器状态，若电量不足应拆下进行充电或更换；紧固接线桩头螺母，清除氧化物；防护套齐全完好	
	用电设备	高压控制器及电控装置	1. 整车控制器、集成式控制器、电子风扇控制器、电动空压机油压监控 ECU 表面清洁、干燥，固定牢固，固定螺钉齐全有效，胶墩无老化、无开裂现象；搭铁线接触良好，无松动、无氧化现象；插接件接触良好，锁止有效；线束走向规范，固定牢固，无悬挂、无干涉、无破损、无线芯外露现象 2. 对各控制器高压接线端子螺栓按照附录中的规定转矩进行检紧 3. 集成式控制器指示灯指示正常，无故障报警信号。集成电机控制器诊断接口防护盖齐全有效，拧紧到位 4. 控制器冷却水管固定牢固，水管卡子齐全有效，各处无渗漏	
		驱动电机	1. 清洁驱动电机表面积尘，电机固定牢固，悬置胶垫、固定螺钉齐全有效，按规定转矩进行检紧 2. 电机运转正常，无异响 3. 接线盒盖固定牢固，无松动、无变形现象，密封良好，高压电缆接线柱无松动烧蚀现象，高压电缆入口防水锁紧螺母齐全有效，透气阀通透无阻塞 4. 插接件接触良好，锁止有效	
		驱动电机冷却系统	1. 用压缩气体对驱动电机冷却水箱进行除尘 2. 水箱风扇齐全完好，工作正常，无异响 3. 冷却管路走向规范，固定牢固，无干涉磨损、无渗漏现象 4. 电动水泵固定牢固，工作正常，无异响；线束走向规范，固定牢固 5. 冷却液不足时进行补给	
		电动空气压缩机	1. 螺杆空压机维护后，复位空压机空气滤清器维护指示器 2. 观察螺杆空压机冷却润滑油，如低于标准值应补充 3. 检查螺杆空压机冷却器翅片，确保无灰尘、无异物堆积 4. 检查螺杆空压机压力控制回路及安装在干燥器口和主气罐的压力控制阀，确保无损坏；检查螺杆空压机控制器输入、输出插接器，确保无松脱 5. 检查电动活塞空压机油，油位处于油尺（观察孔）上、下刻度线之间 6. 对电动活塞空压机空气滤芯、散热器、散热器风扇等除尘，散热器风扇工作正常无异响	
		高压电缆	1. 高压电缆走向规范，固定牢固，绝缘层无破损，高压电缆固定支架及螺栓齐全有效，高压电缆通过梁、板孔时，须有绝缘防护套，防水锁紧螺母齐全完好，拧紧到位 2. 电缆接头无脱焊、无松动、无损裂和过热现象 3. 屏蔽线固定牢固，无过热烧蚀现象	
		高压快断器	1. 快断器插合到位，锁紧装置锁止有效。把手完好，无断裂 2. 高压安全警示标识齐全完好	
		CAN 总线系统及整车线束	1. CAN 总线模块固定牢固，作用正常 2. CAN 总线模块插接件接触良好，锁止有效；线束固定牢固，走向规范，无干涉磨损、无线芯外露现象 3. CAN 总线组合仪表信息显示正常，参数符合技术要求，无故障报警信号	
		刮水器	刮水器安装牢固，刮臂及刮片完好，作用正常	

（续）

作业项目			技术要求	标准值
电气设备	用电设备	电动空调及除霜器	1. 压缩机运转正常，作用良好 2. 风机安装牢固，运转正常，无异响 3. 管路固定牢固，接头无渗漏。高、低压线束走向规范，固定牢固，无干涉磨损现象，高、低压接头连接牢固 4. 清洗空调回风栅滤网。风道检修盖齐全完好，固定牢固，锁具齐全有效。出风口附件齐全完好，调节作用正常 5. 除霜器安装牢固，工作正常，对除霜器滤芯进行除尘，滤芯安装方向正确。除霜器出风口叶片齐全完好，线束走向规范，固定牢固 6. 检测空调压缩机及管路无泄漏、回水流畅，冷凝风扇运转正常，室内无积水	
		熔丝盒	熔丝盒固定牢固，各熔丝规格型号正确，盒盖齐全完好，熔丝标识齐全完好。熔丝盒内不得存放杂物	
		内外音响喇叭	安装牢固，固定螺钉齐全有效，声响正常	
		全车灯	各灯亮度正常，开关作用良好。各灯具安装牢固，缺损灯罩应补齐	
		路牌、头屏、尾屏、腰屏	安装牢固，显示清晰正确，作用正常	
		报站器及投币机、刷卡机	1. 报站器齐全完好，无松动或损坏，内外音响喇叭安装牢固，声响正常 2. 投币机安装牢固，投币机内照明灯安装牢固，灯光正常；驱动翻板的电磁开关安装牢固，作用正常；发现投币机作用不正常时，及时向专业维修人员报告 3. 刷卡机安装牢固，电线在立柱进线孔处安装紧密、无磨损	
		倒车影像、360° 环视系统及监控设备	1. 倒车影像及监控设备齐全有效，固定牢固 2. 清洁摄像头，保障倒车影像及监控清晰 3. 360° 环视系统图像清晰稳定	
		车载监控、驾驶员疲劳监控	1. 线束规整，接插件无松动，颜色无变色或褪色 2. 图像清晰，无花纹无跳动 3. 显示屏、主机固定安全牢固，位置调整正确	
底盘	转向系	转向盘	安装位置正确（车辆无转向量时，转向盘应处于中间位置），转向盘自由转动量≤10°	
		转向轴、转向万向节、转向角传动、伸缩节	1. 转向轴转动灵活，无松旷，螺栓紧固，防尘罩齐全完好 2. 角传动固定牢固，防尘罩无老化、无破损现象。润滑油嘴齐全完好，对角传动进行润滑 3. 角传动伸缩节套无损裂，伸缩节套和花键无严重磨损，转动间隙符合技术要求（≤0.3mm），键宽磨损量≤0.2mm	
		电动液压助力转向系统	1. 清除电动液压助力转向系统各部积尘 2. 转向器及电动液压助力转向总成安装牢固，螺钉齐全紧固（转向电机与支架的M12连接螺栓拧紧力矩为 55～60 N·m），各部无渗漏 3. 转向助力液高度应在转向助力油杯上下刻度线之间，不足者按照规定型号油品适量添加，多余油从油杯抽出 4. 转向助力电机、转向油泵工作正常，无异响。转向助力电机线束走向规范，固定牢固，检紧搭铁线 5. 转向助力油管走向规范，固定牢固，无干涉、无磨损、无漏油现象	
		转向摇臂、转向直拉杆、转向节臂、转向梯形臂、转向横拉杆	1. 清洁外部积尘，检查转向摇臂、转向节臂、转向梯形臂各部无裂纹，各部固定牢固，无松动 2. 转向球头无松旷，防尘罩齐全完好。球头销与转向臂孔配合良好，检紧球头卡箍螺母、球头销螺母，卡箍开口与拉杆开口对应，球头开口销齐全完好，规格型号正确 3. 转向直拉杆、横拉杆无异常弯曲变形 4. 转向节主销无明显松旷，主销与衬套配合间隙≤0.2mm，楔形销不松动，螺母紧固。对转向节进行润滑，润滑脂从压力轴承处有微量渗出为宜。压力轴承处无异常磨损，转向无异响；转向节主销孔上、下盖板齐全，螺钉齐全紧固，衬垫完好；限位螺栓齐全完好，固定牢固，作用有效	

（续）

作业项目			技术要求	标准值
转向系	转向阻尼器		转向阻尼器固定牢固，作用正常，无漏油、无变形现象，防尘套无老化、无破损	
	检调前束		检调前束 1～3mm（应按厂家要求参数调整到位）	
底盘	行驶系	车架	车架无断裂、开焊	
		车桥	清除车桥表面积尘，检查车桥无裂损或无变形	
		车轮	1. 检紧轮胎螺钉，螺钉齐全有效，轮辋无裂损 2. 轮胎无不正常磨损，气压符合技术要求（规定值±0.2bar），撬除胎体内嵌入的碎石、铁钉等异物；后桥上同侧两轮胎高度相差不应超过 5mm，同一桥上两侧轮胎花纹相同	
		悬架	1. 检查钢板弹簧无断裂、无错位，钢板护卡齐全有效，检紧钢板各螺栓，螺栓齐全有效，钢板销润滑良好 2. 钢板弹簧吊耳无断裂，衬套无严重变形或磨损，否则应更换 3. 减振器固定牢固，胶套无严重磨损松旷，减振器不漏油 4. 稳定杆安装牢固，无变形，无损裂，衬套无松旷 5. 清洁电子控制的空气悬架系统（ECAS）气囊，确保气囊表面无积尘，气囊与底拖间无异物。气囊无漏气、无损伤、无磨损，充气均衡，系统无漏气 6. 位置高度传感器固定牢固，作用有效，车身无歪斜，高度正常 7. 推力杆、稳定杆无变形、无裂损	
		胎压监测系统	胎压监测系统控制面板无报警声和红灯报警信号	
	传动系	传动轴	1. 检紧传动螺钉，齐全有效；传动轴无变形、无裂纹 2. 对传动万向节进行润滑，以新润滑脂从各处均匀溢出为宜；凸缘无裂损，单键凸缘与电机轴过盈配合，花键套凸缘与电机花键轴转动间隙≤ 0.3mm	
		主减速器、差速器、半轴	1. 主减速器、差速器安装牢固，运转正常无异响，壳体无裂损，通气阀（孔）作用有效 2. 各部清洁无油污，检查油面高度与检查孔平齐，不足者适量添加同品牌型号齿轮油	
	制动系	空压机及管路	1. 空压机安装紧固，工作正常，无异响、无漏油、无漏气；空压机进气管固定牢固、无漏气，出气管走向规范，固定牢固，无干涉磨损、无漏气 2. 冷凝器、油水分离器、干燥器、储气筒固定牢固，功能良好，不漏气，对油水分离器、储气筒进行排污 3. 欠电压报警器工作正常，低于设定压力时应报警；清洁自动排污阀，排污阀齐全完好，功能正常 4. 安全阀作用正常，不漏气，达到设定压力时，应能自动排气，低于设定压力时，能自动关闭	
		制动踏板和制动总泵	1. 制动踏板操作灵活，无卡滞。踏板防滑胶套齐全完好 2. 制动总泵固定牢固，功能正常，不漏气。管路走向规范，固定牢固，无干涉磨损现象。线束插接件接触良好，锁止有效	
		驻车制动器	1. 驻车制动手柄固定牢固，作用良好，管路走向规范，固定牢固，不漏气 2. 储气筒、快放阀、制动分泵等安装牢固，作用良好不漏气。管路走向规范，固定牢固，无干涉磨损、无漏气现象	
		继动阀、制动分泵和制动管路	1. 继动阀、制动分泵等固定牢固，功能正常，不漏气 2. 制动管路走向规范，固定牢固，不漏气；制动软管固定牢固，无老化、无龟裂、无鼓包	
		液压制动车辆	制动液罐、管路、主制动缸、制动轮缸、真空泵控制器、真空泵、真空容器固定牢固，作用正常，无渗漏	
		制动器	1. 调整机构作用良好 2. 调整制动间隙（鼓式制动器的制动蹄片与鼓间隙应为 0.25～0.4mm，支销端应为 0.4～0.6mm；盘式制动器制动片与制动盘间隙应在 0.6～1.5mm 之间） 3. 盘式制动器制动片磨损传感器无异常磨损，插接头接触良好，锁止有效；盘式制动器制动片无松动，无异常磨损，无油污；防尘罩、密封件完好无破损，防尘有效 4. 各部螺栓齐全紧固	

（续）

作业项目		技术要求	标准值
底盘	制动系 ABS	1. ABS ECU 固定牢固，线束走向规范，无干涉、无磨损、无线芯裸露现象 2. 清洁 ABS 电磁阀、齿圈，电磁阀排气口朝下，倾斜不超过 30°，电磁阀到制动室的管子不超过 1.5m，管径大于 9mm。管路无漏气现象 3. 当开启 ABS 时，ABS 警告灯无故障报警信号 4. ABS 所有搭铁线必须搭在同一点，以保证搭铁良好	
	集中润滑系统	1. 集中润滑装置油泵工作正常 2. 检查储油箱，添加同规格型号润滑脂至油箱上刻度线 3. 检查各部连接管路固定牢固、无损伤，与油嘴连接可靠，主管路不得使用接头，支路每路最多允许使用一个快速接头，各处无漏油现象 4. 手动加注润滑脂及自动加注润滑脂的部位以有少量润滑脂溢出为宜。手动加注润滑脂部位的润滑油嘴齐全完好，安装牢固，无松动，手动加注润滑脂前应擦去油嘴处灰尘	
车身部分	车门	1. 转臂与转臂轴配合紧密不松旷，螺栓紧固，转臂缓冲胶墩齐全完好，固定牢固 2. 车门扶手杆固定牢固、无变形 3. 车门玻璃无缺损，密封胶条、毛刷齐全完好 4. 门机构运动副在回转区域内与其他非连接部件无干涉、无磨损 5. 门泵安装牢固，防尘罩、开口销齐全完好，开口销规格型号符合技术要求。滤杯清洁无油污 6. 防夹装置固定牢固，作用良好。对门柱转臂进行润滑 7. 清除车门滑槽积物，并加注润滑脂 8. 车门应急阀、前门车外换向阀作用正常，无漏气或报警现象，应急阀盖齐全完好，开启轻便，锁止有效；应急拉手齐全完好，作用正常，操作提示标语清晰无缺失 9. 电动车门电机及传动机构工作正常无异响 10. 客流调查器固定牢固，功能有效	
	后舱门及边盖	外表平整，开关灵活，锁具齐全完好，固定牢固，锁止有效，对锁具进行润滑。后舱门及边盖格栅完好。后舱门接近开关固定牢固，作用有效	
	驾驶区	1. 档位面板固定牢固，作用正常；档位按钮作用正常，无磨损、无缺失现象；档位指示标识无破损、无缺失现象；翘板开关齐全完好，作用正常 2. 驾驶座椅固定牢固，固定螺钉齐全有效，座椅调整功能正常。安全带齐全完好 3. 驾驶区隔断固定牢固，开关灵活，锁具齐全完好，锁止有效 4. 遮阳（帘）板及支架安装牢固，螺钉齐全紧固，遮阳（帘）板作用正常，自锁功能良好 5. 驾驶室内车门应急阀齐全完好，作用有效	
	天窗	1. 天窗无变形损坏，开闭灵活，支撑有效，密封胶条齐全完好，无严重老化缺损，密封良好不漏水。锁止机构及防护盖齐全完好，操作提示标识齐全完好，无翘曲缺损 2. 换气扇安装牢固，工作正常，无异响；润滑天窗支撑杆	
	车窗及逃生窗	1. 玻璃无破裂，推拉灵活，绒槽、胶条完好，装置牢固 2. 玻璃锁扣齐全完好，锁止有效 3. 逃生窗开闭灵活可靠，使用方便无障碍	
	立柱、扶手及拉手	1. 各支座无松动、碎裂，螺钉、螺栓紧固，立柱、扶手无松动或转动，立柱胶套完好 2. 拉手齐全，拉手拉带的磨损量：宽度不超过 1/3，厚度不超过 1/4	
	座椅	1. 座椅及座椅支架齐全完好、无损裂，固定螺钉齐全有效 2. 座椅扶手齐全完好，固定牢固	
	地板	1. 检修盖齐全完好，固定螺钉齐全有效；地板革无严重破损、无翘起现象，地板无塌陷 2. 压条齐全、平整，安装牢固	
	内厢板和顶板	各部压条齐全、无翘曲，螺钉齐全紧固；四周厢板和顶板无严重裂损现象	
	车厢内部其他设施	1. 灭火器支架完好、安装牢固，灭火器齐全有效，安放到位，锁止有效；安全锤配备齐全，安放牢固，防盗功能有效，应急时，可轻便取用 2. 车厢内各挡板齐全完好，固定牢固，固定螺钉齐全有效	

（续）

作业项目		技术要求	标准值
车身部分	车载监控、驾驶员疲劳监控、360°环视系统	1. 线束规整，接插件无松动，颜色无变色或褪色 2. 图像清晰，无花纹无跳动 3. 显示屏、主机固定安全牢固，位置调整正常	
	竣工检验	1. 各类灯光、仪表、开关齐全完好，工作正常。CAN 总线仪表无故障报警；车内设施齐全有效；油、气、水、电无渗漏 2. 电动机运转正常，无异响，性能良好；空调系统工作正常，制冷和制暖效果良好 3. 制动性能良好，不拖滞；车辆起动、加速无冲击，行驶不跑偏；车辆制动能量回收功能正常	

第五节　纯电动客车二级维护工艺规范

纯电动客车二级维护属于定期强制性维护作业，需要根据车辆维修技术档案和驾驶员反映的车辆使用情况，对车辆有针对性地进行检测，依据检测结果及车辆实际使用状况判断车辆技术状况，确定和调整维护作业项目，必要时附加零小修作业项目。二级维护作业项目与技术要求见表 6-6。

表 6-6　二级维护作业项目与技术要求

作业项目			技术要求	标准值
	进行高压操作之前必须进行高压断电		高压断电步骤： 1. 切断整车 24V 低压电源 2. 拔掉手动快断器 3. 按规定放置一段时间（15min）后，确认高压电缆电压在安全电压（36V）范围内，再进行下一步操作	
电气设备	电源	动力电池	1. 清洁动力电池箱表面积尘，电池内箱、外箱及电池托架完好，无损坏、无裂缝、无变形、无腐蚀等。电池舱内无积尘、无积水、无杂物 2. 高压电缆正负极接线盒盖齐全完好，固定螺钉齐全有效（检紧力矩：平口上盖 2N·m±0.5N·m，斜口上盖 1.2N·m±0.2N·m），接线盒密封胶圈完好无破损，检紧高压电缆接线桩头（检紧力矩：M8 螺栓 23N·m±2N·m，M10 螺栓 25N·m±2N·m） 3. 插接件接触良好，锁止有效 4. 检查电池托架的锁止机构，保证锁止机构锁止可靠，固定牢固 5. 检查、紧固动力电池箱体上的手动维护开关（MSD）无松动、无发热，固定螺钉齐全有效（检紧力矩：4N·m±0.5N·m） 6. 装有动力电池平衡阀的车辆，平衡阀齐全、完好、有效 7. 动力电池箱铭牌齐全完好，无翘曲缺损现象	
		充电插座	1. 充电舱门无翘曲、无变形，开闭灵活，锁具固定牢固，锁止有效 2. 充电插座防护盖齐全完好，开闭灵活，锁止有效 3. 充电插座固定牢固，外观完好，干燥无水渍，插孔无异物。冠簧无变色发黄、镀层无磨损脱落、黄铜基材无外露、金属无点蚀微熔等现象，否则应更换	
		BMS	1. 清洁 BMS 外部积尘，BMS 固定牢固，胶墩齐全完好，作用有效 2. 高、低压线束走向规范，固定牢固，无干涉磨损现象。检紧搭铁线 3. BMS 工作正常，仪表无故障报警 4. 快断器插合到位，无缝隙，锁紧装置锁止有效。把手完好，无断裂。高压安全警告标识齐全完好，字迹清晰	

（续）

作业项目			技术要求	标准值
电气设备	电源	蓄电池	1. 清洁蓄电池舱，拆检极桩桩头紧固、无松动。清除蓄电池桩头氧化物，桩头防护套齐全完好 2. 蓄电池固定牢固，底托无破损、无松动现象，固定螺钉齐全有效，滑道完好；蓄电池通气孔畅通、无堵塞；检查荷电指示器状态，若电量不足应拆下进行充电或更换。蓄电池压条齐全有效，绝缘胶条无老化破损	
	用电设备	高压控制器及电控装置	1. 整车控制器、集成式控制器、电子风扇控制器、电动空压机油压监控 ECU 表面清洁、干燥，固定牢固，固定螺钉齐全有效，胶墩无老化、无开裂现象。搭铁线接触良好，无松动、无氧化现象；针脚完好，无弯曲、无折断现象，插接件接触良好，锁止有效；线束走向规范，固定牢固，无悬挂、无干涉、无破损、无线芯外露现象 2. 对各控制器螺栓按照附录中规定转矩进行检紧；集成式控制器指示灯指示正常，无故障报警信号；集成电机控制器诊断接口防护盖齐全有效，拧紧到位，无松动 3. 控制器冷却水管固定牢固，水管卡子齐全有效，水管无漏水	
		驱动电机	主驱动电机： 1. 清洁驱动电机表面积尘，电机固定牢固，固定螺栓齐全有效，按规定转矩进行检紧（100N·m） 2. 电机运转正常，无异响；接线盒盖固定牢固，无松动、无变形现象，密封良好，检紧高压接线柱，按规定力矩（30～35N·m）进行检紧（高压电缆上下螺母均需检紧），高压电缆入口防水锁紧螺母齐全有效。屏蔽线接线端子无松动、无烧蚀现象。透气阀通透无阻塞 3. 插接件针脚完好，无弯曲、无折断现象，接触良好，锁止有效 轮边驱动电机： 1. 检查前后桥轮毂内润滑油存量；更换轮边驱动桥齿轮油，更换轮边电机润滑油 2. 检查轮边电机三相线是否受损；检查加速和减速性能状况；清洗通气塞	
		驱动电机冷却系统	1. 对驱动电机冷却水箱进行除尘 2. 水箱风扇齐全完好，工作正常，无异响 3. 冷却管路走向规范，固定牢固，无干涉磨损、无渗漏现象 4. 电动水泵固定牢固，工作正常，无异响，线束走向规范，固定牢固 5. 冷却液不足时予以补给	
		高压电缆	1. 高压电缆走向规范，固定牢固，绝缘层无破损，高压电缆固定支架及螺栓齐全有效，线束通过梁、板孔时，须有绝缘防护套 2. 高压电缆接头无脱焊、无松动、无损裂和无过热现象 3. 屏蔽线固定牢固，无过热烧蚀现象 4. 高压电缆各处防水锁紧螺母齐全有效，拧紧到位	
		CAN 总线系统及整车线束	1. CAN 总线模块固定牢固，作用正常；线束固定牢固，走向规范，无干涉、无磨损、无线芯外露现象 2. CAN 总线模块针脚完好，无弯曲、无折断现象，插接件接触良好，锁止有效 3. CAN 总线仪表信息显示正常，参数符合技术要求，读取 CAN 总线仪表故障，清除历史故障，解决现行故障	
		电动空调及除霜器	1. 压缩机固定牢固，运转正常无异响；高低压线束走向规范，固定牢固，无干涉磨损现象；接头固定牢固，无松动、无烧蚀现象 2. 四通换向阀齐全完好，作用有效 3. 清洗冷凝器，冷凝器表面清洁无脏污；冷凝器固定牢固，外观完好无渗漏；风机固定牢固，运转正常无异响，线束走向规范，固定牢固，插接头接触良好，锁止有效；冷凝水排放管路无损坏、无堵塞，排水通畅 4. 单向阀齐全完好，作用有效 5. 清洗蒸发器，蒸发器表面清洁无脏污；蒸发器固定牢固，外观完好无渗漏；风机固定牢固，运转正常无异响，线束走向规范，固定牢固，插接头接触良好，锁止有效 6. 更换干燥过滤器（每年更换一次，可结合夏季维护进行）	

（续）

作业项目			技术要求	标准值
电气设备	用电设备	电动空调及除霜器	7. 管路走向规范，固定牢固，接头紧固无渗漏 8. 控制面板齐完好，作用有效；高压电容盒固定牢固，作用有效；电控盒固定牢固，继电器、熔丝完好，接插到位，规格型号正确；高低压开关齐完好，作用有效；各传感器固定牢固，齐全完好，作用有效；高低压线束走向规范，固定牢固，无干涉磨损现象；对空调进行绝缘电阻检测（1000V，分别测试高压正负极对整车壳体的绝缘电阻＞5MΩ） 9. 检查制冷剂，起动空调，将温度设置到最低。运行10min后，打开回风栅，从回风口处观察视液镜，如果液面清晰无气泡或45s内偶见气泡，说明制冷剂充足；若有大量气泡说明缺制冷剂，需补充制冷剂 10. 清洗空调回风栅滤网。风道检修盖齐完好，固定牢固，锁具齐全有效。出风口附件齐完好，调节作用正常 11. 清洁除霜器，除霜器底座固定螺钉齐全紧固。高压线束接头无松动、无烧蚀。进风口、出风口进出风正常无堵塞。对除霜器滤芯进行除尘，视情更换除霜器滤芯，滤芯安装方向正确	
		刮水器	刮水器安装牢固，刮臂及刮片完好，作用正常	
		盒	固定牢固，各熔丝规格型号正确，熔丝标识清晰，熔丝无过载损坏。检紧各接线柱	
		内外音喇叭	安装牢固，外观完好，固定螺钉齐全有效，声响正常	
		全车灯	全车各灯亮度正常，开关作用良好。各灯具安装牢固，缺损灯罩应补齐	
		路牌、头屏、尾屏、腰屏	安装牢固，显示清晰正确，作用正常	
		报站器、投币机、刷卡机	1. 报站器功能良好，无松动或损坏，内外音喇叭安装牢固，声响正常 2. 投币机安装牢固，投币机内照明灯安装牢固，灯光正常；驱动翻板的电磁开关安装牢固，作用正常 3. 刷卡机安装牢固，电线在立柱进线孔处安装紧密、无磨损	
		倒车影像及监控设备	1. 倒车影像及监控设备齐全有效，固定牢固 2. 清洁摄像头，保障倒车影像及监控清晰	
		车载监控、驾驶员疲劳监控、360°环视系统	1. 线束规整，接插件无松动，颜色无变色或褪色 2. 图像清晰，无花纹无跳动 3. 显示屏、主机固定安全牢固，位置调整正常	
底盘	转向系	转向盘	安装位置正确（车辆无转向量时，转向盘应处于中间位置），转向自由转动量≤10°	
		转向轴、转向万向节、转向角传动、伸缩节	1. 转向轴转动灵活，花键轴及套完好，配合间隙：轴向间隙≤0.2mm，径向间隙≤0.1mm。螺栓紧固，防尘罩齐全完好 2. 角传动固定牢固，防尘罩无老化、无破损现象。润滑油嘴齐全完好，对角传动进行润滑 3. 角传动伸缩节套无损裂，伸缩节和花键无严重磨损，配合间隙≤0.3mm，键宽磨损量≤0.2mm	
		电动液压助力转向系统	1. 转向器及电动液压助力转向总成安装牢固，螺钉齐全紧固，转向油管走向规范，固定牢固，无干涉、无磨损、无老化、无渗漏现象，凹瘪≤管径的1/3，检紧油管接头螺钉（力矩标准：M16×1.5螺钉60～65N·m；M18×1.5螺钉60～65N·m；M27×1.5螺钉80～85N·m） 2. 检查转向助力液在油杯上下刻度线之间，不足者适量添加同规格型号的助力液；转向助力电机、转向油泵工作正常，无异响 3. 线束走向规范，固定牢固，无干涉磨损现象，检紧搭铁线，检紧转向助力电机屏蔽线（拧紧力矩21～25N·m）	

（续）

作业项目			技术要求	标准值
底盘	转向系	转向直拉杆、转向节、转向梯形臂、转向横拉杆	1. 转向摇臂、转向节臂、转向梯形臂无裂纹，固定牢固，无松动 2. 转向球头无松旷，防尘罩齐全完好。检紧球头卡箍螺母、球头销螺母，球头销不得低于球头销螺母2牙，球头螺纹损坏不多于2牙。卡箍开口与拉杆开口对应，球头开口销齐全完好，规格型号正确 3. 转向直拉杆、横拉杆无异常弯曲变形；转向节主销无明显松旷，主销与衬套配合间隙≤0.2mm，楔形销不松动，螺母紧固。压力轴承及垫片完好，转向节转动灵活无阻滞，转向节轴向间隙≤0.15mm 4. 对转向节进行润滑，润滑脂从压力轴承处有微量渗出为宜；转向节主销孔上、下盖板齐全，螺钉齐全紧固，衬垫完好，限位螺栓齐全完好，固定牢固，作用有效	
		转向阻尼器	转向阻尼器固定牢固，作用正常，无漏油、无变形现象，防尘套无老化、无破损	
		检调前束	检调前束1～3mm（应按厂家要求参数调整到位）	
	行驶系	车架	车架无断裂、开焊	
		车桥	清除车桥表面积尘，检查车桥无裂损或显著变形	
		车轮	1. 撬除胎体内嵌入的碎石、铁钉等异物，轮胎无漏气。轮胎损坏或花纹深度小于3mm应更换。检测补充气压至规定标准 2. 气门嘴、气门芯无漏气，戴好气门帽、气门延长管；轮辋无裂损、无变形及油污，轮胎螺栓孔磨损不得超过1.5mm 3. 轮胎装车时，应按照规定进行调位；换位次序如下：前轮对调，调位后应重新调整前束至规定值。后轮调位时，右后外轮与左后内轮对调，右后内轮与左后外轮对调 4. 全车轮胎规格、花纹一致，轮胎气压符合标准；前轮不准装旧新胎 5. 安装后桥轮胎时，直径较大者应装在外侧，内、外侧轮胎直径相差不得超过5mm，两轮胎气门嘴应错开约180° 6. 轮胎螺母齐全完好，螺纹损坏不多于2牙。安装轮胎时螺母应先对角预紧，然后按规定转矩进行紧固：M18×1.5（10.9级）螺栓380N·m，M20×1.5（10.9级）螺栓550N·m，M22×1.5（10.9级）螺栓670N·m，ZF车桥需用扳手十字交叉分三次拧紧（300N·m、500N·m、600N·m）	
		悬架	1. 检查钢板弹簧无断裂、无错位，钢板护卡齐全完好，检紧各螺栓，螺栓齐全有效；钢板弹簧吊耳无断裂，衬套无严重变形或磨损，否则应更换；对钢板销进行润滑，确保油道畅通，以润滑脂从缝隙处刚刚溢出为宜 2. 减振器固定牢固，胶套无严重磨损松旷，减振器不漏油；稳定杆安装牢固，无变形、无损裂，衬套无松旷 3. 缓冲块安装牢固、无破损，作用正常，不符合技术要求需更换 4. ECAS气囊高度符合要求；止口无变形；清除活塞和气囊上的异物；气囊无老化、无漏气现象，否则应更换；空气悬架车辆推力杆紧固牢靠，无松动。推力杆左右一致，确保车轮定位工作正常	
		胎压监测系统	胎压监测系统控制面板无报警声和红灯报警信号	
	传动系	传动轴	1. 凸缘无裂损，单键凸缘与电机轴过盈配合，花键套凸缘与电机花键轴转动间隙≤0.3mm 2. 检查传动螺栓，齐全有效。按照规定转矩紧固；传动轴无变形、无裂纹；对传动万向节进行润滑，以新润滑脂从缝隙处刚刚溢出为宜	
		主减速器、差速器	1. 主减速器、差速器安装牢固，运转正常无异响，壳体无裂损，通气阀（孔）作用有效 2. 各部清洁无油污，检查油面高度与检查孔平齐，不足者添加同规格型号齿轮油至标准要求	
		轮毂轴承	1. 检查轮毂轴承，轴承内圈及滚柱无破裂，滚动配合表面无起槽、无剥落或退火现象，保持架无变形，安装轴承时应加足润滑脂（免维护后桥轮边轴承另做检查） 2. 检查内外油封，油封刃口无磨损、无损坏、无弹簧折断、无漏油等现象。否则应更换，更换时应在新油封的刃口上涂层润滑脂	

（续）

作业项目			技术要求	标准值
底盘	传动系	免维护后桥轮边减速器	1. 检查轮毂转动是否正常，检查是否有轴承转动不畅或振动出现。推拉轮毂，检查轴承移动是否过度（间隙标准0.02～0.12mm）；检查轮边减速器二轴磨损情况，视情予以润滑或拆检维修 2. 检查轮边润滑油量，不足者添加适量同规格型号的润滑油	
	制动系	电动空压机	电动空压机目前有油活塞式空压机、滑片式空压机、无油活塞式空压机和无油涡旋式空压机等四种常见类型 1. 清洁电动空压机表面积尘和油污，空压机固定牢固，固定螺钉齐全有效，按规定力矩进行检紧 2. 检查螺杆空压机冷却器翅片，确保无灰尘、无异物堆积；检查螺杆空压机压力控制回路及安装在干燥器口和主气罐的压力控制阀，确保无损坏 3. 螺杆空压机维护后，复位空压机空气滤清器维护指示器 4. 检查空压机缸体工作情况，是否有窜油窜气情况；按要求更换空压机滤芯和消声器滤芯 5. 对空压机散热器、散热器风扇进行除尘，更换电动活塞空压机机油、机油滤芯，螺杆空压机结合换季维护进行 6. 电动空压机插接件接触良好，高、低压线束走向规范，固定牢固，无干涉磨损现象	
		气路及管路	1. 冷凝器、油水分离器、干燥器、储气筒固定牢固，功能良好，不漏气，对油水分离器、储气筒进行排污。清洗油水分离器内外表面，装复后不漏气、作用正常。视情更换干燥器的干燥筒 2. 欠电压报警器工作正常，低于设定压力时应报警 3. 清洁自动排污阀，排污阀齐全完好，功能正常 4. 安全阀作用正常，不漏气，达到设定压力时，应能自动排气，低于设定压力能自动关闭 5. 管路走向规范，固定牢固，无干涉磨损、无漏气现象	
		制动踏板和制动总泵	1. 制动踏板操作灵活，无卡滞 2. 制动总泵固定牢固，功能正常，不漏气	
		继动阀、制动分泵和制动管路	1. 继动阀、制动分泵固定牢固，功能正常，不漏气。制动分泵顶部密封，两侧和下面排污孔应打开，防止形成真空腔。底部的排污孔须保持通畅。制动分泵皮碗和弹簧橡胶套应视情定期更换。制动分泵推杆连接叉无裂损，锁止有效，与销的配合间隙≤0.3mm；开口销及挡圈齐全有效，规格型号正确 2. 制动管路走向规范，固定牢固，不漏气。制动软管无老化、无龟裂、无鼓包，凹瘪不超过软管直径的1/3	
		驻车制动器	1. 驻车制动器制动阀固定牢固，作用良好，管路走向规范，固定牢固，不漏气 2. 储气筒、快放阀、制动分泵安装牢固，作用良好不漏气	
		液压制动系统	1. 液压制动车辆，制动油罐、管路、制动主缸和制动轮缸固定牢固无松动，作用正常，不漏油 2. 真空泵控制器、真空泵、真空容器固定牢固，作用良好，不漏气 3. 制动能量回收车辆，制动踏板电能反馈信号正常	
		盘式制动器	1. 调整机构作用良好 2. 制动摩擦片磨损传感器无异常磨损，插接头接触良好，锁止有效 3. 检查制动摩擦片厚度及磨损情况符合技术要求（剩余背板及摩擦材料总厚度不小于18mm，且一般情况下，摩擦材料视情应能使用到下个维护周期，最大不均匀磨损量≤1mm），表面清洁无油污 4. 检查制动盘厚度及表面磨损情况（厚度不小于37mm，有径向裂纹贯穿摩擦表面应更换，表面光滑平整，无裂纹及油污，端面跳动≤0.2mm，径向跳动≤0.5mm，制动盘外缘起台高度≤2mm） 5. 用双手推拉（80～120N）制动钳，能沿着导向销自由滑动，且行程满足技术要求（>30mm）。检查钳体各橡胶防护套齐全完好	

（续）

作业项目			技术要求	标准值
底盘	制动系	盘式制动器	6. 安装摩擦片，摩擦片与制动盘的接触面积达到80%以上 7. 盘式制动器制动片与制动盘间隙在0.6～1.5mm之间 8. 各部螺栓齐全紧固。检查各类橡胶件是否有老化、开裂现象	
		鼓式制动器	1. 制动鼓不得有裂纹，轮毂上固定螺栓和轮胎螺栓齐全完好，安装牢固 2. 制动鼓内壁无油污，起台或起槽不得大于0.4mm，圆度或圆柱度误差不得大于0.25mm，制动鼓内径不得大于其基本尺寸8mm，左右轮相差≤2mm 3. 制动蹄无变形或裂纹，制动蹄与制动凸轮接触面平整，无凹坑。制动蹄滚轮及轴无严重磨损，配合间隙≤0.25mm 4. 制动片不得有油污或烧蚀，无碎裂，铆钉或固定螺栓头部低于制动片表面不小于3mm，片厚不小于10mm 5. 制动蹄支承销安装紧固，支承销的配合面无严重磨损，与蹄孔的配合间隙≤0.4mm 6. 制动蹄回位簧无裂纹或退火，自由状态下无缝隙，无明显疲劳现象	
		ABS	1. ABS ECU固定牢固，线束走向规范，固定牢固，无干涉、无磨损、无线芯裸露现象 2. 清除ABS传感器及齿圈表面污垢，调整ABS传感器与齿圈间的间隙（≤0.7mm） 3. 清洁ABS电磁阀、齿圈，电磁阀排气口朝下，倾斜不超过30°，电磁阀到制动室的管路不超过1.5m，管径大于9mm，管路无漏气现象 4. 当开启ABS时，ABS警告灯无故障报警信号	
	集中润滑系统		1. 集中润滑装置油泵工作正常 2. 检查储油箱，添加同规格型号润滑脂至油箱上刻度线 3. 检查各部连接管路固定牢固、无损伤，与油嘴连接可靠，主管路不得使用接头，支路每路最多只允许使用一个快速接头，且无漏油现象 4. 手动加注润滑脂及自动加注润滑脂的部位以有少量润滑脂溢出为宜。手动加注润滑脂部位的润滑油嘴齐全完好，安装牢固，无松动，手动加注油脂前应擦去油嘴处灰尘	
车身部分	车门		1. 转臂与转臂轴配合紧密不松旷，螺栓紧固，转臂缓冲胶墩齐全完好，固定牢固，对门转臂进行润滑 2. 车门扶手杆固定牢固、无变形；清除车门滑槽内积物，并加润滑脂 3. 车门玻璃无缺损，密封胶皮、毛刷齐全，无缺损 4. 门机构运动副在回转区域内与其他非连接部件无干涉、无磨损；防夹装置固定牢固，作用良好 5. 门泵安装牢固，防尘罩、开口销齐全完好，开口销规格型号符合技术要求。滤杯清洁无油污 6. 车门应急阀、前门车外换向阀作用正常，无漏气或报警现象。应急阀盖齐全完好，开启轻便，锁止有效；应急拉手齐全完好，作用正常，操作提示标语清晰无缺失	
	后舱门及边盖		外表平整，开关灵活，锁具齐全完好，固定牢固，锁止有效，对锁具进行润滑。后舱门及边盖格栅完好	
	驾驶区		1. 档位控制面板固定牢固，作用正常；档位按钮作用正常，无磨损、无缺失现象；档位指示标识无破损、无缺失现象；翘板开关齐全完好，作用正常 2. 驾驶座椅固定牢固，固定螺钉齐全有效，座椅调整功能正常，安全带齐全完好；驾驶区隔断固定牢固，开关灵活，锁具齐全完好，锁止有效 3. 遮阳（帘）板及支架安装牢固，螺钉齐全，遮阳（帘）板作用正常，自锁功能良好；驾驶室内车门应急阀齐全完好，作用有效	
	天窗		1. 天窗无变形损坏，开闭灵活，支撑有效，密封胶条完好，无严重老化缺损，密封良好不漏水。锁止机构及防护盖齐全完好，操作提示标识齐全完好，无翘曲缺损 2. 换气扇安装牢固，工作正常，无异响，润滑天窗支撑杆	
	车窗及破窗器		1. 玻璃无破裂，推拉灵活，绒槽、胶条完好，装置牢固。玻璃锁扣齐全完好，锁止有效；安全锤完好无短缺，自动破窗完好无缺 2. 检查破窗是否正常报警（手动破窗器，带报警功能），打开外盖，看是否有报警声音；检查破窗器是否安装牢固，一键破窗按钮（自动破窗器）误按装置是否有效	

（续）

作业项目		技术要求	标准值
车身部分	立柱、扶手及拉手	1. 各支座无松动、无碎裂，螺钉、螺栓紧固，立柱、扶手无松动或转动，立柱胶套完好 2. 拉手齐全，拉手拉带的磨损量：宽度不超过 1/3，厚度不超过 1/4	
	座椅	座椅及座椅支架齐全、完好、无损裂，固定螺钉齐全有效。座椅扶手齐全完好，固定牢固	
	地板	1. 检修盖齐全完好，固定螺钉齐全有效 2. 地板革无严重破损、翘起现象 3. 压条齐全、平整，安装牢固	
	内厢板和顶板	各部压条齐全、无翘曲，螺钉齐全紧固；四周厢板和顶板无严重裂损现象	
	采暖装置	1. 加热器：拆解燃烧器（传动雾化总成），使用压缩空气吹扫或刀片清理燃烧器、水套体、燃烧室内的尘土或泥水 2. 检查水路：检查水暖管路连接处、加热器水套体、水泵、除霜器、散热器是否有渗漏现象，如有渗漏现象，则将接头部位拧紧，水套体、水泵、水箱等应及时处理和修复 3. 检查油路：检查油路中各接头处是否有渗漏油现象，如有则应及时处理和修复 4. 检查电路：检查熔丝、地线及电路中各插接器是否接触良好，插片是否有锈蚀现象，如有则应及时处理和修复	
	车厢内部其他设施	1. 灭火器支架完好、安装牢固，灭火器齐全有效，安放到位，锁止有效 2. 安全锤配备齐全，安放牢固，防盗功能有效，应急时，可轻便取用。自动破窗器完好无缺 3. 车厢内各挡板齐全完好，固定牢固，固定螺钉齐全有效 4. 逃生窗无障碍，齐全完好 5. 垃圾筐整洁干净、支架固定完好	
竣工检验		1. 各类灯光、仪表、开关齐全完好，工作正常。CAN 总线仪表无故障报警；车内设施齐全有效；油、气、水无渗漏 2. 电机运转正常无异响，性能良好；空调系统工作正常，制冷和制暖效果良好 3. 车辆制动性能良好，不拖滞；车辆起动、加速无冲击，行驶不跑偏；车辆制动能量回收功能正常	

第六节　纯电动客车加强二级维护工艺规范

由于纯电动客车运行过程及其结构组成与传统车辆有显著区别，各部分零部件使用寿命和工作强度也与传统车辆各不相同，因此从合理维护、确保车辆使用成本最优的原则出发，在二级维护的基础上，对纯电动客车实施"加强二级"维护作业，其维护作业项目及技术要求见表 6-7。

表 6-7　加强二级维护作业项目与技术要求

作业项目		技术要求	标准值
电气设备	进行高压操作之前必须进行高压断电	高压断电步骤： 1. 切断整车 24V 低压电源 2. 拔掉手动快断器 3. 按规定放置一段时间后，确认高压电缆电压在安全电压范围内，再进行下一步操作	

（续）

作业项目		技术要求	标准值
电气设备	电源 - 动力电池	1. 清洁动力电池箱表面积尘，各紧固件螺栓、螺母无松动，总正、总负处的绝缘胶套完好。箱体正负极柱的紧固螺栓拧紧转矩：M8 螺栓（23±2）N·m，M10 螺栓（25±2）N·m 2. 动力电池内箱、外箱及电池托架完好，无损坏、无裂缝、无变形、无腐蚀等；检查电池包无变形、无外盖损坏、无异味、无鼓胀现象 3. 清洁电池内箱、外箱、格栅，无积尘、无积水、无杂物 4. 动力电池托架与车身连接处 M12 螺栓拧紧力矩：刚性接触转矩带绝缘端子 M12 螺栓（80±5）N·m，不带绝缘端子 M16 螺栓（190±5）N·m，柔性接触转矩为 70～75N·m 5. 检查插接件连接情况，保证插接件的锁扣完好；电池系统相关高低压线束及插接器紧固无损坏、无松动 6. 检查动力电池托架的锁止机构，保证锁止机构固定牢固、锁止可靠 7. 紧固动力电池箱体上的手动维护开关（MSD）固定螺栓，转矩（4±0.5）N·m 8. 装有动力电池平衡阀的车辆，平衡阀齐全、完好、有效 9. 动力电池箱铭牌齐全完好，无翘曲缺损现象	
	充电插座	1. 充电舱门无翘曲、无变形，开闭灵活，锁具固定牢固，锁止有效 2. 充电插座防护盖开闭灵活，锁止有效 3. 充电插座固定牢固，外观完好，干燥无水渍，插孔无异物，冠簧无变色发黄、镀层无磨损脱落、黄铜基材无外露、金属无点蚀微熔等现象，否则应更换 4. 测量充电插座正极、负极与车身间的绝缘阻值 ≥5MΩ	
	BMS	1. 清洁 BMS 外部积尘，BMS 固定牢固，胶墩齐全完好，作用有效 2. 高、低压线束走向规范，固定牢固，无干涉磨损现象。检紧搭铁线 3. BMS 工作正常，仪表无故障报警 4. 高压快断器插合到位，无缝隙，锁紧装置锁止有效。把手完好，无断裂。高压安全警告标识齐全完好，字迹清晰。检测高压快断器接线端子与车身间的绝缘阻值 ≥5MΩ	
	蓄电池	1. 清洁蓄电池舱，拆检蓄电池桩头，清除桩头氧化物，桩头紧固无松动。蓄电池桩头防护套齐全完好 2. 蓄电池固定牢固，底托无破损、无松动现象，固定螺钉齐全有效，滑道完好 3. 蓄电池通气孔畅通无堵塞；检查荷电指示器状态，若电量不足应拆下进行充电或更换	
	用电设备 - 高压控制器及电控装置	1. 整车控制器、集成式控制器、电子风扇控制器、电动空压机油压监控 ECU 表面清洁、干燥，固定牢固，固定螺钉齐全有效，胶墩无老化、无开裂现象；搭铁线接触良好，无松动、无氧化现象；针脚完好，无弯曲、无折断现象，插接件接触良好，锁止有效；线束走向规范，固定牢固，无悬挂、无干涉、无破损、无线芯外露现象 2. 对各控制器螺栓按照附录1规定力矩进行检紧 3. 集成式控制器指示灯指示正常，无故障报警信号 4. 集成式控制器诊断接口防护盖齐全有效，拧紧到位无松动 5. 控制器冷却水管固定牢固，水管卡子齐全有效，水管无漏水 6. 测量高压接线柱与车身间的绝缘阻值 >3MΩ	
	驱动电机	1. 清洁驱动电机表面积尘，电机固定牢固，固定螺栓齐全有效。按规定力矩进行检紧 2. 电机运转正常，无异响 3. 接线盒盖固定牢固，无松动、无变形现象，密封良好，拆检高压接线端子，按规定力矩（30～35N·m）进行紧固，高压电缆入口防水锁紧螺母齐全有效。屏蔽线接线端子无松动、无烧蚀现象 4. 插接件针脚完好，无弯曲、无折断现象 5. 测量驱动电机绝缘阻值及旋转变压器阻值。（高压接线端子与壳体间绝缘阻值 ≥20MΩ，旋转变压器阻值：R_1、R_2 为 10～12Ω，S_1、S_3 为 12～16Ω，S_2、S_4 为 12～16Ω） 6. 更换透气阀	

（续）

作业项目			技术要求	标准值
电气设备	用电设备	驱动电机冷却系统	1. 用压缩气体对驱动电机冷却水箱进行除尘 2. 散热风扇齐全完好，工作正常，无异响 3. 冷却管路走向规范，固定牢固，无干涉磨损和渗漏 4. 电动水泵固定牢固，工作正常，无异响，线束走向规范，固定牢固 5. 冷却液不足时进行补给	
		高压电缆	1. 高压电缆走向规范，固定牢固，绝缘层无破损，高压电缆固定支架及螺栓齐全有效，高压电缆通过梁、板孔时，须有绝缘防护套 2. 高压电缆接线端子无脱焊、无松动、无损裂和无过热现象。各防水锁紧螺母齐全有效，拧紧到位 3. 屏蔽线固定牢固，无过热烧蚀现象	
		高压快断器	1. 检查高压快断器开关紧固情况，螺母 M6×1 拧紧力矩（10±1）N·m，螺母 M8×1.25 拧紧力矩（25±2）N·m 2. 检查维修开关端子，高压快断器开关手板上总成和下总成铜心无烧蚀	
		CAN 总线系统及整车线束	1. CAN 总线模块固定牢固，作用正常 2. CAN 总线模块针脚完好，无弯曲、无折断现象，插接件安装到位，锁止有效；线束固定牢固，走向规范，无干涉、无摩擦、无线芯外露现象 3. CAN 总线仪表信息显示正常，参数符合技术要求，读取 CAN 总线仪表故障，清除历史故障，解决现行故障	
		刮水器	刮水器安装牢固，刮臂及刮片完好，作用正常	
		电动空调及除霜器	1. 压缩机固定牢固，运转正常无异响；高低压线束走向规范，固定牢固，无干涉磨损现象；接头固定牢固，无松动、无烧蚀现象 2. 四通换向阀齐全完好，作用有效 3. 清洗冷凝器，冷凝器表面清洁无脏污；冷凝器固定牢固，外观完好无渗漏；风机固定牢固，运转正常无异响，线束走向规范，插接头接触良好，锁止有效；冷凝水排放管路无损坏、无堵塞，排水通畅 4. 单向阀齐全完好，作用有效 5. 清洗蒸发器，蒸发器表面清洁无脏污；蒸发器固定牢固，外观完好无渗漏；风机固定牢固，运转正常无异响，线束走向规范，固定牢固，插接头接触良好，锁止有效 6. 更换干燥过滤器（每年更换一次，可结合夏季维护进行） 7. 管路走向规范，固定牢固，接头紧固无渗漏 8. 控制面板齐全完好，作用有效；高压电容盒固定牢固，作用有效；电控盒固定牢固，继电器、熔丝完好，接插到位，规格型号正确；高低压开关齐全完好，作用有效；各传感器固定牢固，齐全完好，作用有效；高低压线束走向规范，固定牢固，无干涉磨损现象；对空调进行绝缘电阻检测（1000V，分别测试高压正负极对整车壳体的绝缘电阻＞5MΩ） 9. 检查制冷剂，起动空调，将温度设置到最低。运行 10min 后，打开回风栅，从回风口处观察视液镜，如果液面清晰无气泡或 45s 内偶见气泡，说明制冷剂充足；若有大量气泡说明缺制冷剂，需补充制冷剂 10. 清洗空调回风栅滤网；风道检修盖齐全完好，固定牢固，锁具齐全有效；出风口附件齐全完好，调节作用正常 11. 清洁除霜器，除霜器底座固定螺钉齐全紧固。高压线束接头无松动、无烧蚀。进风口、出风口进出风正常无堵塞。除霜器接触器无粘连，温控开关作用有效。更换除霜器滤芯，滤芯安装方向正确	
		熔丝盒	固定牢固，各熔丝规格型号正确，熔丝标识清晰，熔丝无过载损坏。检紧各接线柱	
		内外音喇叭	安装牢固，外观完好，固定螺钉齐全有效，声响正常	
		全车灯	各灯亮度正常，开关作用良好。各灯具安装牢固，缺损灯罩应补齐	
		路牌站节牌	1. 电子路牌安装牢固，数字显示清晰正确，灯泡灯管作用正常 2. 站节牌显示屏工作正常，内容与本车线路一致，无错位显示	

（续）

作业项目		技术要求	标准值
电气设备	用电设备	报站器、投币机、刷卡机、垃圾筐	1. 报站器功能正常，无松动或损坏，内外音喇叭安装牢固，声响正常 2. 投币机安装牢固，投币机内照明灯安装牢固，灯光正常；驱动翻板的电磁开关安装牢固，作用正常 3. 刷卡机安装牢固，电线在立柱进线孔处安装紧密、无磨损 4. 垃圾筐卫生干净，安装牢固，无破损	
		倒车影像及监控设备	1. 倒车影像及监控设备齐全有效，固定牢固 2. 清洁摄像头，保障倒车影像及监控清晰 3. 检测360°影像工作正常	
底盘	转向系	转向盘	安装位置正确（车辆无转向转动量时，转向盘应处于中间位置），转向自由转动量≤10°	
		转向轴、转向万向节、转向角传动、伸缩节	1. 转向轴转动灵活，无松旷，花键轴及套完好。配合间隙：轴向间隙≤0.2mm，径向间隙≤0.1mm。螺栓紧固，防尘罩齐全完好 2. 角传动固定牢固，防尘罩无老化、无破损现象。润滑油嘴齐全完好，对角传动进行润滑 3. 角传动伸缩节套无损裂，伸缩节套和花键无严重磨损，配合间隙符合技术要求（≤0.3mm），键宽磨损量≤0.2mm	
		电动液压助力转向系统	1. 转向器及电动液压助力转向总成安装牢固，螺钉齐全紧固，各部无渗漏 2. 更换转向助力液 3. 转向助力电机、转向油泵工作正常，无异响，检紧搭铁线 4. 检测转向电机定子绕组对机壳的绝缘电阻：冷态绝缘电阻在绝缘表1000V档下≥150MΩ，在湿热环境下，热态绝缘应≥5MΩ	
		转向直拉杆、转向节、转向梯形臂、转向横拉杆	1. 转向摇臂、转向节臂、转向梯形臂无裂纹，固定牢固，无松动 2. 转向球头无松旷，防尘罩齐全完好。检紧球头卡箍螺母、球头销螺母，球头销不得低于球头销螺母2牙，球头螺纹损坏不多于2牙。卡箍开口与拉杆开口对应，球头开口销齐全完好，规格型号正确 3. 转向直拉杆、横拉杆无异常弯曲变形 4. 转向节主销无明显松旷，主销与衬套配合间隙≤0.2mm，楔形销不松动，螺母紧固。压力轴承及垫片完好，转向节转动灵活无阻滞，转向节轴间隙≤0.15mm 5. 对转向节进行润滑，润滑脂从压力轴承处有微量渗出为宜 6. 转向节主销孔上、下盖板齐全，螺钉齐全紧固，衬垫完好 7. 限位螺栓齐全完好，固定牢固，作用有效	
		检调前束	检调前束0～2mm	
	行驶系	车架	全车大梁无断裂、无开焊	
		车桥	清除车桥表面积尘，检查车桥无裂损或变形	
		车轮	1. 橇除胎体内嵌入的碎石、铁钉等异物，轮胎无漏气，胎体损坏或花纹深度小于3mm的轮胎应更换。补充气压至规定值 2. 气门嘴、气门芯无漏气，戴好气门帽。装有气门延长管车辆，气门延长管齐全完好，固定牢固 3. 轮辋无裂损、无变形，轮胎螺栓孔磨损不得超过1.5mm 4. 轮胎装车时，应进行调位。次序如下：前轮对调，调位后应重新调整前束至规定值。后轮调位时，右后外轮与左后内轮对调，右后内轮与左后外轮对调 5. 全车轮胎规格、花纹一致，轮胎气压符合标准；前轮不准装翻新胎 6. 装后桥轮胎时，直径较大者应装在外侧，内、外侧轮胎直径相差不得超过5mm，两轮胎嘴应错开约180° 7. 轮胎螺母齐全完好，螺纹损坏不多于2牙，装胎时螺母应先对角预紧，然后按规定转矩进行紧固：M18×1.5（10.9级）螺栓380N·m，M20×1.5（10.9级）螺栓550N·m，M22×1.5（10.9级）螺栓670N·m 8. 轮胎螺栓需用扳手十字交叉分三次拧紧（300N·m、500N·m、600N·m）	

（续）

作业项目		技术要求	标准值
行驶系	悬架	1. 检查油气弹簧无漏油、无漏气、无开裂、无错位，检紧各螺栓，螺栓齐全有效 2. 检查钢板弹簧无断裂、无错位，检紧各螺栓，螺栓齐全有效。钢板弹簧吊耳无断裂，衬套无严重变形或磨损，否则应更换 3. 对钢板销进行润滑，确保油道畅通，以润滑脂从缝隙处刚刚溢出为宜；减振器固定牢固，胶套无严重磨损旷，减振器不漏油；稳定杆安装牢固，无变形，无损裂，衬套无松旷；缓冲块安装牢固、无破损，作用正常，不符合技术要求需更换 4. EACS气囊底座及上端盖固定牢固，外观良好，与气囊接触良好，不漏气；升起气囊，清理底座泥土污垢 5. 高度传感器安装牢固，外观完好，功能正常	
	胎压监测系统	胎压监测系统控制面板无报警声和红灯报警信号	
底盘	传动系	**拆检、清洗、润滑传动轴** 1. 凸缘无裂损，单键凸缘与电机轴过盈配合，花键套凸缘与电机花键轴转动间隙≤0.3mm 2. 传动轴的花键轴与伸缩节套配合间隙≤0.8mm，花键无严重磨损，花键有扭曲或弯曲变形者应更换，伸缩节套无损裂 3. 轴管径向跳动量（在中部测量）应≤1.5mm 4. 万向节无裂纹，轴颈表面无剥落、无烧蚀、无斑点，轴颈表面有滚针压痕者，深度不应大于0.1mm，油道畅通 5. 万向节钢碗内径与滚针无严重磨损或损伤，油封无老化或损坏，否则应更换。万向节钢碗外径与万向节叉孔配合间隙≤0.1mm，万向节轴颈与滚针及钢碗内径的配合间隙≤0.2mm。更换滚针时，应全部更换，长度直径应相同 6. 传动轴装复时，万向节润滑油嘴应朝向传动轴一面；按规定转矩拧紧各部螺栓；万向节转动灵活，无松旷 7. 传动轴装车后，同一传动轴两端万向节叉应位于同一平面上，防尘罩无损坏、无老化，安装牢固。对传动轴进行润滑，以润滑脂从各缝隙处刚刚溢出为宜	
		主减速器、差速器 1. 主减速器、差速器安装牢固，运转正常无异响，壳体无裂损，通气阀(孔)作用有效 2. 将通气阀拆下清洗，并检查通气阀及加长软管的管路是否堵塞；各部清洁无油污，更换主减速器、差速器油。检查油面高度与加油口平齐 3. 拆检轮边减速器轴，润滑轴承	
		半轴 1. 清洗半轴 2. 半轴无裂纹或变形，花键齿完整，无严重磨损，发现轴径表面有磨痕时，应仔细检查桥壳、内外轴承，消除隐患，桥壳无裂纹，轴端螺纹无明显磨损，螺纹损坏不超过2牙，与调整螺母配合不松旷，轴颈与内、外轴承内孔配合间隙≤0.1mm 3. 更换半轴衬垫，半轴螺栓齐全有效，弹簧垫圈弹力正常，按规定力矩拧紧螺母	
		轮毂轴承 1. 清洗、检查轮毂轴承，轴承内圈及滚柱无破裂，滚动配合表面无起槽、无剥落或退火现象，保持架无变形。安装轴承时应加足润滑脂（免维护后桥轮边更换润滑油） 2. 更换内外油封，更换时止口上涂适量润滑脂	
	制动系	**电动空压机** 1. 清洁电动空压机表面积尘和油污，空压机固定牢固，固定螺钉齐全有效，按规定转矩进行检紧 2. 检查螺杆空压机冷却器翅片，确保无灰尘、无异物堆积；检查螺杆空压机压力控制回路及安装在干燥器口和主气罐的压力控制阀，确保无损坏 3. 螺杆空压机维护后，复位空压机空气滤清器维护指示器 4. 更换空压机滤芯和消声器滤芯 5. 对空压机散热器、散热器风扇进行除尘，更换电动活塞空压机机油、机油滤芯，螺杆空压机结合换季维护进行 6. 电动空压机插接件接触良好，高、低线束走向规范，固定牢固，无干涉磨损现象	

（续）

作业项目			技术要求	标准值
底盘	制动系	气路及管路	1. 冷凝器、油水分离器、干燥器、储气筒固定牢固，功能良好，不漏气，对油水分离器、储气筒进行排污。清洗油水分离器内外表面，装复后不漏气、作用正常。更换干燥器的干燥筒 2. 欠电压报警器工作正常，低于设定压力时应报警 3. 清洁自动排污阀，排污阀齐全完好，功能正常 4. 安全阀作用正常，不漏气，达到设定压力时，应能自动排气，低于设定压力能自动关闭 5. 管路走向规范，固定牢固，无干涉磨损、无漏气现象	
		制动踏板和制动总泵	1. 制动踏板操作灵活，无卡滞、无异响，回位顺畅。踏板防滑胶套齐全完好 2. 悬挂式制动踏板：制动踏板自由行程为14～20mm（即踏板初始位置到踏板回位有轻微排气声时位置的行程），脚制动阀推杆总成、销轴、锁销需连接牢靠 3. 地板式制动踏板：地板式制动踏板自由行程在零部件出厂时已标定好，使用过程中未经授权不允许自行调整 4. 制动总泵固定牢固，功能正常，不漏气。管路走向规范，固定牢固，无干涉磨损现象。线束插接件接触良好，锁止有效	
		驻车制动器	1. 驻车制动手柄固定牢固，作用良好，管路走向规范，固定牢固，不漏气 2. 储气筒、快放阀、制动分泵安装牢固，作用良好不漏气	
		继动阀、制动分泵和制动管路	1. 继动阀、制动分泵固定牢固，功能正常，不漏气。制动分泵顶部密封，两侧和下面的排污孔应打开，底部的排污孔须保持通畅 2. 制动管路走向规范，固定牢固，不漏气 3. 制动软管无老化、无龟裂、无鼓包，走向规范、固定牢固，无凹瘪，老化龟裂现象应不超过软管直径的1/3	
		盘式制动器	1. 调整装置作用良好 2. 制动片磨损传感器无异常磨损，插接头接触良好，锁止有效 3. 检查制动片厚度及磨损情况符合技术要求（剩余背板及摩擦材料总厚度不小于18mm；且摩擦材料应能使用到下一个二级维护周期），表面清洁无油污 4. 检查制动盘厚度及表面磨损情况（厚度不小于37mm，有径向裂纹贯穿摩擦表面应更换，表面光滑平整，无裂纹及油污，端面跳动量≤0.2mm，径向跳动量≤0.5mm，制动盘外缘起台高度≤2mm） 5. 检查导向销无严重磨损，更换制动器各橡胶防护套，更换导向销外橡胶保护套或钢帽，对导向销进行润滑 6. 用双手推拉（80～120N）制动钳，能沿着导向销自由滑动，且行程满足技术要求。安装摩擦片，摩擦片与制动盘的接触面积达到80%以上 7. 盘式制动器制动片与制动盘间隙在0.6～1.5mm之间 8. 各部螺栓齐全紧固	
		鼓式制动器	1. 凸轮轴及支架各部无裂损，配合表面光滑，起槽深度≤0.75mm，轴与支架套孔配合间隙≤0.50mm 2. 支架安装牢固，位置正确。润滑油嘴齐全完好 3. 安装凸轮轴后，轴向窜动量≤1.0mm 4. 调整臂外表清洁，各部不得有裂纹损伤，调整时转动灵活，限位装置有效，油嘴齐全完好，安装后开口销及挡圈齐全有效 5. 制动蹄回位弹簧弹力不足或变形，两端挂钩变形或损坏者应换新	
		ABS	1. ABS ECU固定牢固，线束走向规范，固定牢固，无干涉、无磨损、无线芯裸露现象 2. 清除ABS传感器及齿圈表面污垢，调整ABS传感器与齿圈间的间隙（≤0.7mm）。以30r/min的速度转动轮毂，在传感器端头用万用表检测信号，传感器两端的电压值应大于0.2V，若无电压值显示或示值过小，重新检查传感器的安装	

（续）

作业项目			技术要求	标准值
底盘	制动系	ABS	3. 清洁 ABS 电磁阀、齿圈，电磁阀排气口朝下，倾斜不超过 30°，电磁阀到制动室的管长不超过 1.5m，管径大于 9mm。管路无漏气现象 4. 当开启 ABS 时，ABS 警告灯无故障报警信号	
		行车制动器	1. 行车制动性能良好、安装连接牢固，各制动气管无漏气现象。（在气压升至 750kPa 且不使用制动的情况下，停止空气压缩机工作 3min 后，其气压的降低值应小于或等于 10kPa。在气压为 750kPa 的情况下，停止空气压缩机工作，将制动踏板踩到底，待气压稳定后观察 3min，气压降低值应小于或等于 20kPa） 2. 制动间隙调整后要求：调整后制动盘应能自由转动而不触及摩擦片，制动时行车制动气室和驻车制动气室推杆应能迅速伸出使摩擦片与制动盘贴合，解除制动时推杆应能迅速回位，无阻滞现象	
	集中润滑系统		1. 集中润滑装置油泵工作正常 2. 检查储油箱，添加同规格型号润滑脂至油箱上刻度线 3. 检查各部连接管路固定牢固、无损伤，与油嘴连接可靠，主管通管不得有接头，支路每路最多只允许使用一个快速接头，各处无漏油现象 4. 手动加注润滑脂及自动加注润滑脂的部位以有少量润滑脂溢出为宜。手动加注润滑脂部位的润滑油嘴齐全完好，安装牢固，无松动，手动加注润滑脂前应擦去油嘴处灰尘	
车身部分	车门		1. 转臂与转臂轴配合紧密不松旷，螺栓紧固，转臂缓冲胶墩齐全完好，固定牢固，对门柱转臂进行润滑 2. 车门扶手杆固定牢固、无变形 3. 车门玻璃无缺损，密封胶条、毛刷齐全，无严重缺损 4. 门机构运动副在回转区域内与其他非连接部件无干涉、无磨损 5. 门泵安装牢固，防尘罩、开口销齐全完好，开口销规格型号符合技术要求。滤杯清洁无油污 6. 防夹装置固定牢固，作用良好 7. 清除车门滑槽积物，并加注润滑脂 8. 车门应急阀、前门车外换向阀作用正常，无漏气或报警现象，应急阀盖齐全完好，开启轻便，锁止有效；应急拉手齐全完好，作用正常，操作提示标语清晰无缺失	
	后舱门及边盖		外表平整，开关灵活，锁具齐全完好，固定牢固，锁止有效，对锁具进行润滑。后舱门及边盖格栅完好，后舱门接近开关固定牢固，作用有效	
	驾驶区		1. 档位面板固定牢固，作用正常；档位按钮作用正常，无磨损、无缺失现象；档位指示标识无破损、缺失现象；翘板开关齐全完好，作用正常 2. 驾驶座椅固定牢固，固定螺钉齐全有效，座椅调整功能正常。安全带齐全完好，功能良好；驾驶区隔断固定牢固，开关灵活，锁具齐全完好，锁止有效；遮阳（帘）板及支架安装牢固，螺钉齐全，遮阳（帘）板作用正常，自锁功能良好 3. 驾驶室内车门应急阀齐全完好，作用有效	
	天窗		1. 天窗无变形损坏，开闭灵活，支撑有效，密封胶条齐全完好，无严重老化缺损，密封良好不漏水。锁止机构及防护盖齐全完好，操作提示标识齐全完好，无翘曲缺损 2. 换气扇安装牢固，工作正常，无异响 3. 对天窗支撑进行润滑	
	车窗		1. 玻璃无破裂，推拉灵活，绒槽、胶条完好，装置牢固。玻璃锁扣齐全完好，锁止有效 2. 自动破窗器完好无缺失	
	立柱、扶手及拉手		1. 各支座无松动、无碎裂，螺钉、螺栓紧固，立柱、扶手无松动或转动，立柱胶套完好 2. 拉手齐全，拉手拉带的磨损量：宽度不超过 1/3，厚度不超过 1/4	
	座椅		座椅及座椅支架齐全、完好、无损裂，固定螺钉齐全有效。座椅扶手齐全完好，固定牢固	

（续）

作业项目		技术要求	标准值
车身部分	地板	1. 检修盖齐全完好，固定螺钉齐全有效 2. 地板革无严重破损，无翘起现象 3. 压条齐全、平整，安装牢固	
	内厢板和顶板	各部压条齐全完好，螺钉齐全紧固；四周厢板和顶板无严重裂损	
	车厢内部其他设施	1. 灭火器支架完好，安装牢固，灭火器齐全有效，安放到位，锁止有效 2. 安全锤配备齐全，安放牢固，防盗功能有效，应急时，可轻便取用 3. 逃生天窗完好，性能可靠	
车辆路试		车辆起步平稳，运行平顺，左右转弯角度符合要求（左三圈，右两圈半）。车速在30km/h时进行制动不跑偏，车速在15km/h时进行缓慢制动不栽头；制动无异响。车辆在各工况下加速性能良好，制动能量回收功能正常	

第七节　纯电动客车驱动电机视情维修工艺规范

驱动电机是纯电动客车的动力驱动部件，相当于传统车辆中的发动机总成，其技术状况的高低直接影响电动客车的运行状况，在对纯电动客车维护作业过程中，应对驱动电机格外重视。因此，在定期维护的基础上，应根据驱动电机的运行状况，视情调整维护作业项目。驱动电机视情维修维护作业项目与技术要求见表6-8。

表6-8　驱动电机视情维修维护作业项目与技术要求

作业项目		技术要求	标准值
驱动电机	外观	表面清洁、无油污，传动带轮无破损	
	接线盒	检查驱动电机高压接线柱，高压接线柱固定牢固，无烧蚀，防水锁紧螺母齐全完好	
	电机冷却水管	水管固定牢固，无干涉磨损和漏水现象	
	绝缘性	用500V兆欧表测量： 电阻值应大于50MΩ，否则应对定子绕组进行干燥处理。在干燥处理时的温度不允许超过120℃	
	旋转变压器	1. 检查旋转变压器，旋转变压器盖固定牢固，固定螺钉齐全有效，线束护套齐全完好、无破损。插接头针脚无弯曲变形 2. 检测旋转变压器阻值：R_1、R_2为$10\sim12\Omega$，S_1、S_3为$12\sim16\Omega$，S_2、S_4为$12\sim16\Omega$。对存在故障的旋转变压器进行维修或更换	
	电机油封	更换电机油封	
	电机轴承	轴承无损伤、无松旷，保持架无变形	

第八节　纯电动客车"三单一证"制度

"三单一证"制度是维修行业传统的管理制度，它是指车辆进厂检验、过程检验、竣工检验交接和开具竣工合格证。虽然纯电动客车与传统客车相关检验项目不同，但其具体技术监督管理过程是一致的，所以仍需长期坚持这一制度，具体要求如下。

一、纯电动客车进厂前检验

纯电动客车维修进厂应对车内、车外和电池等进行检验。车外包括外观、灯光、轮胎等，车内包括仪表、座椅、玻璃扣、吊环、箱灯、灭火器、安全锤等，电池包括蓄电池和动力电池等。此外，还应对制动器、转向进行试车检验。

二、纯电动客车维修过程检验

1. 车辆外部

1）轮胎：用胎压计检查胎压，并仔细检查是否存在切口、损坏或过度磨损。

2）如果车轮有弯曲、裂纹或严重腐蚀之类的损坏，请立即更换。

3）如果不更换已损坏的车轮，则轮胎可能会脱离车轮或导致车辆失去控制。

4）更换车轮时，要使用符合规定类型和相同规格尺寸的车轮。不同规格尺寸或类型的车轮将给制动器的冷却、速度表/里程表的标定、制动性能、前照灯灯照准、保险杠高度、车辆离地高度以及轮胎与车身和底盘的间隔带来不利的影响。

5）车轮螺母：确认没有螺母松脱或遗失。

2. 仪表配电箱舱

1）检查电源总开关、配电盒是否有水渍，端子是否有锈渍。

2）检查仪表配电盒，各继电器是否有积水。

3）检查配电舱内是否有积水，出水孔是否堵塞。

4）检查蓄电池（图6-1）接头是否有水渍，接头有无腐蚀或松脱，外观有无裂痕，是否漏液。

图6-1 检查蓄电池

3. 后舱（图6-2）

1）冷却液液位：确认膨胀水箱里冷却液液位处于最大、最小刻度线间。

2）转向液液位：确认液位在最大、最小刻度线间。

3）高、低压线束：检查有无损坏、松脱或连接脱开。

图6-2 后舱视图

4）检查维修开关是否处于闭合状态。

4. 高压电器检查

1）检查各控制器模块。

2）检查各安装支架及固定螺栓是否紧固可靠。

3）检查控制器高、低压接插件是否连接可靠。

4）检查各高、低压线束表面是否有开裂或磨损。

5）检查冷却进、出水管是否连接可靠、无泄漏。

5. 底盘检验

（1）检查前轮轮毂总成 每行驶6个月或30000km，检查轮毂轴承的松旷情况，检查制动片的磨损情况，若制动片的磨损超过了限位凹坑，则必须立即更换制动片。

（2）制动盘检查 制动盘、摩擦片表面清洁，无油污，双边工作间隙之和在 0.6 ～ 1.2mm。目测制动盘（图6-3），看是否有偏磨现象；测量制动盘厚度。如发现制动盘有偏磨现象或制动盘厚度小于 37mm（单边磨损大于 4mm），则必须更换制动盘。

图 6-3　制动盘

（3）检查前轮前束　每 15000km 或 3 个月维护时应检查前轮前束。前轮前束的推荐值为 0～2mm。前束不当将使前轮胎磨损加剧。

（4）调整前轮前束　将车辆停放在平整场地上，顶起前轴，使车轮处于直线行驶位置，松开横拉杆上的卡箍螺栓，用管钳转动横拉杆，即可调整出所需的前轮前束数值。调整时可在左右轮胎的胎面花纹中间做一个记号，在前轴正前方测得 A 值，然后将记号转到正后方测得 B 值，前束即为 A、B 两值之差（B-A），调整好后将卡箍螺栓拧紧，如图 6-4 所

图 6-4　前轮前束

示。如有条件，应对轮胎的侧滑量进行检查。通过调整前轮前束使轮胎的侧滑量达到规定要求。

6. 更换前轮毂轴承润滑油

通过轮毂盖上的加油孔加注齿轮油；待油液稳定下来后，通过轮毂盖上的刻度线可检查油量（图 6-5）；增加齿轮油使油液高度达到轮毂盖上显示的加注线处。

图 6-5　轮毂油液检查

7. 前轮毂轴承的调整

1）用 300N·m 的力矩拧紧轮毂轴承螺母，然后转动轮毂 2～3 圈，使轴承完全贴合。

2）再次用 300N·m 的力矩拧紧轮毂轴承螺母，然后将轮毂轴承螺母旋回 1/6～1/4 圈，使轴承处于正确位置，此时，轮毂应转动灵活，无阻滞现象。

8. 转向节及转向横拉杆的润滑

检查转向节及球头的润滑情况，并在以下部位注入润滑脂：转向节关节轴承（顶部）、转向节关节轴承（底部）、转向横拉杆球头。

9. 检查通气阀

将通气阀拆下清洗，并检查通气阀及加长软管的管路是否堵塞。电机及减速器通气阀如图6-6所示。

a）电机通气阀

b）减速器通气阀

图6-6 电机及减速器通气阀

10. 转向系统

（1）转向盘自由转动量的检查 检查转向盘自由转动量，其值在中间位置时自由行程均不能超过±25°。如果自由行程过大，则应进行如下检查和调整：检查前轮毂轴承的间隙是否过大，如过大则应调整。检查转向横拉杆、直拉杆接头是否松旷，如有松旷则应予更换。检查转向直拉杆球销锥体与上下节臂锥孔的配合，锤击接头处，再将螺母旋入1/3～1/2圈到刚刚能插入开口销为止，不允许为了插入开口销而松退螺母。检查转向垂臂与转向器摇臂轴花键连接处及其紧固螺栓有无松动。

（2）更换转向液 每2年或行程120000km更换转向液。

（3）更换转向液操作方法 拆下油罐，排空转向油罐内油液，拆除转向回油管。将转向回油管连接转向油罐一端放入一个合适的容器内。车辆上高压，将转向盘从一个极限位置转到另一个极限位置，来回转动几次。当转向液停止从转向回油管中流出时断电。装回转向油罐，重新把转向回油管安装到转向油罐上。给转向油罐加油，直至转向油罐的"MAX"线。起动转向电机，将转向盘从一个止点转到另一个止点，来回转动几次，排出系统中的空气，重新检查油位。重复上述步骤直至油罐液位处于"MIN"与"MAX"之间。

11. 动力电池系统

（1）动力电池均衡维护

1）正常行车放电至SOC在25%～30%之间；车辆停稳，关闭电源（钥匙拧至OFF档）、所有用电器开关和总火开关，然后起动总火开关、电源（钥匙拧至ON档），检查车上所有用电设备开关，确保处于关闭状态。保持车辆电状态12～15h（若因运营时间紧张，无法满足静置时间要求，可将维护操作拆分成2～3次执行，并在一个月内完成，需确保累计静置时间符合要求）。

2）维护结束后需进行一次满充电；若要长期搁置，再正常行车放电至40%～70%SOC。

（2）动力电源外观检查

1）高压配电盒的维修开关外壳完好，插合到位，无松动，拔插把手完好，无断裂，熔断器状态完好，插针无破损、无烧蚀、无锈蚀，底座内无异物，密封胶圈无脱落或错位；电池箱、高压配电盒、电池控制盒外观无变形、无破损、无异味；电池箱、高压配电盒、电池控制盒表面无泥水、无灰尘等污渍；电池箱、高压配电盒的高压警告标识不被遮挡、无污渍、无破损、无缺失；电池箱、高压配电盒、电池控制盒泄压阀或平衡阀外表不开裂、无损坏，无泥土或灰尘覆盖。

2）电池舱体的漏水孔不被异物堵塞，电池舱格栅无堵塞，电池舱内无异物。

3）顶置电池箱安装处的橡胶垫不开裂，无破损（仅适用有顶置电池箱车型）。

4）检查电池箱、高压配电盒、电池控制盒与车架连接的紧固螺栓、搭铁线紧固螺栓/螺母、高压插接器防护盖螺栓、电池箱 MSD 固定螺栓，所有螺栓的弹垫压平不开裂、红漆划线标识无错位，螺栓无断裂、无裂纹。

5）高压插接器的格兰头拧紧到底；高/低压连接插件无松动、无破损、无开裂。紧固电池箱、高压配电盒的高压接线端子螺栓。

6）线束端子及插接器无锈蚀、无高温氧化、无烧蚀现象；高压接线端子的螺栓拧紧力矩：M10 螺栓（30±2）N·m。

7）高压接线盖板的密封胶圈安装到位，不外漏、不扭曲；高压接线盖板的螺栓拧紧力矩：M4 螺栓（2±0.5）N·m，M5 螺栓（4±0.5）N·m。

8）视情检查动力电池产品的气密性检测。车辆上电，查看仪表无绝缘故障报警；关闭所有用电开关、整车总电源，拔掉车钥匙。检查电池箱外观无异常，电池箱 MSD、各插接器、线束安装紧固到位。检查电池箱透气阀无泥水和灰尘等异物。检查气密性检测接头无损伤，胶圈无脱落；气密性检测仪接通气源、电源，将测试仪的检测接头和电池箱的平衡阀连接到一起，开启测试仪电源。设置参数，充气压力、稳压压力 2.6～3.6kPa；稳压时间 60s；测试时间 60s。开启测试，要求泄漏率在 −60～60Pa/min。若超出泄漏率范围，请及时联系售后，在售后给出安全判定结果前，禁止再次使用车辆。

12. 检查充电口

（1）充电口组成　充电口组成如图 6-7 所示。

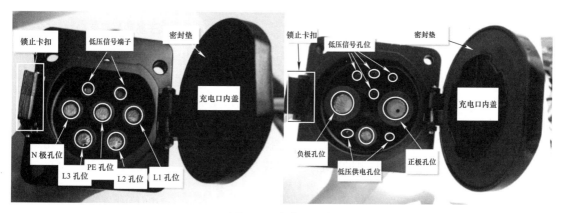

图 6-7　充电口组成

1）每次充电前需检查充电口和充电枪是否能够正常使用。

2）点检前确保车辆退电（退电至 OFF 档）、维修开关断开、电源总开关断开，防止误操作引起发生安全事故。点检前应使用万用表确定充电口每个端子之间无电压。

（2）点检内容

1）观察充电口舱盖（包括充电口支架），无脱落、无破裂，钥匙口（如有）可以正常使用等。

2）打开充电口舱盖，观察充电口舱盖内部及充电口内盖，充电口内盖及其锁止卡扣无破损、无断裂，内部无异物、无水渍，充电口内盖标签无脱落等。

3）打开充电口内盖，观察充电口内部、充电口端子（包括功率端子及信号端子）及充电口护套，端子无发黑、无断裂、无簧片脱落，端子防脱帽（若有）无脱落，端子无缩退、无倾斜且端子无自由活动量，护套无开裂或熔化导致端子外露，内部无异物、无水渍、无粉尘，充电内部密封圈（若有）无破损、无脱落等，如图 6-8～图 6-11 所示。

图 6-8　端子烧黑

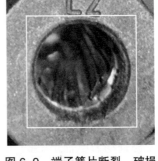

图 6-9　端子簧片断裂、破损

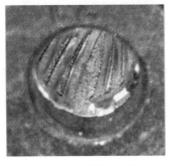

图 6-10　端子簧片异常变形

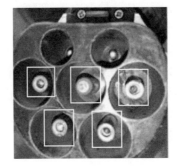

图 6-11　端子防脱帽脱落

4）打开维修舱门，观察充电口尾部，充电口尾部线缆外层无变黑或破裂等（需辅助照明仔细观察），接地线束固定完好，固定螺栓无松动，充电口尾部干燥、无水渍等。

5）锁止功能（若有）：打开维修舱门，拨动充电口尾部电锁开关，锁芯应能正常动作，将锁芯手动置于伸出状态，观察锁芯无影响功能的变形或者断裂。

6）充电口固定：用力矩扳手测量四个固定螺栓的拧紧力矩，应满足（9±1）N·m。

7）接地线束：用力矩扳手测量接地线束安装力矩，应满足（10±1）N·m。

（3）处理方法

1）充电口卡扣、密封盖、密封圈、电子锁等可独立拆卸安装部件损坏，则单独更换损坏部件。若损坏件不可独立拆卸安装，则更换充电口总成。

2）充电口端子及底部若有发黄，且充电口尾部电缆有烧黑或开裂（需辅助照明仔细观察），则需更换处理（图6-12）。

3）目视充电口内部以及端子内部，若有异物、水渍、粉尘等，则应按以下顺序处理：

①若有异物，应使用带绝缘手柄的镊子等工具取出异物，如图6-13所示。

②若有水渍，应使用干净的无尘布等擦干（充电口端子不允许使用纸巾）。

③若有粉尘，应使用尼龙软毛圆刷（软毛圆刷直径：直流口插孔建议为10mm，交流口插孔建议5～6mm）和无尘布进行清洁。

4）若充电口固定力矩不符合要求，应重新紧固。

（4）充电口检查注意事项

1）若发现充电口端部塑胶熔融，则需对充电枪进行排查确认是否为充电枪过温导致。

2）超过质保期的充电口需自费更换（不更换的需告知使用安全隐患以及连带充电枪损失）。

3）若发现充电枪有异常的，需及时更换充电枪，否则可能会因此导致充电口损坏。

图6-12　端子变黄且电缆外层变黑

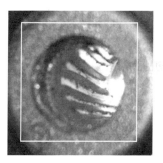

图6-13　异物需清理

13. 轮边驱动桥

（1）更换电机润滑油

1）把车身调整至正常高度后水平放置，整车退电、断开电源总开关并拔出维修开关，静置20min。

2）在地沟或举升状态下进行操作。打开电机放油口将油液全部放出，并清洁油孔。

3）关闭放油口，拧紧力矩为35N·m。

4）打开注油塞，清洁注油塞和加油孔，不能让杂物进入电机。

5）用漏斗将润滑油从加油孔注入电机。拧紧注油塞，力矩35N·m，并涂敷密封胶。

6）如果放出的油液已变质（如颜色变黑、乳化或发出恶臭等），则须用新油液清洗后，再按上述方法添加新油液，不可直接在原变质油液中添加。

7）电机润滑油加注时，单边只加1.2L。

8）所有螺塞上涂敷密封胶或在螺塞螺纹上缠绕生胶带用于密封。

9）放出的油液应用容器收集，遵照环境保护的规定处理。

（2）更换齿轮油

1）把车身调整至正常高度后水平放置，整车退电、断开电源总开关与维修开关，静置20min。

2）把卧式千斤顶置于驱动桥支撑点处，撑起车辆。拆卸轮胎后，须将后桥各螺塞处及周边擦拭干净，防止灰尘进入箱体。

3）解除驻车制动手柄，将行星齿轮放油孔调至最低位置，重新拉上驻车制动手柄，打开行星齿轮放油孔和减速齿轮放油孔，排出齿轮油。

4）清洗放油孔磁环及密封垫圈，将齿轮磨合后的铁屑清除。

5）油液排放后，拧紧行星齿轮放油孔和减速齿轮放油孔。

6）松开驻车制动手柄，将行星齿轮放油孔调至轮毂最低位置，重新拉上驻车制动手柄。从行星齿轮加油孔及减速齿轮加油孔加注齿轮油。

7）使用10#内六角扳手将加油螺塞拧紧，油塞拧紧力矩为35N·m。

三、车辆竣工交接制度

1）车辆维修竣工检验由专职检验人员负责实施。

2）车辆维修竣工检验内容为整车检查、检测、路试、检测路试后的再检测及车辆验收。纯电动汽车竣工检验项目见表6-9。

3）修竣车辆竣工检验严格依据GB 18565—2016《道路运输车辆综合性能要求和检验方法》要求进行。首先进行整车外观和底盘检查，检查合格后进行路试，对于路试中所发生的不正常现象，要认真复查。路试合格后重新进行底盘检查，确保各项技术性能合格后由总检开具出厂合格证。

4）对于进行二级维护及以上维修作业的车辆，除上述检验内容外，还必须经计量认证的汽车综合性能检测站检测合格。

5）严禁为检验不合格的车辆开具竣工出厂合格证。

6）竣工检验合格的车辆实行规定的质量保证期制度。

四、汽车维修竣工出厂合格证管理制度

1）合格证由专人负责视生产情况定期到管理部门领取，专人负责开具。

2）开具合格证必须根据本厂质量总检验员对车辆的检验和汽车综合性能检测站的维修后质量检验结果进行。

3）开具合格证后要认真进行维护检测车辆的台账记录，下次领用合格证时带台账供管理部门核查；严禁虚开合格证和转借、倒卖合格证现象。

表6-9　纯电动汽车竣工检验项目

| 服务站名称： | | | 检查人签字： | | 检查日期： | |
| 车　　型： | | | VIN： | | 客户签字： | |
序号	检查系统	检查项目	要求标准	检查结果	是否合格
1	整车系统	全车低压系统检测	车辆各系统程序版本是最新版本（VCU、BMS、CMU、OBC、MCU、IEC、数据采集终端）		
2	动力电池系统	检测动力电池单体压差	动力电池压差在100mv范围内		
3		检查动力电池BMS版本	最新版本		
4		检查动力电池绝缘阻值	阻值大于500MΩ		
5		检查动力电池外观有无磕碰	无破损		

（续）

序号	检查系统	检查项目	要求标准	检查结果	是否合格
6	动力电池系统	检查动力电池高低压插接件	高低压插接件完全连接到位，无锈蚀、无进水、无损坏		
7	数据采集终端	检测数据采集终端是否工作正常	数据集终端指示灯工作正常		
8		检查 SIM 卡工作状态	与监控中心确认 SIM 卡状态，数据上传正常		
9		检查数据是否上传正常			
10	低压电器供电	检查低压蓄电池性能	用专用测试仪测试低压蓄电池内阻是否正常		
11		检查 DC/DC 变换器工作状态	输出电压不低于 13V 或 26V		
12		低压蓄电池极柱	蓄电池正、负极桩头无腐蚀及禁锢		
13		灯光及喇叭	灯光及喇叭工作正常		
14		检查车辆静态放电电流	车辆关闭锁车 15min 后，静态放电电流不大于 30mA		
15	空调系统	检查鼓风机工作状态	鼓风机工作正常		
16		检查切换模式	电机工作正常		
17		检查 PTC 工作状态	PTC 制热工作正常		
18		检查出风模式	电机工作正常，无异响		
19		检查压缩机工作状态	压缩机工作正常，无异响，制冷效果正常		
20		检查错误检查和纠正（ECC）控制器	ECC 程序是最新版本		
21		检查冷凝器状态	冷凝器无泄漏、无磕碰变形，固定牢固		
22		空调管路状态检查	高、低压管路接口无泄漏，管路无变形，安装无干涉、无破损、无泄漏		
23	底盘部分	检查轮胎气压	根据车型进行轮胎压力调整		
24		检查胎纹深度	胎纹深度不低于 2mm		
25		检查轮胎状态	轮胎外观无起包、无裂纹、无异物、无偏磨（必要时做四轮定位，检查电子差速器）		
26		检查底盘悬架力矩、外观	底盘悬架紧固螺栓力矩在维修手册技术标准范围内		
27		前后减振器状态检查	前减振器转向时无异响、无漏油。后减振器固定胶套无老化、无松旷、无漏油		
28	制动系统	制动真空泵工作状态	制动真空泵工作正常		
29		制动片厚度	检查制动片厚度不低于 2mm（单片）		
30		制动管路	无渗油、无磕碰、无变形		
31		制动液液位	制动液在最低、最高刻度线之间		
32		制动盘	不超过磨损极限（2mm）		
33	转向系统	转向机构	防尘套及球头无破损、无松旷		
		转向功能	左、右转向力度均匀，无卡滞、无异响		
		转向机控制器插接件状态	转向控制器插接件完全连接到位，端子无锈蚀、无进水、无损坏		
34	高压线束	检查高压线束及插接件	高压线束插接件及保护层无磨损、无破裂，高压线束绝缘电阻大于 500Ω/V		
35	充电系统	充电系统状态检测	充电机工作正常，充电机软件是最新版本		
36		充电线束检查	充电工作正常		

（续）

序号	检查系统	检查项目	要求标准	检查结果	是否合格
37	快慢充系统	车辆是否正常快慢充	检查快慢充线束。搭铁线、低压连接线束连接正常，无破损、无歪针、无退针现象		
38	驱动电机系统	驱动电机状态确认	驱动电机插件无锈蚀，连接紧固，无漏水		
39		驱动电机控制器	电机控制器软件是最新版本、电机控制器低压插件无锈蚀，插件端子接触充实		
40		减速器	减速器无漏油，半轴油封无漏油，减速器箱无裂纹，必要时可更换半轴油封及箱体涂胶处理，驱动电机与减速器花键轴间隙常规检查，检查轮边减速器工作情况		
41	冷却系统	冷却水泵	水泵工作正常，冷却管路无气阻，冷却液冰点低于 −35℃		
42		散热器	散热器无泄漏，冷凝器与散热器之间无异物		
43	电动车窗后视镜	车辆电动门窗系统	电动门窗升降功能正常，后风窗玻璃加热功能正常，刮水器系统正常，刮水器洗涤系统正常		
44		后视镜	电动后视镜调节功能正常，后视镜加热功能正常		

填表要求：

对于有数值范围要求的检查项，需要记录检查结果。

根据检查结果，判断是否合格，若合格，在最后一栏打"√"，若不合格，打"×"。

高压电气设备螺栓检紧力矩见表6-10。

表6-10　高压电气设备螺栓检紧力矩

车型	设备名称	紧固点	螺栓规格	螺栓检紧力矩 /N·m
纯电动客车	动力电池	接线端子	M8	23±2
			M10	25±2
		正负极接线盒盖	M4	2±0.5
			M5	3±0.5
		BMS	M8	23±2
			M10	25±2
		箱体	M12	80±10
			M16	190±10
	高压快断器	高压接线端子	M8	23±2
			M10	25±2
	集成式控制器	高压接线端子	M6	5±1
			M8	12±2
			M10	25±2
		控制器固定螺栓	M10	45
	驱动电机	高压接线端子	M8	12±2
			M10	22±2

本章用到的纯电动客车常用术语

1）SOC：动力电池剩余电池容量。

2）BMS：电池管理系统。

3）CAN：车辆控制器局域网络。

4）MSD：手动维护开关（快断器的一种）。

5）ECAS：电控空气悬架系统。

6）清洗：用有效的方法消除锈迹、油垢及其他污物等的作业。

7）检查：对车辆及其他部件和总成的可靠性和有效性的观察与检测。

8）补给：车用油、液不足时，根据技术要求进行添加至规定量。

9）紧固：按技术规范的规定，将机件或总成的紧固件校紧。

10）拆检：将机件或总成拆解，进行详细检查，不符合要求者，进行修复或更换。

11）润滑：零部件经过清洁或清洗后，按规定加注润滑油或润滑脂。

12）检修：根据检查结果，对不符合技术要求的部件进行修理。

13）齐全：指数量、规格和要求都符合规定。

14）更换：对车辆配件、润滑油、防冻液进行替换。

15）检测：使用仪表量具检查测量，获取数据。

16）达标：符合技术质量标准，包括达到国标、部颁标准、行业标准、通用标准、厂家出厂标准和检测标准等。

17）走合维护：新车或大修后的车第一个 1000 ～ 3000km 进行的维护。

18）视情维修：根据使用情况、检测结果确定的项目维修。

19）加强维护：在原维护级别项目上增加的一些补充维修项目及重点需加强的项目维护。

本章将详细介绍纯电动公交客车在运营过程中，仪表、底盘、动力系统等常见故障及排除方法。

第一节　纯电动公交客车常见运营故障与排除

随着纯电动汽车的快速发展，伴随而来的车辆控制技术、传感技术、CAN 总线技术也得到大量应用。纯电动汽车的总线仪表通过高清彩屏开始进入海量数据的人机交互时代，作为车辆技术状况的眼睛，仪表的各种显示内容已经成为驾驶员、维修人员日常维护、维修的重要组成部分，掌握总线仪表的读取方法是每个纯电动汽车驾驶员必须具备的驾驶技能之一。总线仪表总成由主屏显示界面和表针指示界面两大部分组成，其中表针指示界面通过刻盘指针和指示灯显示相应的仪表信息，如图 7-1 所示。

图 7-1　主屏显示界面

显示的大部分信息与传统车辆相同，主要区别是发动机转速表更改为驱动电机转速表。主屏显示界面是一个彩色液晶屏，用于显示纯电动汽车的状态、报警、数值等提示符号和文字信息，如图 7-2 和图 7-3 所示。

图 7-2　行驶时仪表信息

图 7-3　仪表指针及指示符号

仪表显示的 12 种新能源相关指示符号名称及处理方法如下。

1. 动力系统准备就绪

动力系统准备就绪指示灯如图 7-4 所示。

（1）故障原因　驻车制动阀未锁止；档位切换开关未放置在"N"位；后舱门未关闭或未关好；钥匙开关拧得太快，整车系统未完成自检；车辆动力系统故障或其他零部件故障。

（2）处理方法及步骤

1）确认驻车制动阀在锁止位置。

2）确认档位切换开关在"N"位，并且组合仪表档位显示为空档。

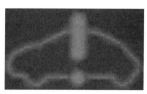

图7-4　动力系统准备就绪指示灯

3）确认后舱门已关闭，并且组合仪表上的后舱门开启警告灯未点亮。

4）按规范操作步骤重新起动车辆。

5）如果仍然无法解决，则尽快报修。

2. 纯电动故障报警/动力系统故障报警

动力系统故障报警如图7-5所示。

（1）故障原因　动力系统故障；驱动电机、电机控制器故障；其他动力系统部件故障。

图7-5　动力系统故障报警

（2）处理方法及步骤

1）靠边停车，检查仪表上的驱动电机故障灯是否点亮；如果点亮，则为驱动电机故障；如果未点亮，则为动力系统故障。

2）按规范操作步骤重新起动车辆；检查并确认仪表上是否有故障报警。如果起动正常，无故障报警，动力系统就绪指示灯点亮，则可以继续行驶；如果仍然显示纯电动故障，则尽快报修。

3. 绝缘阻值过低报警

绝缘阻值过低报警如图7-6所示。

（1）故障原因　整车总绝缘阻值过低；车辆高压漏电。

（2）处理方法及步骤

1）靠边停车，疏散乘客；按规范操作步骤重新起动车辆。

2）检查绝缘阻值过低警告灯是否仍然点亮。如果警告灯熄灭，则可继续行驶，到终点站后尽快报修；如果警告灯仍然点亮，则尽快报修。

图7-6　绝缘阻值过低报警

4. 动力电池故障报警

动力电池故障报警如图7-7所示。

（1）故障原因

1）动力电池电压过高、过低或差异故障。

2）动力电池温度过高、过低或差异故障。

（2）处理方法及步骤

1）检查动力电池电量SOC值。如果SOC>25%，则需要进一步检查；如果12%<SOC<25%，则车辆可低速行驶10km左右；如果SOC<12%，则必须关闭车辆高、低压电源，

图7-7　动力电池故障报警

立即报修。

2）检查单体电压值。如果单体最低电压值 <2.8V，则车辆降功率行驶，将车缓慢开回维修厂；如果单体最低电压值 <2.5V，则会切断高压，只能靠边停车，尽快报修；如果单体最低电压值 >2.8V，则需要进一步检查；如果单体最低电压值 >2.5V，检查单体最高和最低电压的压差，如果差值 >0.3V，则车辆降功率行驶，将车缓慢开回维修厂；如果差值 >0.4V，则车辆会切断高压，只能靠边停车，尽快报修；如果单体电压差值 <0.3V，则说明动力电池电压正常，需要进一步检查动力电池温度。

3）检查单体温度。如果单体最高温度 >60℃，则车辆会切断高压，只能靠边停车，关闭高、低压电源，并尽快报修；如果 55℃<动力电池最高温度 <60℃，则车辆降功率行驶，将车缓慢开回维修厂；如果 20℃<动力电池温度差异 <25℃，则车辆降功率行驶，将车缓慢开回维修厂；如果动力电池温度差异 >25℃，则车辆会切断高压，只能靠边停车，关闭高、低压电源，并尽快报修。

5. 驱动电机故障报警

驱动电机故障报警如图 7-8 所示。

（1）故障原因　驱动电机超速；驱动电机故障。

（2）处理方法及步骤

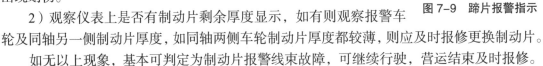

图 7-8　驱动电机故障报警

1）行驶过程中，检查驱动电机转速表。如果转速表显示电机转速过高，则松开加速踏板，或在下坡过程中，轻踩制动踏板，降低驱动电机转速即可。

2）如果转速表在正常范围，则尽快靠边停车，检查驱动电机是否能正常工作（即轻踩加速踏板，检查车辆能否前进）。如果驱动电机无法正常工作，则按规范操作步骤重新起动车辆。

3）重新起动后，检查驱动电机故障警告灯是否点亮。如果警告灯点亮，则尽快报修。

6. 蹄片报警指示

蹄片报警指示如图 7-9 所示。

（1）故障原因　制动片厚度过薄报警；制动片报警线束故障。

（2）处理方法及步骤

1）观察报警车轮是否存在制动发卡、不回位，以及制动盘是否出现划伤。

图 7-9　蹄片报警指示

2）观察仪表上是否有制动片剩余厚度显示，如有则观察报警车轮及同轴另一侧制动片厚度，如同轴两侧车轮制动片厚度都较薄，则应及时报修更换制动片。

如无以上现象，基本可判定为制动片报警线束故障，可继续行驶，营运结束及时报修。

7. 驱动功率限制故障报警

驱动功率限制故障报警如图 7-10 所示。

（1）故障原因　动力电池电量过低；动力电池温度过高；电路系统有故障，需要降低功率以保证车辆相关部件的正常工作。

（2）处理方法及步骤

图 7-10　驱动功率限制故障报警

1）检查动力电池电量 SOC 值。如果 SOC<25%，则车辆应尽快就近找充电站充电；如果 SOC>25%，则需检查动力电池温度。

2）如果单体最高温度 >60℃，则靠边停车，切断高压电源，并尽快报修；如果 55℃ < 动力电池最高温度 <60℃，则车辆降功率行驶，将车缓慢开回维修厂，并尽快报修。

3）如果电池温度正常，则需要检查电机及其控制系统，检查电机温度是否正常，必要时读取故障码，根据具体的故障码采取相应维修措施。

8．舱温报警指示

舱温报警指示如图 7-11 所示。

（1）故障原因 动力电池舱温度异常；后控制器舱温度异常；热管理器舱温度异常。

图 7-11 舱温报警指示

（2）处理方法及步骤

1）观察仪表上电池温度、电机温度、电控温度是否异常或有其他高压部件温度异常报警。

2）打开后舱及侧舱，观察高压线束及高压部件是否有烧蚀、烟雾、明火。

3）如无以上现象，可断电重启，如果舱温报警指示灯不再点亮，可继续行驶。重启后舱温报警指示灯仍然点亮，应及时报修。

9．驱动电机性能下降报警

驱动电机性能下降报警如图 7-12 所示。

（1）故障原因 动力电池一般故障；驱动电机一般故障。

（2）处理方法及步骤

图 7-12 驱动电机性能下降报警

1）靠边停车，检查动力电池荷电状态指示灯是否点亮，如果点亮，则检查动力电池电量 SOC 值。如果 SOC>25%，则需要进一步检查；如果 12%<SOC<25%，则车辆可低速行驶 10km 左右；如果 SOC<12%，则必须关闭车辆高、低压电源，立即报修。

2）检查动力电池故障警告灯是否点亮。如果点亮，则按动力电池故障检修程序进行检修。

3）如果动力电池故障警告灯未点亮，则进一步检查驱动电机及其控制系统，检查驱动电机温度是否正常。

4）检查驱动电机转动阻力大小、有无机械故障。

5）上述检查均正常时，按规范操作步骤重新起动车辆。

6）检查驱动电机性能警告灯是否仍然点亮。如果警告灯仍点亮，则可继续缓慢行驶至终点站或维修厂进行报修。

10．胎压报警

胎压报警如图 7-13 所示。

（1）故障原因 轮胎气压过低；胎压监测系统故障。

（2）处理方法及步骤

1）观察仪表或者胎压控制器界面，查看各轮胎胎压数据，是否

图 7-13 胎压报警

存在胎压数据显示异常，再择机靠边停车观察轮胎实际是否存在缺气或漏气现象，若缺气或漏气，及时报修路救。

2）如无以上现象，基本为胎压监测系统故障，可继续行驶，营运结束及时报修。

11．电动空压机辅助控制器 DC/AC 故障报警

电动空压机辅助控制器 DC/AC 故障报警如图 7-14 所示。

（1）故障原因　电动空压机辅助控制器 DC/AC 故障。

（2）处理方法及步骤

1）检查气压表读数是否在 0.6MPa 以上，且气压过低警告灯是否点亮。

图7-14　电动空压机辅助控制器 DC/AC 故障报警

2）如果气压表读数在 0.6MPa 以下，且气压过低警告灯已经点亮，则按规范操作步骤重新起动车辆；重新起动后，检查 DC/AC 故障警告灯是否仍然点亮，电动空压机是否开始工作打气。如果仍然点亮，并且空压机不工作，则尽快报修；如果警告灯熄灭，空压机开始打气，则可继续行驶，到终点站后尽快报修。

3）如果气压表读数在 0.6MPa 以上，且气压过低警告灯未点亮，则先踩几次制动踏板，将气压表读数降低至 0.6MPa 以下，检查电动空压机是否开始工作。如果电动空压机正常工作，气压可上升至 0.6MPa 以上，则为信号误报警，可继续行驶，到终点站后尽快报修；如果电动空压机不工作，则按照以上第 2）步进行操作。

12. 冷却液液位低报警

冷却液液位低报警如图 7-15 所示。

（1）故障原因　后舱内的膨胀水箱缺冷却液；后舱内的膨胀水箱液位传感器损坏。

图7-15　冷却液液位低报警

（2）处理方法及步骤

1）检查仪表上的冷却液温度过高和电机过热警告灯是否点亮。如果有报警或指示灯点亮，则尽快报修。

2）如果仅有冷却液液位低警告灯点亮，则打开后舱门，检查膨胀水箱冷却液液位，如果泄漏，则必须停车，尽快报修。

3）如果膨胀水箱冷却液正常，则为液位传感器故障，可继续行驶，并尽快报修。

新能源汽车仪表新增的部分显示的是驾驶员、维修人员必须掌握的电池、电机、电控三大核心电器的信息，是确保车辆正常安全行驶的基础，认识与了解纯电动汽车的工作原理、基本构造和总线仪表，会对我们日常工作中的例行维护和安全行车提供有益的帮助。

第二节　纯电动公交客车底盘常见故障与排除

纯电动客车底盘常见故障与传统客车底盘类似，一般在转向、减速器、板簧、驱动桥、防抱死制动系统传感器等几个方面故障较多，下面将分别予以介绍。

一、纯电动车辆转向沉重问题处理案例

1. 问题描述

某型纯电动车辆，行驶里程 570km，客户反馈该批车辆普遍存在转向沉重、方向回正性差的典型问题。

2. 故障现象

新车转向沉重，不回位。

3. 车辆配置信息

转向器：某型转向器总成。

4. 问题分析与诊断

经现场查看，转向垂臂与转向中间轴之间存在摩擦，临时在中间加一个垫片后，问题消失。经核实图样，应在转向垂臂与转向中间轴之间安装一个 3mm 的垫片，如图 7-16 所示。

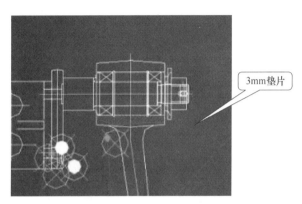

图 7-16　转向垂臂调整图样

经落实，车辆未安装此垫片，增加垫片后问题解决。

二、纯电动车辆主减速器噪声大问题处理案例

1. 问题描述

某型纯电动车辆，车辆行驶过程中后桥异响严重，影响驾驶员和乘客的感受，更换 6 个加强型主减速器运行一段时间后，有 3 台车反馈又出现异响。

2. 故障现象

车辆加速的时候后桥部位发出比较大的"嗡嗡"声，拆检主减速器后发现有打齿、齿面磨损、轴承异常磨损等情况。

3. 车辆配置信息

后桥：后桥总成（某型 6T/ABS/ 隆中 /6.33/ 精磨）。

4. 问题分析与诊断

主减速器异响问题，前期更换过两次旧主减速器总成，问题未解决。经现场试车，车辆加速至 20km/h 时，后桥部位就传出来比较明显的连续"嗡嗡"的响声，速度越高越明显，此时如果制动或者松加速踏板，则响声消失。

原地检查车辆悬架、传动轴、悬置部分，无异常情况，拆除半轴试车，异响无变化，拆除传动轴后，响声消失。检查电机输出凸缘，有明显松动，拆除放松螺栓后，电机凸缘能够直接用手拿下来，协调电机厂家人员现场增加垫片，涂胶后试车，声音无明显变化。拆检主减速器后发现主从动齿轮齿面已经磨损，差速器轴承外圈两侧有异常磨损，如图 7-17 所示。

与另外一台车辆对调主减速器后，该车响声消失，原来不响的车辆出现异响。

经现场拆检发现，差速器轴承散架、主从动齿轮打齿损坏、限位螺栓磨损，如图 7-18 所示。

a）齿面磨损情况　　　　b）差速器轴承外圈两侧磨损

图 7-17　主减速器损坏情况

a）差速器轴承散架　　　b）主动齿轮打齿损坏　　　c）限位螺栓磨损

图 7-18　主减速器故障

换装无异响车辆原装主减速器，异响故障消除，且运行 20 天主减速器异响故障未再现，排除整车传动轴夹角不合适或动力输入波动等原因造成主减速器异响；支撑销未磨损，也进一步说明主减速器受力正常。

齿面异常磨损表现为滑移磨损，正反面均有磨损，符合齿轮啮合润滑不良导致的滑移磨损；初步推断为润滑油黏度低，油品品质有问题导致齿面异常磨损，造成主减速器异响。

综上所述，故障车辆主减速器异响可能为所用齿轮润滑油油品品质差、黏度低，无法对齿轮进行有效润滑导致。

5．问题处理措施

更换加强型主减速器总成，同时添加原厂要求的 GL-5 85W/90 型齿轮油。

三、驱动桥异响问题处理

1．问题背景

客车驱动桥异响的表现形式多种多样，处理方法因异响原因不同而方法众多。为了进一步提高市场处理驱动桥异响问题的技能，针对典型驱动桥异响问题进行汇总分析，以提升对驱动桥异响问题的处理能力，提高客户服务满意度。

2. 驱动桥构成介绍

驱动桥主要由主减速器总成、半轴、桥壳、轴承、制动器总成等组成，主要功能是将转矩传递给驱动车轮。

3. 驱动桥异响的特点

驱动桥异响，是指车辆在运行过程中，驱动桥部位传出来的异常声音，与正常车辆起步轻微响声和行驶中低沉的"嗡嗡"声不同，有加速"嗡嗡"响和滑行"嗡嗡"响等异常响声，且比较明显；能够在车辆后部同发动机声音与驱动电机声音区别开来，是比较明显的齿轮异常啮合传动的声音。

如果驱动桥总成零部件不合乎规格、质量不高，装配时安装和调整不当，在使用中轴承松旷、损坏，齿轮啮合不良、齿面损伤，减速器壳体、桥壳变形等，就会使汽车在起步、加速及行驶时产生不同特征的响声。这些响声有的在加油时严重，有的在收油时严重，有的响声较均匀，有的响声不均匀，但它们的共同特点如下：车辆原地和实际路况运行中表现有差异；不同的车速、发动机转速、档位下，异响表现不同；滑行、加速、匀速行驶时，异响表现也不同。

4. 驱动桥异响的控制要求

（1）GB 7258—2017《机动车运行安全技术条件》该标准要求汽车（低速汽车除外）驾驶员耳旁噪声声级应小于或等于90dB（A）。

（2）企业标准控制要求（某型后桥总成供货技术条件要求）后桥总成噪声应符合经规定程序批准的图样及技术协议的要求，当图样及技术协议中未说明时，应满足以下要求：主从动齿轮为精磨齿时，噪声应不大于80dB；主从动齿轮为研磨齿时，噪声应不大于83dB，试验方法按QC/T 533—2020《商用车驱动桥总成》执行。

5. 驱动桥异响因素及对应处理措施

造成驱动桥异响的主要原因及处理措施见表7-1。

表7-1 驱动桥异响的主要原因及处理措施

原因分析	判断依据	处理措施	备注说明
主减速器总成内部零部件损坏或齿轮磨损严重，轴承失效	拆检主减速器总成	更换磨损及损坏件	
主锥轴承预紧力过大或过小	协调供应商检测	重新紧固	
主从动齿轮间隙过大或过小	千分表检测	调整间隙至技术要求值	控制要求：0.2～0.45mm
主减速器齿轮共振	个性问题，在一定车速、档位、转速区间有异响	调整主减速比	影响车辆动力性
轮毂轴承失效	拆检轮毂轴承，不允许有麻点、锈蚀、缺油等情况	更换轮毂轴承	
动力线夹角不符合技术要求	测量动力线夹角	增加垫片或者更换不同厚度的悬置胶垫	
离合器减振效果差	车辆加速、上坡时异响，匀速、滑行时不明显	更换低刚度离合器	

（续）

原因分析	判断依据	处理措施	备注说明
传动系统共振	个性问题，在一定车速、档位、转速区间有异响	调整主减速比，刷新发动机数据，更换低刚度离合器	
发动机本身故障	读取发动机数据，分析数据	检修发动机	
新能源控制程序故障	打开冰雪模式，有明显变化	协调新能源技术部刷新程序	
驱动电机输出法兰间隙过大	锁紧螺母松动，或者松开锁紧螺母后用手晃动凸缘	协调驱动电机厂家处理	
缓速器安装不当	检查缓速器安装状态是否符合图样要求	重新按照图样要求安装缓速器	
未按照维护要求更换齿轮油	齿轮油少、变质等	更换齿轮油	
客户感受问题	同批车表现相同，其他客户未反馈，此客户反馈	沟通解释	

6. 市场驱动桥异响问题处理流程

1）根据初步检查情况，对问题进行分析。

2）参考案例处理措施，对问题车辆进行处理。

3）通过上述方法仍不能解决问题，联系技术人员处理。

四、纯电动车辆底盘板簧异响问题处理案例

1. 问题描述

某型纯电动车辆底盘异响比较严重，近期响声越来越大，且反馈车辆越来越多，属于批次性问题。

2. 故障现象

后板簧异响。

3. 车辆配置信息

悬架：前三后四板簧悬架，前橡胶衬套，后金属衬套。

4. 问题分析与诊断

经查，车辆主要表现在平路上板簧"咯吱咯吱"响，前板簧不明显，颠簸路面不明显，经市场拆检板簧销，发现后板簧销润滑不良，如图 7-19 所示。对后板簧销重新润滑后，异响消失。

图 7-19　后板簧销润滑情况

综上分析，板簧销润滑不良，会导致车辆运行一段时间后板簧异响。

五、纯电动车辆 ABS 报故障问题处理案例

1. 问题描述

某型纯电动车辆先后频繁出现 ABS 故障灯亮。

2. 故障现象

车辆 ABS 报故障，ABS 锁死。

3. 车辆配置信息

1）前轴：4.2T，ABS，19.5，左舵。

2）后桥：6T/ABS/ 隆中 /6.33/ 精磨。

3）ABS：WABCO。

4. 问题分析与诊断

ASB 故障一般是 ABS 动态监测到多次轮速传感器动态信号输入间歇或持续故障，但这种故障在静态时无法检测，仅能在车辆行驶中检测该故障，并且 ECU 不断对检测到的故障次数进行累计。该故障出现时，将影响动态车速计算和相应车轮的滑移率计算。该故障会对 ABS 控制产生相应风险。随着次数的累加，系统会对 ABS 功能加以限制，具体情况如下：

1）为了保证 ABS 正常、可靠地运行，ABS 开发时设置了闪码代码为 3 ～ 7 的故障模式，并依据故障影响和累计次数进行报警和功能限制。故障次数累计的系统安全设置如下：

① 故障累计次数在 50 次以下时：若系统不处在间歇故障时，ABS 正常；若系统处在该间歇故障时，系统处于跛行控制模式下，同时，ABS 故障指示灯在该故障出现时才点亮。

② 故障累计次数在 50 次以上，100 次以下时：当该故障累计次数达到 50 次以上，系统判定此故障为常态故障，ABS 故障指示灯常亮，提醒驾驶员要及时进站维修。ABS 进入常态故障模式状态，系统处于跛行控制模式下，无法再使用闪码诊断将故障清除，必须采用诊断仪才能清除故障。

③ 故障累计次数在 100 次以上（系统累计计数最大存储为 127，超过 127 次以上，显示 127）时：此故障影响车速和该车轮的滑移率计算，影响行车制动安全，且在系统长时间报警（故障指示灯常亮）提醒下，没有得到有效维修和解决，系统强制关闭 ABS，不再进行任何调节。此时诊断设备上显示的失效次数为非准确计数，大于 127 次不再继续累加，必须尽快解决根本问题。这时只能使用诊断仪方能清除故障，并重新激活 ABS 功能。若根本原因没有解决，只是清除故障并重新激活 ECU 或更换 ECU，一段时间后，问题还会复现。

2）在车辆行驶过程中，ABS 动态监测到传感器故障，并不断累计，其根本原因可能是如下问题导致：传感器间隙过大；传感器信号不正常；传感器频率偏高；传感器固定不牢固；齿圈变形或歪斜。

ABS 传感器中心是永磁体，外部是线圈，环绕线圈的磁力线被旋转运动的齿圈切割产生交流电压，频率和车轮速度成比例；其阻值 1100 ～ 1250Ω，与环境温度有关。感应电压与传感器和齿圈之间的间隙成反比，与齿圈直径成正比，与轮速成正比；当齿圈与传感器的安装间隙为 0.7mm 时，对应的感应电压约 110mV。

一般情况下，车辆前后桥齿圈均为 100 齿。当 ECU 设置与实车相同时，不需要继续调整参数设置。安装时先将衬套装入夹持体，然后传感器涂上润滑脂，装入衬套，再用力推动传感器使齿圈与传感器之间的间隙符合安装要求；若通过调整传感器间隙或重新激活 ECU 仍不能解决问题的，可采取对 ABS 传感器支架焊接加强筋的方式，然后再调整齿圈与传感器之间的间隙。

第三节 纯电动公交客车动力系统常见故障与排除

一、纯电动客车报加速/制动踏板断线故障处理案例

1. 问题描述

某型纯电动客车近期偶发性踩加速踏板不走，后台报加速/制动踏板断线故障。

2. 车辆配置信息

1）仪表：CAN 仪表。

2）电机：50kW 电机。

3）控制器：集成式电机控制器。

4）制动踏板：吊挂式制动踏板。

3. 问题分析与诊断

经查，此故障控制逻辑为当检测到加速/制动踏板硬线电压低于 0.05V 时，延迟 200ms 报故障。

测量加速踏板开关量信号，不踩加速踏板时 U0-09 为 10.1V，踩下加速踏板后为 0.1V，正常。

测量制动踏板开关量信号，不踩制动踏板时 U0-10 为 7.2V，踩下制动踏板后为 0V，制动踏板信号为高有效，此时踩下制动踏板，信号不正常，重点检查。

该车制动线路走向为：主线束制动灯开关 58 经主线束（58）与新能源电控线束（H34）对接插件第 5 孔对接，H34 一路进整车控制器 CN2.7，一路进制动继电器。制动继电器输出 H35 高电平，一路进五合一控制器 35PIN30 管脚，一路经新能源电控线束（H35）与主线束（57）对接插件对接，供制动灯、行车记录仪等用电设备使用，如图 7-20 所示。

当检测到制动继电器时，发现继电器内部锈蚀，处理后试车正常。

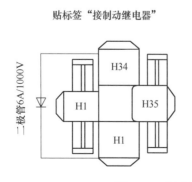

图 7-20 继电器内部锈蚀情况

4. 问题处理措施

对制动继电器锈蚀点清理后问题得到解决。

5. 其他

此案例中制动控制为常见的一种，其他常见吊挂式制动踏板制动控制原理如图 7-21a 所示，坐地式制动踏板制动控制原理如图 7-21b 所示。

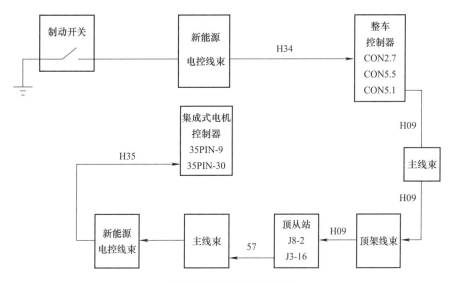

a）吊挂式制动踏板制动控制原理

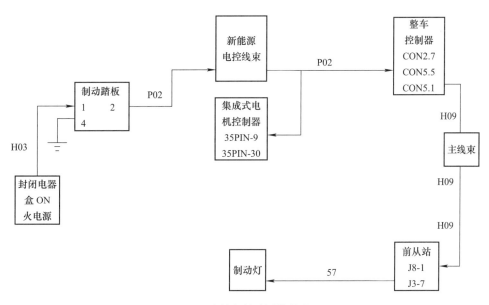

b）坐地式制动踏板制动控制原理

图 7-21　制动控制原理

二、纯电动客车偶尔踩加速踏板不走故障处理案例

1. 问题描述

某型纯电动客车多次出现制动灯亮，车辆踩加速踏板不走车，经检查发现：

1）制动灯亮的时候制动模拟量（P02）为2V（大于0.7V有效），拔下制动踏板上的插件，故障依旧出现，使用汇川诊断面板测量U0-10制动踏板模拟量电压为2V，排除制动踏板问题。

2）将五合一控制器35孔插件的第9孔的P02号线拔出，故障依旧。

3）更换正常车辆的五合一控制器，车辆继续出现踩加速踏板不走情况，使用诊断面板测量U0-10制动踏板模拟量电压为0.52V，踩制动踏板时为4V。故障时，加速踏板开关量不踩的时候为0.26V，踩的时候仍为0.26V，加速踏板开关量电压值无变化（正常的时候不踩加速踏板开关量的电压为10.26V）。

4）车辆故障时电子风扇全速运转，拔下冷却风扇控制器CAN线后，五合一控制器高压下电，重新插上后自动恢复，同时对全车的地线进行打磨，并对整车控制器涉及的地线分别引线外接搭铁，车辆故障依旧存在。

2. 车辆配置信息

1）纯电动客车整车控制线束。

2）纯电动客车电机旋变线束。

3）整车控制器（JYD-HCU201），必要时需标定。

4）电机控制器。

5）CAN总线及组合仪表及CAN总线控制系统。

3. 问题分析与诊断

故障车辆踩加速踏板不走车，仪表上制动信号有效，如图7-22和图7-23所示。

图7-22　仪表制动灯常亮

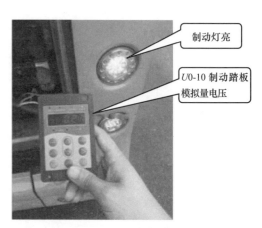

图7-23　制动灯常亮、软件显示制动踏板信号电压

根据整车控制策略，制动电压小于0.5V以下，制动踏板的开度都为0%，但是通过上位机软件检测发现故障时的制动踏板开度为30%左右，更换整车控制器后故障依旧存在；随后查询近期后台故障报警明细为加速踏板超限报警，报警机制是加速踏板电压>5V，持续1s。

4. 问题处理过程

根据以上故障初步判断为整车控制器搭铁不良，经检查，新能源电控线束固定搭铁线的位置松动，重新更换搭铁固定点后试车正常，如图 7-24 所示。

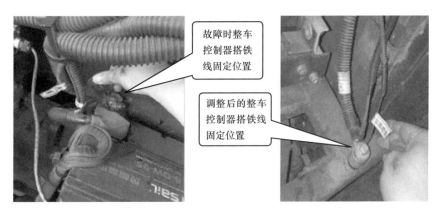

故障时整车控制器搭铁线固定位置

调整后的整车控制器搭铁线固定位置

图 7-24　整车控制器搭铁线

5. 问题处理措施

更换新能源电控线束搭铁线固定位置，选择可靠的位置固定。

三、纯电动客车电机控制器高温故障处理案例

1. 问题描述

某型纯电动客车在运行过程中，出现踩加速踏板不走车情况，现场对车辆进行排查，发现电机控制器系统高温，电机控制器上"主电机故障"指示灯常亮，通过控制器检测面板检测显示控制器系统报"控制器过温"故障。经实际检测，当控制器温度超过 93℃即报控制器过温故障，当控制器温度低于 83℃时故障自动清除。

2. 问题分析与诊断

出现电机控制器高温问题，可以根据故障现象进行初步判断与分析：

1）车辆开始运行的过程中，车辆正常，随着运行时间的增加，出现车辆动力不足，过一段时间后车辆踩加速踏板不走，可以初步判断为电机控制器冷却系统问题，如：①冷却水泵不工作或间隙性工作，水泵流量不足；②电机冷却风扇不工作；③电机冷却水路有堵塞；④控制器内部温度参数设置不合理。

2）打开点火钥匙后，车辆不显示任何故障，踩加速踏板不走车，可以通过诊断面板查看控制器温度是否大于 83℃，如大于 83℃则可判断为电机控制器内部问题。

3. 问题处理过程

车辆出现踩加速踏板不走时，首先观察电机控制器，控制器上"主电机故障"指示灯常亮，如图 7-25 所示。

连接诊断面板后，面板显示为"ER0014"，如图 7-26 所示。

通过诊断面板查看 U3-00 控制器温度，显示为 100℃，如图 7-27 所示。

通过以上检查可以初步判断为驱动电机控制器内部问题，现场也可以通过触摸电机控制器进水管来判断。如果控制器进水管烫手，则可以判断为外围水路问题；如果控制器进水

管不热，则可以直接判断为电机控制器内部故障，可以根据现场情况对电机控制器进行处理。

图7-25　电机控制器故障灯　　　图7-26　连接诊断面板　　　图7-27　软件显示控制器温度

控制器温度控制逻辑为温度超过93℃就会报过温故障，温度低于83℃故障复位。首先将整车高压、低压全部下电，拔掉驱动板J5端子，检测TEMP1 N/TEMP2 N/TEMP3 N的阻值，阻值对应关系见表7-2，J5端子位置如图7-28所示。

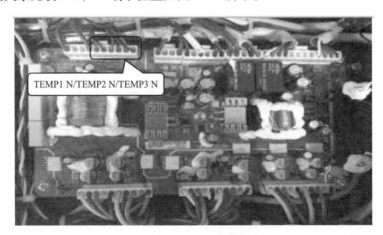

图7-28　控制器内部驱动板

表7-2　电机控制器温度传感器对应阻值

温度/℃	-40	-36	-32	-28	-24	-20	-16	-12	-8	-4
电阻/kΩ	102	82	66	53	43	35	29	24	20	17
温度/℃	0	4	8	12	16	20	24	28	32	36
电阻/kΩ	14	12	10	8	7	6	5	4.5	4	3
温度/℃	40	44	48	52	56	60	64	68	72	76
电阻/kΩ	3	2.5	2.2	1.9	1.7	1.5	1.3	1.2	1.0	0.9
温度/℃	80	84	88	92	96	100	104	108	112	116
电阻/kΩ	0.8	0.7	0.65	0.60	0.55	0.49	0.44	0.40	0.36	0.33

打开集成控制器，检查三组温敏电阻阻值，都为3kΩ左右，对应的温度为40℃左右，可以判断电机控制器内部的温度传感器正常。由于控制器温度通过主驱动板采样，在通过控制器解析后，计算出控制器的温度，先更换驱动电机驱动板测试车辆运行是否正常，如不正常，再更换控制板。

4．问题处理措施

1）检测阻值没有异常，说明模块内部NTC没有异常。

2）更换驱动板后，如果更换后温度恢复正常，再把失效的驱动板更换回来做交叉验证。

3）更换驱动板温度显示还是异常，则更换控制板。

四、某型纯电动客车辆偶尔报旋变故障处理案例

1．问题描述

某型纯电动客车偶尔报旋变故障，车辆无法行驶，将电机控制器下电，重新上电后故障消失，检查车辆旋变线束，更换电机内部的控制板，故障仍偶发性出现。

2．车辆配置信息

驱动电机；集成式电机控制器；新能源电控线束；新能源旋变线束：底盘旋变线束。

3．问题分析与诊断

车辆刚进入市场出现该问题，初步判断故障原因有以下几点：

1）新能源旋变线束控制器端（图7-29）、电机端（图7-30）航空插件未插接到位、松动、未锁止到位、端子有扩孔。

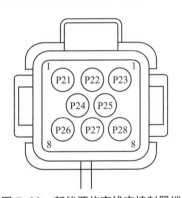

图7-29　新能源旋变线束控制器端

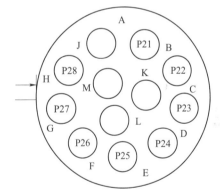

图7-30　新能源旋变线束电机端

2）检查新能源旋变线束：

① 将电机控制器端插件拔掉，用万用表测量P21/P22/P23/P24/P27/P28对地是否短路。

② 核对电机控制器端的P21/P22/P23/P24/P27/P28和电机端的线束插针位置是否正确。

③ 将电机控制器端插件拔掉，使用万用表测量（P21/P22）、（P23/P24）、（P27/P28）每组之间是否短路。

④ 将电机控制器端插件拔掉，使用500V兆欧表测量P21/P22/P23/P24/P27/P28对车身绝缘电阻是否大于250MΩ。

3）使用诊断面板检查电机的电角度标定是否为265°±1°。

4）将电机控制器端插件拔掉，测量旋变各组阻值是否符合标准（表7-3）。

表 7-3　电机旋变各组阻值

管脚	颜色	输入 / 输出	功能定义	阻值 /Ω	备注
A	黄色	输出	旋变反馈绕组正弦信号 sin-P	26±2	与电机连接端温度传感器接两组，一组留作备用
B	绿色	输出	旋变反馈绕组正弦信号 sin-N		
C	白色	输入	旋变反馈绕组余弦信号 cos-P	28±2	
D	蓝色	输入	旋变反馈绕组余弦信号 cos-N		
E		输入	温度检测输入端 PT+	100	
F		输入	温度检测输入端 PT-		
G	黑色	输入	旋变励磁信号 EXC-N	9±1	
H	红色	输入	旋变励磁信号 EXC-P		
J		输入	温度检测输入端 PT+		
K		输入	温度检测输入端 PT-		

5）测量电机的旋变变压变比是否为 0.286，具体测量的方法如下：

① 整车供低压电情况下，万用表打到交流电压档，分别测量 PIN1-2、PIN3-4、PIN7-8 之间的电压值，测试第 1 组数据，分别令测试数值为 B_1、C_1、A_1，则电机的旋变变比为

$$n_1 = \frac{\sqrt{B_1^2 + C_1^2}}{A_1}$$

② 将车辆挪动一点距离（车辆可以行驶的情况下，向前行驶 20cm 即可；车辆不可以行驶时，人工推动车辆移动 20cm；如果车辆被架起，将后轮转动 1/4 圈左右），按照上述测试方法再测试 2 ~ 4 组数据，并计算旋变变比，去除有明显测量误差的数值，并求平均值，得到旋变变比实测值。

③ 按照下面的公式逐个计算旋变变比的偏差

旋变变比偏差 =（旋变变比实测值 - 旋变变比理论值）/ 旋变变比理论值 ×100%

当旋变变比偏差的绝对值 <20% 时，电机旋变正常；当旋变变比偏差的绝对值 ≥ 20% 时，说明电机旋变异常。

4. 问题处理过程

1）根据车辆故障原因，现场对车辆进行排查，P21/P22 之间的电阻为 25Ω，P23/P24 之间的电阻为 27Ω，P27/P28 之间的电阻为 12Ω，电阻正常。

2）将电控控制器端的旋变插件打开，发现旋变线束的励磁线（8 孔）的端子扩孔，如图 7-31 所示。

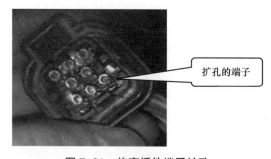

扩孔的端子

图 7-31　旋变插件端子扩孔

5. 问题处理措施

现场更换旋变线束，车辆运行后正常。

五、某型纯电动客车五合一控制器高压上电异常处理案例

1. 问题描述

某型纯电动客车，车辆运行时间将近一年，出现车辆上电后，拧钥匙无法进入READY，一直处于STOP状态。

2. 车辆配置信息

1）整车控制器：HCU101，YTEV，2103-01084。

2）五合一控制器：钣金式电机控制器2100-00434。

3）驱动电机：驱动电机2100-00421。

3. 问题分析与诊断

1）实车上电后，车辆一直在STOP状态，拧钥匙无法进入READY。检查五合一控制器，低压供电正常，高压供电灯一直闪烁，其他故障灯均不亮。根据指示灯说明初步判定为五合一高压回路中接触器未正常闭合，但是缓冲回路电压检测正常。

集成电机控制器指示灯，主要涉及4个部件：驱动电机电子元件控制模板（TM）控制器、空压机控制器、DC/DC变换器、转向控制器。当低压供电正常时，低压指示灯点亮；在高压大于36V且主接触器未完成吸合时，高压指示等闪亮；当主接触器吸合、高压上电完成后，高压指示灯常亮。当TM控制器方式故障时，TM故障灯点亮；当空压机控制器发生故障时，空压机故障灯点亮；当DC/DC变换器发生故障时，DC/DC变换器故障灯点亮；当转向控制器发生故障时，转向故障灯点亮。

查看控制器高压上电控制原理图，主接触器和电附件接触器以及缓冲回路都受主电机控制板（MCU）控制，如图7-32所示。

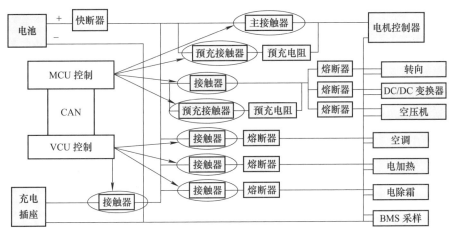

图7-32　钣金件五合一控制器控制原理

2）使用检测面板查看接触器状态，U0-91为1010，该参数定义为：个位——主电机回路缓冲，十位——电附件回路缓冲，百位——电附件主接状态，千位——主电机主接状态。即车辆主接触器完成缓冲，主接吸合；电附件接触器一直在缓冲且电附件接触器未吸合。

因此怀疑是电附件的缓冲电路故障。

3）拆开五合一控制器，检查电附件缓冲电阻，阻值103Ω，阻值正常。检查缓冲接触器正常；检测电附件接触器，发现该接触器粘连，但是更换电附件接触器后车辆依然异常。

4）进一步查找故障原因。五合一控制器电附件高压回路（图7-34）上电逻辑：上电时，VCU给TM发送指令3（待机），TM控制板吸合缓冲接触器KM4（4号继电器），紧接着助力转向的电子元件R3开始进行上电缓冲，待电压稳定后（母线电压大于400V且dv/dt不变化），助力转向控制器的性能底层吸合接触器KM5（5号继电器，可通过EPS的参数U0-82查看，1代表吸合，0代表未吸合）。KM5吸合后，此时助力转向的驱动板高压上电正常，驱动板会把高压电转换为24V供电给助力转向的控制板，助力转向控制板通过一个内部交互的CAN报文（ID：0x18FF2A13），将KM5的吸合状态告知TM控制板，此时TM控制板控制接触器KM3闭合，延迟1s后断开KM4并向VCU反馈指令3（待机），即完成电附件回路上电。

综上所述，车辆电附件接触器粘连，接触器后端电压为高压状态，由于转向熔丝熔断，转向助力驱动板不能给转向助力控制板转换低压供电电源，交互报文无法发送。因此主电机控制器一直让电附件缓冲电路在缓冲状态，无法按照判定条件闭合电附件接触器，高压灯一直闪烁，未反馈整车VCU高压上电完成状态。

4. 问题处理措施

更换缓冲继电器和转向助力高压熔丝，如图7-33所示。

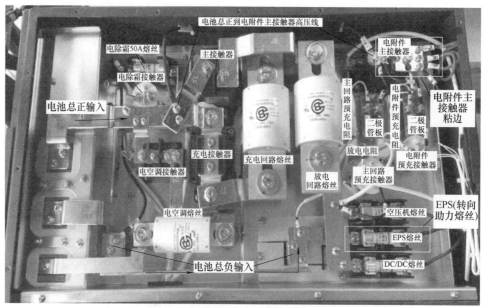

图7-33　电附件主接触器及转向助力高压熔丝位置（见彩插）

六、某型纯电动客车五合一控制器高低压均不上电处理案例

1. 问题描述

某型纯电动客车反映车辆无法充电，经处理后，再次出现高压无法上电。

2. 车辆配置信息

动力电池系统：某型电源系统，10m，1C，10C。

3. 问题分析与诊断

1）客户反馈车辆无法充电，充电机报电池通信故障，某动力电池厂家到现场检查，主控板（BMU）、从控板（LMU）24V 供电正常，但 4 号电池箱数据无法读取，确定 4 号电箱的 LMU 出现问题，更换后车辆能够正常充电。

2）起动车辆，车辆无法运行，检查车辆，五合一控制器低压无法上电，测量整车控制器 H19 不输出，检查整车控制器 H01 及地线供电正常，直接给 H19 连接 24V 电源，五合一控制器低压可以正常上电，H19 线路正常，确定应为整车控制器损坏或整车控制器因保护不输出。随后将其更换到正常车辆上可以正常输出，确定 H19 不输出原因为系统保护。

3）H19 控制逻辑如图 7-34 所示。

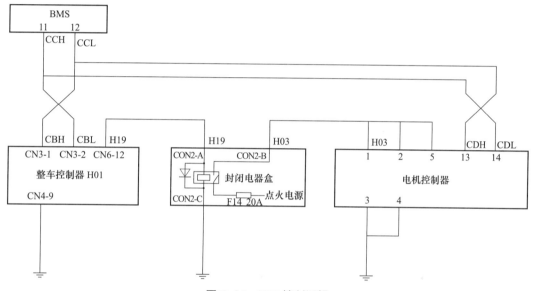

图 7-34　H19 控制逻辑

整车 ON 电源上电，整车控制器 CN6-12 孔 H19 输出 24V 高电平使能信号至封闭电器盒，控制 K5 继电器闭合，输出电源 H05 至电机控制器 1、2、5 孔，电机控制器低压上电。

整车 ON 电源断开或整车控制器检测到电池系统报故障码 8（绝缘电阻低）、13（电源系统严重故障，主要指电池欠电压或高温），或充电信号有效，使能信号 H19 断开，电机控制器低压供电断开。

因 H19 不输出出现在电池更换 LMU 后，故怀疑故障出现在电池上。因市场无某型电池检测仪，协调该动力电池售后现场测试，查找原因。

首先通过该动力电池计算机检测，发现 4 号电箱内出现温度异常，94℃（其他 30℃），超高温。拆解四号电箱发现热敏电阻线束有破皮，处理后问题解决，温度数据恢复正常。

高温故障解决后，车辆依然无法上电，通过绝缘测量电池绝缘为 0，进一步分段测量，发现 4 号箱电池绝缘异常（图 7-35），某型动力电池再次更换四号电箱 LMU，绝缘故障问题解决。整车绝缘由电池 BMU 检测，通过测量绝缘为 0，但后台监控及某型动力电池软件一开始无法读取绝缘故障，最后仪表报出，怀疑 BMU 绝缘检测异常，BMU 存在故障。

再次起动车辆，五合一控制器依然无低压电进入，通过计算机连接整车控制器检测软件（图7-36），发现整车状态为充电模式，测量充电确认信号CC2，无电压（正常为非充电状态12V，充电状态6V）。将连接BMU的通信线拔掉，五合一控制器高低压正常上电，更换BMU，重新上电试车，五合一控制器低压上电，高压上电，车辆正常运行。

图7-35　电池箱绝缘测量

图7-36　软件显示界面

4. 问题处理措施

由于电池温度检测线路短路，导致LMU击穿，同时BMU损坏，更换车辆动力电池LMU、BMU后问题得到解决。

七、某型五合一控制器偶发性报（Err0025）电机控制器处理案例

1. 问题描述

某型纯电动车辆近期出现行车过程中仪表上报"电机控制器故障"，踩加速踏板没反应；重启电源，故障消失，但不定时会再次出现，此故障一直未彻底解决。

2. 车辆配置信息

1）集成式电机控制器：五合一控制器。

2）驱动电机：永磁同步电机。

3）电源系统总成：动力电池系统148kW·h。

3. 问题分析与诊断

母线电压过电压报警机制：当驱动电机电子元件控制模板检测到母线电压高于过电压点（电压保护点），即关闭停止输出电压（根据电池电压平台确定电机控制器过电压点，图7-37所示为技术协议对过电压点的要求，实车电池标称电压为576V），并报电路过电压故障；过电压故障可自动复位，复位条件为母线电压低于过电压点−10V。

结合报警机制，对出现五合一控制器硬件过电压故障的原因进行分析：

1）五合一控制器内部的软件程序版本不正常，需查看性能软件版本号（参数DF-07）、软件版本号（参数U3-01）和产品版本号（U3-02）。

2）主接触器瞬间断开再结合，高压电压叠加，导致硬件过电压。首先查看驱动电机控制模板历史故障记录，是否存在欠电压故障和过电压故障记录。若存在过电压和欠电压故障记录，原因可能有：①动力电池的熔丝或者快断器出现松动；②整车蓄电瓶24V到五合一控制器的35PIN端子的继电器存在异常，可以把继电器短接处理；③五合一控制器35PIN端子1、3针脚存在扩孔或者松动的情况，修正端子处理；④接触器本身质量问题。

控制器过电压保护	集成控制器的直流母线电压超出设定上限值时的处理方式	1) 高电压平台（额定 614V，峰值 690V）策略，（物料号 2100-00568） 电动时：675V 正常输出，680V 限制额定功率，695V 以上 0 转矩开管； 发电时：670V 功率为 0 转矩发电，665V 恢复正常发电； 过电压点为 700V：过电压断主接触器点为710V。
		2) 平台额定 576V 或以下，峰值 657V 的策略： 电动时：650V 线性降为 0 转矩； 发电时：640V 功率为 0 转矩发电，630V 恢复正常发电； 过电压点为 685V：过电压断主接触器点为700V。

图 7-37　控制器过电压保护注解

3）旋变异常或电角度不准。当旋变异常或电角度不准时，车辆制动回馈时容易报过电压故障；需要检查旋变线束或者电机内部旋变是否有进水情况；需要检查电机电角度是否符合电机控制器参数，如电机实际电角度和电机控制器电角度不一致，则需调整电机控制器电角度参数。

4）母线电压检测电路失效。母线电压检测电路失效会导致控制器误报过电压故障，需要更换整机排除故障。

4. 问题处理过程

车辆出现的 Err0025 过电压故障为偶发性故障，根据目前的情况，现场查看如下：

首先确认五合一控制器 TM 软件版本号（U3-01=1.20、U3-02=10.213、DF-07=20.09），经确认实车控制器版本号是高于以上要求版本的，版本正常。查看实车五合一控制器历史故障数据，如图 7-38 所示。

1）图 7-38 中数字 1 的一排为对应最近五次历史故障时的电机运行频率。

2）图 7-38 中数字 2 的一排为对应最近五次历史故障时的电机转速。

3）图 7-38 中数字 3 的一排为对应最近五次历史故障时的输出电流。

4）图 7-38 中数字 4 的一排为对应最近五次历史故障时的母线电压。

5）图 7-38 中数字 5 的一排为对应最近五次历史故障时的转矩指令。

6）图 7-38 中数字 6 的一排为对应最近五次历史故障时的控制器温度。

7）图 7-38 中数字 7 的一排为对应最近五次历史故障时的 DI 状态。

8）图 7-38 中数字 8 的一排为对应最近五次历史故障时的 DO 状态。

9）图 7-38 中数字 9 的一排为对应最近五次历史故障时的累计运行时间。

实车控制器检查相关历史故障参数发现，对应故障报 Err0025（查看参数 U1-00/10/20/30/40）时，对应车辆故障时的母线电压（查看参数 U1-04/14/24/34/44）实际并没有超过过电压值，初步判定为控制器内部故障原因。

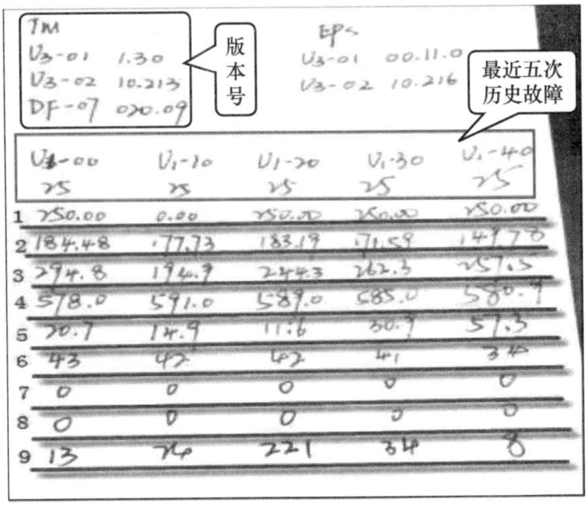

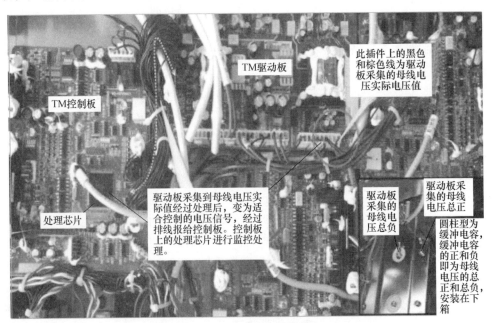

图 7-38 所测量信息参数

此车前期更换过五合一控制器，还是偶发性报出 Err0025 硬件过电压故障，五合一控制器硬件过电压为：五合一控制器内的 TM 控制板检测由驱动板上采集的母线电压实际电压值，然后经 TM 驱动板处理成适合控制板的电压信号后，由控制板上的处理芯片监控此电压值，只要超过芯片内部设定的阈值即发出断开主接触器指令；因此，五合一控制器硬件报过电压故障为控制器的处理芯片采集到电压出现瞬时变化，立刻报出故障然后断主接触器，此时软件去抓故障时的电压值有些滞后，造成故障时储存的电压值不是真实状态，而这种情况下报出的过电压故障，初步判定为母线电压在向负载输出时出现电压波动导致，电机的电能回馈或者电机上产生的反电动势导致的原因也有一定的可能性（与主接触器通断时间有关系），建议首先检查五合一控制器外部 24V 供电是否有异常，另外需检查电池熔丝或者快断器是否松动，如有松动需要重新处理快断器状态。五合一控制器内部部件如图 7-39 所示。

图 7-39 五合一内部部件（见彩插）

排查五合一控制器外部的低压 24V 供电的时候（低压供电不稳，导致五合一主回路的接触器断开又吸合），需要排查从电机控制继电器到五合一 35PIN 插件之间所有接插件的端子是否有扩孔、松动情况，如有则处理接插件端子。

检查电机旋变插接件和电机控制器是否有潮湿情况和端子扩孔情况，如有则处理端子；检查驱动电机旋转变压器定子是否有潮湿和生锈情况（需要拆开电机旋变保护盖），如有则处理；对驱动电机的电角度进行重新标定，看驱动电机实际电角度和电机控制器内的电角度参数是否一致。

如以上都正常，则需更换五合一控制器整机处理。

5. 问题处理措施

更换五合一控制器并修正电机控制器 35PIN 供电插件端子和整车电机控制继电器插件端子。

八、纯电动客车充电异常故障处理案例

1. 问题描述

某型纯电动客车在近期充电时，出现无法正常充电现象；经落实是充电底座 CC1 阻值异常，更换充电底座，试运营一天后，车辆在一个充电枪的充电桩上可以充电，但在一个桩 4 个枪的充电桩上，当其他充电枪均使用时，该车无法正常充电，把其他充电枪拔掉，只留这一台车，车辆在 4 个枪中任意一个都可以正常充电；对电池程序进行重新更新，问题仍然存在。无法充电时测量 CC1 对 PE 之间的电压为 4V，A+、A− 无 24V 电源输出，现在只有这一台出现这种情况。

2. 车辆配置信息

1）动力电池系统：标准充公交电源系统（6C）。

2）充电底座：直流充电插座（中航光电）。

3）充电桩：某型群充装置充电桩。

3. 问题分析与诊断

故障时服务人员查看现场情况，充电机未报故障，只是检查充电桩上的 A+/A− 电压一直没有输出，但是使用同一个充电枪线给其他车辆充电没有问题，基本判定充电桩的枪线没有问题，是物理连接不成功导致的故障。

4. 问题处理过程

1）检查以下位置：

① 脱开充电枪线测量充电底座上 CC1 和 PE 之间的阻值为 1kΩ，测量充电枪线上在没有按下枪头自锁按钮时的阻值为 1kΩ，按下枪头上的自锁按钮时阻值大于 1kΩ；检测枪头上的 CC1 端子到充电机控制模块上的连接点之间的线路没有断路情况。

② 连接充电枪线，充电机上电时在充电机上检测 CC1 的电压为 4V 左右；脱开充电枪线，测量充电枪线上的 CC2 和 PE 之间的阻值为 1kΩ，测量充电底座 CC2 端子至 BMS 之间的线路发现有时有电阻变大情况。

③ 连接充电枪线，充电机上电时检测充电底座上 CC2 的电压有时不在 6V 电压范围。

2）进一步检查发现充电底座上的 CC2 端子后部的线束虚接，用手轻拉线束脱出（图

7-40），将充电底座上 CC2 线与端子重新压接后，车辆充电正常。

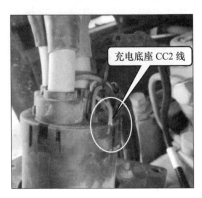

充电底座 CC2 线

图 7-40　充电底座 CC2 虚接

3）近期在其他充电站进行充电时发现，在新国标某型充电桩上可以充电，但是在老国标该型充电桩无法充电，再检查车辆时发现充电底座上的 DC+/DC- 上有高压电，电压接近电池电压，怀疑电池高压盒内的充电接触器粘连，由于现场没有充电接触器配件，与其他车辆调换动力电池高压盒后车辆正常。

根据以上故障配件更换情况，该产品老国标充电桩增加有绝缘检测功能，在做绝缘检测之前，充电桩会检测 DC+/DC- 电压，要求低于 10V，如高出此电压则充电桩会不给整车动力电池的 BMS 提供 24V 辅助电源；但是在新国标充电桩中，程序只是检测故障不做控制，因此车辆在新国标充电桩上可以正常充电，在老国标充电桩上无法正常充电。

5．问题处理措施

1）将充电底座 CC2 线和端子重新进行压接处理。

2）调换动力电池高压盒（充电接触器粘连故障）。

九、纯电动客车充电跳枪问题处理案例

1．问题描述

某型纯电动客车出现充电时未充满，自动跳枪，并且有些车辆出现插枪后，充电流程进入不到充电阶段就跳枪的现象。

2．车辆配置信息

1）动力电池系统：电源系统，8m，1C，某动力电池（96.3kW·h）。

2）充电桩：某型群充装置充电桩。

3．问题分析与诊断

初步检查车辆存在两个问题：一是车辆在充电握手阶段、参数配置阶段跳枪；二是充电过程中不定时会出现跳枪。

1）首先针对车辆在充电握手阶段、参数配置阶段跳枪，经过多次抓故障，发现充电底座在充不上电时有静电情况，并且此时采集到的报文会报出接触器粘连故障，此时 BMS 不响应充电机报文请求，沟通电池厂家的硬件工程师，电池报接触器粘连故障原理为：高压盒内部 BMU 检测电路会检测充电接触器前端的电压变化，如果前端电压在 300 ～ 600V，检测电路会报给 BMU 一个低电平信号，此时 BMS 即报出接触器粘连故障，如图 7-41 所示。

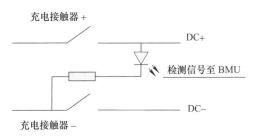

图 7-41　BMS 接触器控制图

此时检测充电底座上 DC+ 对 PE 之间有电压（300V 左右，此电压在使用万用表检测时会下降），拆开高压盒检查充电接触器没有粘连情况，此时使用电线短接整车地和 DC+ 之间发现有轻微打火情况，怀疑为静电；但是检查其他车辆发现也有一定的电压值，然后再对车辆插枪充电，车辆可以正常充电；由于故障不定时出现，在进行插枪充电多次操作后，车辆再次出现故障，此时发现充电桩也报故障，结合某型充电桩服务人员检查发现充电桩报绝缘检测异常故障，咨询该人员，充电桩在新国标充电时会对车辆进行绝缘检测，插枪后，充电桩检测 CC1 电压变化为 4V 时即开始绝缘检测，同时会给 A+A− 供 3s 的 24V 电压，绝缘检测时间大概 5s，检测两次，两次检测间隔时间大概为 5s；绝缘检测电压最高 500V；根据以上情况初步判定：充电桩绝缘检测为电压检测，在进行绝缘检测时由于同步提供辅源供电给 BMS，BMS 上电后即开始接触器粘连检测，如果两个检测同步时，会导致 BMS 报出接触器粘连故障，导致充电流程终止。解决此问题的方法为将电池接触器粘连检测步骤后移至参数配置阶段，避免两个检测同步导致故障；通过 BMS 修改程序实现。

2）针对充电过程中跳枪，根据前期报文采集发现报文有断帧情况，初步分析可能原因为充电机辅源掉电或者电池高压盒内的 DC/DC 变换器掉电导致；另外在前期充电桩处采集报文发现，故障时报文内 BMS 会首先发出 BST 终止充电报文 101956F4，如图 7-42 所示。

BMS 发送终止充电报文 BST 给充电机命令其结束充电及充电结束的原因　　　　（ID: 101956F4）。

图 7-42　BMS 终止充电报文 101956F4

按照 GB/T 27930—2015《电动汽车非车载传导式充电机与电池管理系统之间的通信协议》中的充电协议解析报文内容，未发现 BMS 报出明显故障。

BST 只是发出停机状态，然后充电机回复 CST 报文，循环几帧后，充电机统计报文然后停止充电；可以确定充电中止原因是 BMS 发出停机指令，导致充电机终止充电。

如果 BMS 未报出故障原因可能是由于此故障超出国标协议内容，需要电池厂家写一个补充程序，让此故障在报文中显示出来。故障的抓取需要实时采集报文，充电跳枪后再去采集是无法采集到故障状态的。应该让电池厂家采集器进行采集，这种情况下发现故障时，一般报出的多为断帧情况；如果未报出明显故障原因，则初步判定可能为 DC/DC 变换器断电导致，可用示波仪抓取 DC/DC 变换器断电情况。

3）经过多次抓取车辆故障和采集充电报文情况，发现在出现故障时，充电机辅助电源并没有掉电。为了验证 BMS 内的 DC/DC 变换器是否有问题，在一台车出现故障后更换新的 DC/DC 变换器，还会出现充电过程跳枪故障问题；通过采集故障时的报文，发现还是

BMS 先报出 101956F4 充电终止报文。故障原因是环路互锁故障，此时查阅 BMS 充电技术协议，发现充电时如报出环路互锁故障，BMS 则会立即停止充电。

在查看后台监控时也发现，充电时后台监控也会报环路互锁故障，并且故障时间同充电跳枪时间基本一致，判定电池报环路互锁故障是导致跳枪的主要原因。是什么原因导致 BMS 报出环路互锁故障呢？在查看充电机的充电枪线路时，发现充电枪线上有时 DC+ 对 PE 和 DC- 对 PE 有 300V 左右的高压（测量时充电桩枪线处于拔下状态），而测量 DC+ 和 DC- 之间没有电压，正常情况下，除了绝缘检测时 DC+ 对 PE 和 DC- 对 PE 有电压外，其他时间应该没有电压，因此初步判定充电桩内部控制板损坏，导致充电枪线上的绝缘检测电路偶发性出现一直开路状态；电压在充电过程中附加到充电的 DC+ 和 DC- 上，可能会影响 BMS 对高压回路的检测电压值，导致 BMS 的累加电压值和检测电压值超过 20V；当此电压值检测时间超过 5s 时，可能会导致 BMS 报出环路互锁故障，发出终止充电报文。通过协调充电机厂家更换充电机的控制板（PDU），验证出车辆不再出现环路互锁故障、形成充电终止的现象。

4．问题处理措施

1）将充电机绝缘检测时序与 BMS 接触器粘连检测时序进行调整，避免出现冲突导致充电流程不能进入充电配置阶段，造成充电中断；更新 BMS 程序实现。

2）由于某型动力电池的 BMS 检测动力电池总电压的方式是在充电过程中对电池总正对地和电池总负对地进行绝缘检测，以此计算出检测总电压（图 7-43），如果外界出现干扰，则可能会导致电压出现误差，导致 BMS 计算出的电压值异常。为保证不在充电过程中出现误报问题，要求该型动力电池厂更新 BMS 程序，调整充电过程中的环路互锁检测机制。

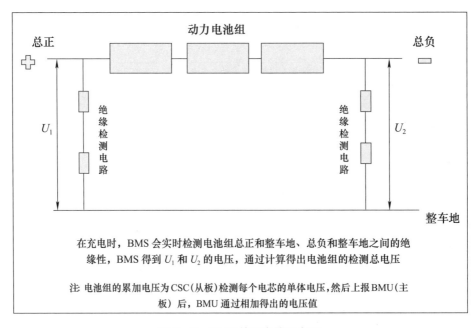

图 7-43　BMS 检测电池总电压

3）更换有故障的控制板（PDU）。

十、某型动力电池环路互锁故障处理案例

1. 问题描述

某型纯电动客车偶尔报环路互锁（244.1.11）故障，现场故障无法复现。因故障偶发性，无法定位故障部位。

2. 车辆配置信息

动力电池系统：某型电源系统，8m，1C，6C。

3. 问题分析与诊断

1）环路互锁：通过弱电信号来检测和诊断整个高压系统物理连接的完整性，如果连接不完整，则上报环路互锁故障。

2）功能

① 单支路结构：提供互锁报警预警，避免安全事故发生。

② 双支路结构：避免当其中某一支路出现故障时，另一支路单独工作，导致动力电池滥用。

3）故障判断机理：

① 电池箱/高压盒MSD硬件互锁信号异常：当MSD未安装或未插紧时，高压互锁检测信号未形成回路，BMU诊断出低电平信号发生异常，判定高压互锁故障。

② 电池组内侧总电压检测异常：BMU采样内侧总电压与电芯累加总电压做比较，当压差大于15V时，则判定为高压互锁故障。

③ 双支路电池箱系统动态电压变化异常：在一定时间内，当某支路单体的平均电压变化大于30mv，且检测到另一支路单体的平均电压变化小于5mv，则判定为高压互锁故障。

4. 问题处理过程

1）动力电池采用软件检测，不采用硬线处理，排除低压信号异常。

2）该车电池高压走线方案如图7-44所示，双支路，1、2、6箱体为一路，3、4、5箱体为一路，其中1、4箱体安装有熔丝。检查各高压连接点及MSD，无松动烧蚀现象。为避免MSD偶发松动，更换后仍报高压互锁故障，排除MSD未插紧等原因。

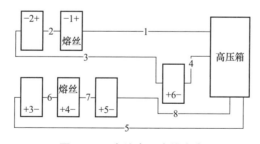

图7-44 电池高压走线方案

3）故障发生时，通过电池上位机检测，电池累计电压与检测电压一致，但BMS同时报较多其他故障，不过这些故障并非实际存在。初步怀疑BMU检测异常，故更换BMU，跟踪验证一段时间后，故障不再复现。

5. 问题处理措施

更换动力电池BMU。

十一、某型纯电动客车仪表偶尔报动力电池通信故障处理案例

1. 问题描述

某型纯电动客车车辆仪表偶尔报动力电池通信故障，SOC 为 0%，断电重启后问题解决。

2. 车辆配置信息

车辆配置：钣金件集成式电机控制器；147kW·h 动力电池系统；100kW 驱动电机。

3. 问题分析与诊断

动力电池通信故障，机制为整车控制器在 ON 档或者电池充电时连续 10s 收不到电池报文，故仪表显示 SOC 为 0%。造成这一现象的可能原因有：BMU 供电异常，导致无法与整车通信；整车 CAN 线线束异常，通信故障中存在短路或断路、干扰等可能；BMU 硬件失效。

1）针对整车供电情况，其线路及走向如图 7-45 和图 7-46 所示。非充电状态为整车供电，充电状态为充电机供电。

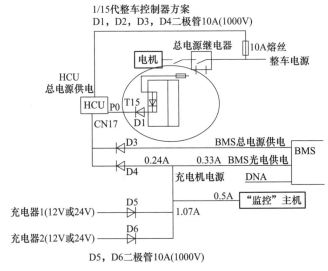

图 7-45 整车供电线路

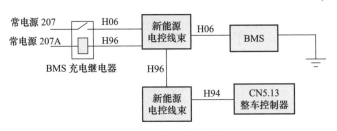

图 7-46 整车供电走向

因故障不复现，且批量报该故障，对供电怀疑较少。现场对各部件及线束对接插件检查，也未发现异常。

2）整车 CAN 网络拓扑图如图 7-47 所示：某车辆为对接当地平台监控，在行车记录仪端添加一个通信监控设备（ICARD）。经现场测量：

整车 CAN 网络电阻 60Ω、CANH2.6V、CANL2.4V，电压均正常；但整车错误帧较多，

尤其是起步加速、减速阶段。

依次拔掉该监控、ICARD、行车记录仪、风扇控制器、空调等相关部件，故障未解决，且对整车错误帧无影响。

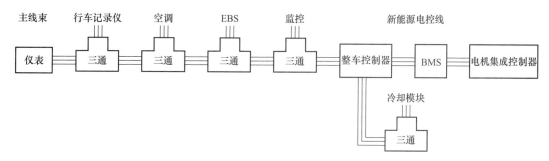

图 7-47 CAN 网络拓扑图

同时，根据管脚定义，检查整车与 BMU 之间内部线束也无异常。

3）经与某型动力电池厂共同跟车采集数据，发现该车程序为较老版本，而目前使用的最新版本未出现问题。

4）错误帧问题：对整车控制器接地、电机控制器接地、电机接地、高压屏蔽接地、CAN 网络屏蔽接地等进行检查，未发现异常，断开监控主机、某型监控主机、车联网监控主机等，错误帧有所减少，但没有明显改善整车 CAN 网络错误帧。

经进一步排查整车 CAN 网络通信的高压部分，并在五合一控制器力矩开管状态下测试 CAN 网络通信质量。有效措施如下：断开五合一控制器端电机三相线屏蔽引线或者屏蔽引线加磁环（图 7-48），错误帧可以有效减少。

图 7-48 五合一控制器维修处理后状态

综合以上分析，某型动力电池在与某客车厂联合开发新国标 V5.1 产品时，没有告知某客车厂电池有"BUS OFF"机制，即在错误帧达到一定阈值时，触发电池软件"BUS OFF"机制，使整车无法上高压。故通信故障问题为整车端通信错误帧较多导致触发电池软件"BUS OFF"机制，整车上报动力电池通信故障。由于客户另一批车辆采用压铸件五合一控制器，且整车错误帧为 0，故没有出现过故障。

4. 现场处理措施

1）批量更新动力电池程序。

2）整车错误帧较多时，可拆除五合一控制器内部电机 U、V、W 屏蔽线或增加磁环。

十二、某型充电插座常见故障处理案例

1. 问题描述

某型纯电动客车由于客车充电电流大，充电时间长，充电插座内部冠簧因经常插拔，且内部易留存积尘，导电接触面会有较大磨损，导致充电时内阻增大、发热严重。为确保充电插座的良好状态以及充电安全，需要对充电插座进行维护。

2. 问题处理措施

根据充电插座状态不同，分别采用清理、更换等措施。

3. 物料清单及数量

维护充电插座所需的物料清单及数量见表 7-4。

表 7-4 物料清单及数量

序号	物料号	物料描述	数量/（件/每套插座）
1		冠簧：EV-SP12-SA	4
2		直流充电插座盖（含弹簧）	1
3		直流充电插座盖体	1
4	根据实车查询	充电插座	1

4. 处理工具

錾子、斜口钳、套筒、力矩扳手等。

5. 充电插座检查

充电前应对充电插座进行检查，正常状态的充电插座弹盖应能正常开合和密封；插孔内应洁净无异物；冠簧簧片自然弯曲无异常变形、镀层完整且具有银色光泽、无变色点蚀；插孔导电部分镀层完整且具有银色光泽无变色；绝缘体结构完整无损坏及融化变形。

6. 充电插座常见问题

1）充电插座弹盖损坏，弹盖不能正常开合或断裂、弹盖密封圈脱落密封不严。

2）充电插座插孔内有沙尘等异物、脏污，如图 7-49 所示。

图 7-49 充电插座受损状态

3）充电插座冠簧簧片变形、簧片变色发黄、镀层磨损严重脱落、外露黄色铜基材、簧

片有点蚀金属微熔，如图 7-50 所示。

图 7-50　充电插座冠簧异常

4）充电插座插孔端子导电部分变色发黄，无银色镀层光泽，如图 7-51 所示。

图 7-51　充电插座插孔端子异常

5）充电插座绝缘体断裂、绝缘体融化变形、插孔发黑有绝缘体融化痕迹，如图 7-52 所示。

图 7-52　充电插座绝缘体异常

7．作业过程

1）需更换充电插座弹盖、增加密封圈，保证闭合密封效果。

2）需使用压缩空气吹出插孔内异物，对于表面污渍等使用酒精棉签清理。

3）需使用专用工装更换问题冠簧，更换措施如下：

①用小勾子、钳子或斜口钳从冠簧开口处勾起冠簧，使其变形，如图 7-53 所示。

②用钳子夹起变形处将冠簧夹出，如图 7-54 所示。

图 7-53　勾起冠簧

图 7-54　夹出冠簧

③用相同办法将内部的冠簧夹出，如图 7-55 所示。

④将新冠簧沿着开口处重叠，重叠区约为整个冠簧的 1/4，如图 7-56 所示。

⑤用钳子夹紧重叠处，如图 7-57 所示。

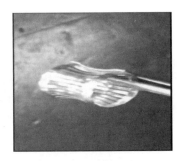

图 7-55　夹出内部冠簧　　　　图 7-56　重叠新冠簧　　　　图 7-57　夹紧重叠处

⑥用钳子将冠簧送入插套的最底部，然后将钳子松开后拉出，确保冠簧完全贴在插套内表面，如图 7-58 所示。

⑦用上述方法装配外部冠簧，如图 7-59 所示。

图 7-58　装配内部冠簧　　　　　　图 7-59　装配外部冠簧

4）需更换充电插座，更换操作如下：

①关掉整车电源，拔掉快断器，用万用表测量充电插座无电。

②拆除车辆原充电插座。

③更换新充电插座，并使用力矩扳手确认高压接线柱紧固力矩，M10 接线柱紧固力矩为（25±2）N·m，电池 BMS 高压盒 M8 接线柱紧固力矩为（23±2）N·m，五合一控制器 M8 接线柱紧固力矩为（12±2）N·m。

④ 插合快断器，恢复车辆状态。

8. 注意事项

1）作业时必须绝戴缘手套、穿绝缘鞋等，并在周边设置安全警示标牌。

2）不能使冠簧产生永久性折弯变形。

3）更换后，冠簧上可以涂些导电润滑脂，能有效降低镀银层的磨损。

9. 作业后检查要求及合格标准

1）冠簧装配在插套内，冠簧无重叠、无翘边且完全贴合插套内表面为装配合格；冠簧未完全贴合插套内表面、冠簧在插套内存在重合、冠簧在插套内存在翘边为不合格。

2）作业完毕后，用充电枪对车辆进行充电（充电时间不少于1h），停止充电后使用测温工具检测充电插座温度。

3）实测温度与环境温度差值不大于50℃则为合格。

4）合格后，在充电插座用记号笔标记并记录在检验记录卡中（表7-5）。

表7-5 充电插座维护检验记录卡

序号	更换时间	充电场站名称	更换插座的车工号	充电插座物料号	充电插座序列号	充电插座失效情况	维护措施	维护后状态（第一次充电温升，从充电机读取）	新充电插座序列号（未更换新座可不填）	记录人
1										
2										

十三、电动真空系统常见故障维修处理案例

1. 问题描述

某型纯电动客车在运行过程中，频繁出现电动真空泵（物料号：2102-00212）损坏情况，导致车辆在运行过程中驾驶员踩制动踏板时比较重，影响车辆安全行驶。

2. 车辆配置信息

1）制动系统：液压制动，采用真空助力器。

2）系统主要配置：真空储气筒，真空制动软管（带单向阀），真空助力器带制动主缸总成，电动真空泵（UP30），电子式真空控制器。真空泵系统连接如图7-60所示。

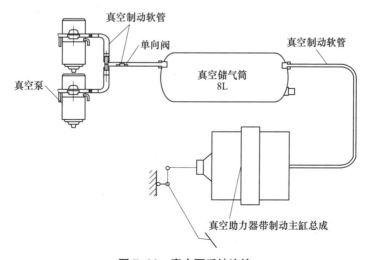

图7-60 真空泵系统连接

3. 问题分析与诊断

电动真空泵电气原理如图 7-61 所示。行车过程中踩制动踏板，消耗真空筒内的真空，安装在真空筒上的真空控制器检测真空筒内的真空度，当筒内真空度低于 –60kPa 时，真空泵开始工作，直到将真空筒内真空抽到 –80kPa 为止，真空泵停止工作。踩制动踏板过程中，当真空筒内的真空度低于 –50kPa 时，组合仪表上提示"制动真空压力报警"故障。

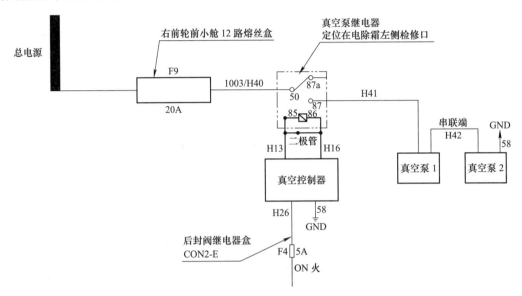

图 7-61　电动真空泵电气原理

4. 问题处理过程

（1）不踩制动踏板情况下真空泵间歇工作

1）检查管路系统是否漏气：每次真空泵停止工作后，不关钥匙，拔掉右前轮前小舱内 12 路熔丝盒上 F9 中的 20A 熔丝或断开真空控制器输入、输出插件，此后观察组合仪表上是否会出现"制动真空压力报警"，若出现报警现象，则说明管路系统存在漏气现象；观察时间持续约 10min，出现报警现象的时间越短，说明漏气越严重。

2）若管路存在漏气现象，需逐个排查漏气点：①将真空筒上通往真空助力器的制动软管拔掉，堵住真空筒上接头，使用 1）中的方法排查，若组合仪表上未出现报警现象，则可判定真空筒到真空助力器之间有漏气现象，此时需检查此段管路连接、真空助力器是否有问题，直至更换此段制动软管、真空助力器解决。②检查真空泵到真空筒之间的制动软管内置单向阀是否失效或真空制动软管接反，制动软管正确连接方向为真空筒到真空泵方向导通，真空泵到真空筒方向不导通；检查方法为每次真空泵停止工作以后在真空泵排气口处用手触摸是否有倒吸现象，若存在倒吸现象则说明此段管路连接漏气或制动软管内单向阀失效，此时需更换此段制动软管。③在管路各接头处使用肥皂水检查是否有倒吸现象。

3）通过 1）、2）方法检查，若管路无漏气现象，首先更换真空控制器，若问题解决则可判定为真空控制器质量问题，若问题仍未解决，则需更换真空泵处理。

（2）不踩制动踏板情况下真空泵常工作

1）检查真空泵到真空筒之间制动软管单向阀是否失效，检查方法：每次真空泵停止工作以后在真空泵排气口处用手触摸是否有倒吸现象，若存在倒吸现象则说明此段管路连接制动软管内单向阀失效，此时需更换此段制动软管。

2）若管路无漏气现象，此时需更换真空控制器，若问题解决则可判定为真空控制器质量问题，若问题仍未解决，则需更换真空泵处理。

3）检查两个真空泵是否均正常工作。真空泵正常工作时，其排气口会有空气排出，若不排气则说明真空泵未工作；根据管路连接原理，若其中一只真空泵损坏，另一只真空泵会常工作，且组合仪表上出现"制动真空压力报警"现象，此时需更换两只真空泵处理。

5. 问题处理措施

1）现场以"钥匙打到 ON 档后，踩制动踏板 3～4 次，真空泵开始起动，约 30s 后真空泵停止工作"为标准，判断车辆真空泵工作是否正常；如时间较长，则按照常见故障的方法处理。

2）钥匙打到 ON 档后，踩制动踏板，让真空泵起动，等真空泵停止工作后，将后封闭继电器盒内的 F4 熔丝拔掉，观察仪表上是否会出现"制动真空压力报警"现象，观察时间为 10min。如仪表报警，则按照常见故障的方法处理。

十四、纯电动客车电机控制器内空调接触器粘连处理案例

1. 问题描述

某型纯电动客车陆续出现空调内高压供电接触器及整车五合一内空调接触器粘连故障，导致车辆电空调无法下电，影响车辆运营。

2. 车辆配置信息

1）空调系统：TCD08KZ。

2）五合一电机控制器：五合一控制器（压铸件）。

3. 问题分析

为查找问题根本原因，首先对空调接触器发生粘连故障的机理进行分析：接触器是用于控制高压电源回路接通、断开的功率器件，接触器的接通、断开是通过接触器内触点的接合、分离实现的，且通过灭弧装置抑制触点动作时的电弧，根据接触器规格大小不同，其所承受的动作电流不同，当超过额度规格的过大电流冲击出现时，就会导致触点动作时产生拉弧，进而使触点熔化粘连，无法断开。因此，接触器粘连问题的发生必然是由于接触器动作时电路中存在过大的电流冲击。

电路中存在大电流的原因有：驾驶员未正常操作，没有先关闭空调，直接关断钥匙，下电过程产生大电流冲击；空调内部无预充保护，上电时产生大电流冲击。

4. 故障处理

1）在匹配设计中，为避免出现过大电流冲击，均要求电空调等具有容性负载的设备内部具备上电预充电路，从而将冲击电流限制在技术要求以下。现场拆开空调大顶盖，在空调主回路中未看见明显的预充电路，实车空调内部电路状态如图 7-62 所示。

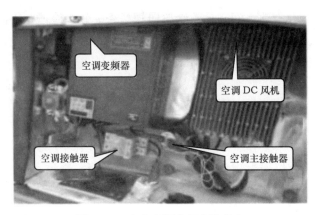

图 7-62　实车空调内部电路状态

通过实车可以看出整车高压供电进入大顶空调机组后先接入熔丝，熔丝过后分成两路，一路直接进入空调直流 DC 风机，另一路接入接触器后进入空调变频器，该空调系统高压电气原理示意图如图 7-63 所示。

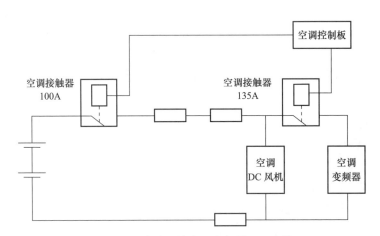

图 7-63　空调系统高压电气原理示意图

对空调系统的电气原理进行分析，空调内部主回路无预充电路，且空调 DC 风机与空调变频器非同步上电（空调 DC 回路在主接触器前端），极易产生过大的冲击电流，进而导致接触器粘连。

2）对接触器粘连故障出现次数最多的车辆进行测试：

① 对空调上电控制及高压电路的电流状态测试可见：上电过程中，空调内部接触器吸合瞬间，电路上电流冲击超过 220A，远超过技术协议要求（25A）及接触器的额定电流（空调内部 135A、五合一空调接触器 100A），预充效果不满足技术要求。另外，空调面板控制内部接触器较整车的电机控制器内空调接触器延迟 2s 左右吸合，即空调 DC 风机与变频器非同时上电，如图 7-64 所示。

② 不先关闭空调，直接关断钥匙观察空调下电过程电流波形（图 7-65）：空调直接关机下电时，电流冲击不超过 20A，在接触器的额定规格内，下电过程与接触器粘连无关。

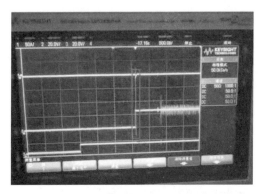

图 7-64　空调上电过程控制信号及回路电流波形

注：1 通道为电流；2 通道为空调面板控制大顶内部接触器信号；3 通道为空调面板控制整车五合一内空调接触器信号。

图 7-65　空调下电过程电流波形

注：1 通道为末下电电流，一格设置为 20A。

3）空调上电电压、电流波形测试：

①空调上电过程高压电路电压、电流变化状态如图 7-66 所示，可以看出：上电过程中，电流正向冲击高达 423A，远远超过技术协议要求（25A）及接触器额定电流规格（100A），反向电流冲击达到 111A，也超过接触器承受能力，确实存在预充电路及电流不满足要求的情况，虽然单次冲击时间较短（200μs），但对接触器寿命有严重影响，多次冲击后最终会导致接触器粘连故障。

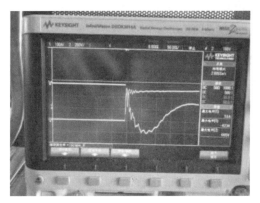

图 7-66　上电过程空调回路电压电流波形（1）

注：1 通道为电流；2 通道为电压。

② 另外，从图 7-67 所示的波形可见，电路中电压、电流产生剧烈振荡，最高电压波动达到 866V，也远超过技术协议要求（750V），该问题产生与空调变频器及 DC 上电差异有直接关系。

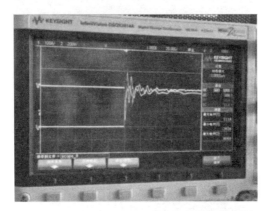

图 7-67　上电过程空调回路电压电流波形（2）

注：1 通道为电流；2 通道为电压。

4）针对已测试分析的问题原因：空调内部上电预充缺失导致冲击电流过大，空调 DC 风机、变频器接线不合理导致上电过程电压电流振荡。

现场制定调整措施如下：空调内接触器并联 500Ω 预充电阻，空调面板控制内部接触吸合延迟 3s，空调 DC 接线改到空调内部接触器后端（与空调变频器直接并联）。在调整后进行测试验证有效性，测试结果如图 7-68 所示。从测试结果可以看到，调整后的上电冲击电流控制在 0.8A，上电电压稳定上升到供电电压 557V，完全满足设计要求，从而也证明了上述原因分析的正确性及改进措施的有效性。

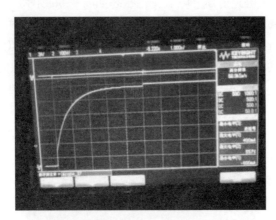

图 7-68　现场调整改进后测试波形

注：1 通道为电流；2 通道为电压。

5）通过实车查看，以前批次的空调内部配置有预充电路（由主接触器、预充接触器、预充电阻组成），实车照片如图 7-69 所示，而该批次的空调无预充电路（仅一个接触器），实际状态与原因分析吻合，从应用角度佐证了空调内部配置预充电路的必要性。

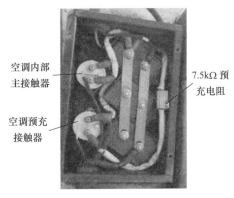

图 7-69　纯电动客车空调内部电路（有预充电路）

5．结论

综上，该问题的根本原因为该批次空调内部无预充电路，导致上电过程中产生过大电流冲击，超过五合一控制器及空调内部接触器的承受能力，进而导致该接触器粘连。

6．后续措施

为避免后续故障发生，建议空调厂家按照以下措施对空调内部进行改进处理：

1）空调内部增加预充电路：在空调接触器两端并联安装一预充电阻（阻值 500Ω 已验证有效），如图 7-70 所示，具体阻值由空调厂家根据内部变频器等参数调整匹配。

图 7-70　空调内部增加预充电阻操作示意

2）更新空调控制面板程序；控制空调内部接触器较五合一接触器延迟吸合。

3）空调内部 DC/DC 变换器高压输入接线由空调内部接触器前端修改到接触器后端。

十五、某型纯电动客车电除霜短路故障处理案例

1．问题描述

某型纯电动客车电除霜故障已出现多次，除电除霜发热体短路外，五合一控制器内部电除霜熔丝熔断且电除霜接触器粘连。除霜器低速档出冷风，高速档不出热风。

2．车辆配置信息

1）除霜器：电除霜器。

2）集成式电机控制器：钣金件五合一控制器。

3. 问题分析与诊断

电除霜控制电路如图 7-71 所示，其工作原理为：电加热器是将电能转化为热能，通过风机将热量吹出。95℃温度开关串联到整车高压继电器低压回路中，当检测到发热体表面温度高于 95℃时，断开高压继电器，切断高压；160℃温度开关为超温报警，当检测到温度大于 160℃时，蜂鸣器蜂鸣报警。

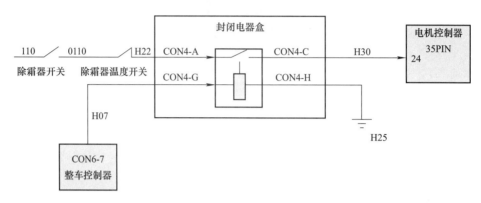

图 7-71　电除霜控制电路

电动除霜器控制开关工作原理如图 7-72 所示。按下翘板开关一档，风机低速档运行，无高压，电除霜出冷风；按下翘板开关二档，风机高速档运行，温度开关处于闭合状态；整车控制器检测电池电压高于 450V，CON6-7 孔输出 24V 电源，控制除霜器继电器闭合，除霜器电加热控制信号 H30 输入电机控制器 24 孔，除霜器加热接触器闭合输出加热高压电源，高压接通，芯体发热，电除霜吹热风。

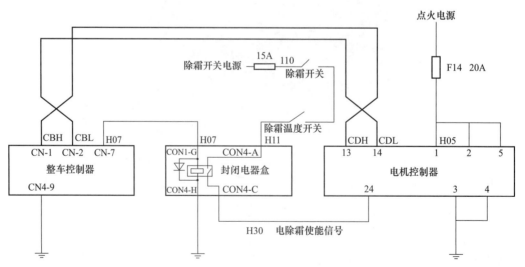

图 7-72　电动除霜器控制开关工作原理

4. 问题处理措施

1）测量低压控制信号正常，但测量电除霜高压无输出，电除霜控制系统构成如图 7-73 所示。

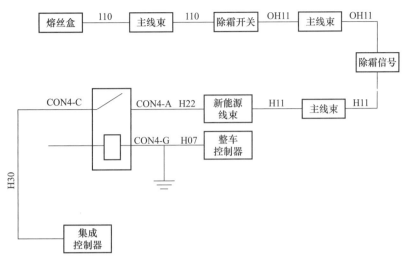

图 7-73　电除霜控制系统构成

2）检查五合一控制器内部电除霜熔丝损坏，更换后试车，熔丝再次损坏。

3）测量电加热器高压正负极两端电阻，发热体正常阻值在（1000+10%）Ω 范围内（内部为 6 个 5000Ω 电阻丝并联，且为正温度系数，保证低能耗）。如果电阻无穷大，则说明发热体断路；如果发热体阻值为 0，则说明发热体短路，两种情况均需要更换发热体。现场测量发热体阻值为 0，说明发热体损坏，需更换。电加热器电阻测量如图 7-74 所示。

4）更换发热体后试车，发现低速档也出热风，说明发热体已工作，断开低压插件，测量五合一控制器电除霜正负输出为 651V，即电池电压，说明电除霜继电器已导通；断开高压插件，测量接触器状态阻值为 2Ω，继电器粘连（图 7-75）。

图 7-74　电加热器电阻测量

图 7-75　控制器检测

5. 其他

解决该问题时，需同时检查以上部位，避免问题解决不彻底。

十六、电动空压机故障处理案例

1. 问题描述

某型电控空压机的主要故障为：气压降低到下限值后空压机不能正常工作；气压达到上限目标气压时，空压机不停机；空压机自身故障等。

2. 车辆配置信息

相关信息：匹配某型电动空压机。

3. 问题分析与诊断

电动空压机工作时，通过整车 CAN 模块采集车辆前、后制动气压传感器的气压值，将气压值转换为 CAN 报文，整车控制器采集到整车 CAN 模块上的气压值报文后，如果压力低于设定压力，则整车控制器输出使能信号到空压机 ECU，空压机 ECU 判断空压机泵头的油压，如果没有故障，则将使能信号转换给集成式电机控制器；如果空压机 ECU 检测到故障，则停止信号输出，ECU 故障指示灯开始报警；集成式电机控制器检测空压机电机没有故障时，空压机开始工作，当气压达到设定条件或者干燥器压力开关闭合后，空压机停止工作，控制电路如图 7-76 所示。

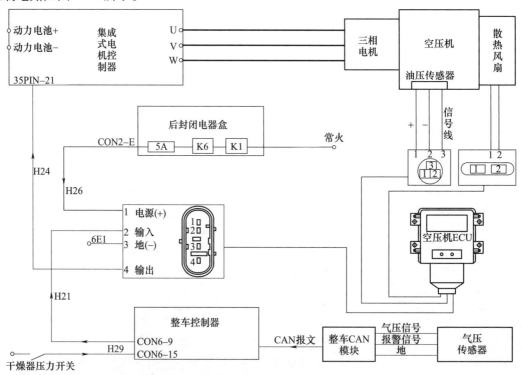

图 7-76　空压机控制电路

4. 故障处理过程

电动空压机控制策略、常见后台故障码及处理措施见表 7-6、表 7-7。

表 7-6　电动空压机控制策略

条件	状态
前后气压任一小于 6.5bar（1bar=10^5Pa）	满足左侧 3 个条件中任意一个，空压机工作
前、后气压均小于 7.0bar，且检测到驻车制动状态变化	
有气囊（气囊悬架）传感器，气压小于 7.5bar	
干燥口排气，气压开关闭合，输出低电平信号到整车控制器引脚	满足左侧 3 个条件中任意一个，空压机停机
当制动储气筒气压大于 7.6bar 时，延时 120s	
当空压机母线电流小于 6A，且前后气压值大于 7.6bar 时	

表 7-7 电动空压机常见后台故障码及处理措施

故障码	面板显示故障	故障名称	故障排除方法
无	无显示	无	检查集成式电机控制器内部的空压机高压熔丝，测量空压机熔丝与电池的电压一致时，可以判断为控制器故障，如果空压机高压熔丝无电压，需要检查控制器附件预充电路和附件接触器
27，X，2	Er002/Er003/Er004	过电流故障	1. 检查电机三相是否短路 2. 三相对机壳绝缘应不小于 5MΩ 3. 检查电机三项间相电阻的平衡，相电阻阻值不能超过 1Ω
27，X，5	Er005/Er006/Er007	过电压	1. 检测过电压时的五合一控制器母线电压是否高于 720V 2. 使用汇川检测面板查看 U0-02 的电压值
27，X，8	Er008	缓冲电阻过载故障	1. 判断驾驶员是否进行短时频繁上下电操作 2. 监控电机控制器工作模式，是否频繁出现 Er005 故障 3. 控制器内部附件缓冲电阻本身问题
27，X，9	Er009	欠电压故障	1. 检测欠电压时的五合一控制器母线电压是否低于 360V 2. 使用汇川检测面板查看 U0-02 的电压值
27，X，10	Er010	变频器（控制器）过载	检查空压机泵头负载是否过大
27，X，11	Er011	电机过载	超过电机最大能力，排查电机负载是否异常，气路是否堵塞，可以将空压机的气路软管拆掉，看是否可以工作正常
27，X，13	Er013	输出缺相	1. 检查三相连接是否正常 2. 拔掉高压输出线，重新上电仪表显示 STOP 状态，将 B0-02 调整为 0，BAT3 调整为 1，D3-11 调整为 0，按 run 键运行，使用万用表的交流档位测量高压输出端的电压
27，X，14	Er014	控制器过热	检查控制器内部是否过温，可以通过 U3-00 查看
27，X，18	Er018	电流检测故障	控制器内部检测电路问题
27，X，58	Er258	运行时间超时（仅空压机控制器）	检查集成式控制器使能信号是否一直有 24V 电压

5. 其他问题诊断分析

空压机除上述故障外，还可能发生传感器损坏、润滑油泵损坏及润滑油压太高等故障，其故障诊断及原因分析见表 7-8。

表 7-8 空压机故障报警原因分析

故障描述	报警声音	报警灯	故障原因
传感器损坏	响 0.2s，停 0.2s 报警	灯亮 0.2s，停 0.2s 报警	1. 油压传感器本身损坏（油压传感器供电 5V，油压上限为 3.5V，下限为 0.55V） 2. 油压线束接触不良（参照 ECU 接口定义进行线路检测）
润滑油泵损坏	响 2s，停 2s 报警	灯亮 2s，停 2s 报警	1. 电机线接反了，一般出现在主机厂刚装车时 2. 油压传感器损坏 3. 集成式电机控制器没有高压输出 4. 电机缺相 5. 空压机缺润滑油 6. 油泵机械故障 7. 空压机内润滑油没打上来 8. 三相电机损坏
润滑油压太高	长响	长亮	空压机内部油路堵塞

十七、某型纯电动客车 SOC 下降快故障案例

1. 故障描述

某型纯电动客车每天收车时仪表 SOC 值显示为 13%～20%，下降较快，仪表没有报任何故障。

2. 车辆配置信息

1）动力电池：131.3kW·h 的动力电池。

2）采暖系统：独立水暖。

3）除霜系统：水暖除霜器（大功率）。

3. 故障原因

某型纯电动客车出现 SOC 下降快，行驶里程缩短现象，可能原因如下：

1）电池一致性差或衰减严重。

2）电流采样不准。

3）电制动异常，回馈电流减少。

4）驾驶员使用习惯、工况、负载等导致的差异。

5）整车制动系统机械部分存在制动拖滞。

6）由于天气原因，需要使用电空调、电除霜、电暖风等大功率器件，电耗增加。

7）BMS 程序异常。

4. 处理措施

1）首先查看后台监控数据，该车辆电耗数据正常且低于其他全部车辆，不存在异常情况。

2）结合以上数据，可基本排除电耗高的问题，重点排查方向定在动力电池电流检测、SOC 校准或程序方面，通过上位机检测。

经现场跟车，连接计算机检测，车辆运行和踩制动踏板时电流变化都正常，单体压差 9mv，一致性较好。但发现内侧总电压和累加总电压显示不一致，内侧总电压 558.3V，累加总电压 548.4V。

经了解，此车辆出现过交通肇事，更换过 BMS 中的高压盒，用计算机检测电池容量为 94kW·h，而该批次客车电池容量都是 131kW·h，从检测到的数据分析，此车程序未更新，一直是按照 94kW·h 在运行车辆，导致 SOC 计算失真。

经过对车辆 BMS 刷新数据，SOC 电量显示 42%，车辆恢复正常。

十八、某型纯电动客车充电慢处理案例

1. 问题描述

某型纯电动客车充电电流可以达到 190A 以上，而其他车辆充电电流只有 160A 甚至是 140A，严重影响充电速度，直接影响了车辆运营。

2. 车辆配置信息

1）动力电池：电源系统，10m，0.7C，三元锂动力电池。

2）充电机：某型充电机。

3. 问题分析与诊断

1）GB/T 27930—2015《电动汽车非车载传导式充电机与电池管理系统之间的通信协议》

中要求，充电机要按照 BMS 充电电流的最大值输出电流，如果充电机的充电电流不能达到 BMS 的请求电流值，则按照充电机的最大能力输出。

2）根据充电时采集的报文（图 7-77）解析：BMS 请求电流值一直为 200A，未出现请求电流减低的情况，但是充电机的输出电流未按照 BMS 请求电流输出，并且此时电池内部也未报出明显故障，故初步判定为充电机输出功率不足的问题。

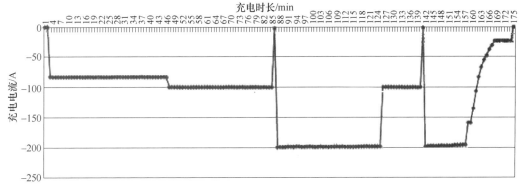

图 7-77　充电时采集的报文

4. 问题处理过程

通过后台监控调取市场反馈的两台问题车辆充电时电池电流的对比数据如下。

1）第一天：充电起始时电量 SOC 为 67%，充电用时不到 1h，充电电流在 100～200A 之间有跳动，此车充电开始时间为 15:30 左右，充到 16:30 左右停止，如图 7-78 所示。

图 7-78　充电电流数据（1）

2）第二天：充电起始时电量 SOC 为 36%，充电用时 80min 左右，充电电流将近 200A，如图 7-79 所示。

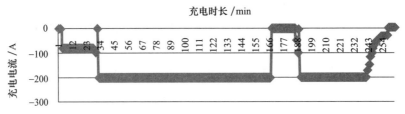

图 7-79　充电电流数据（2）

3）第三天：充电起始时电量 SOC 为 32%，充电用时 2h 左右，充电电流开始为 100A 左右，然后升至 200A 左右，如图 7-80 所示。

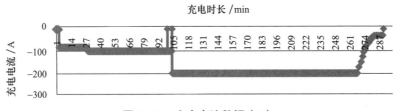

图 7-80　充电电流数据（3）

根据以上数据对比情况可以看出，同一台车充电电流有时在 100A 左右，有时在 200A 左右，再对比之前采集的充电时报文可以看出，BMS 请求充电电流一直为 200A，但是由于充电机自身功率输出问题，输出的充电电流不稳定。此问题需查看电网是否有异常（变压器功率不足），如电网无异常，则是充电机自身问题导致电流输出不能满足 BMS 的请求状态。

5. 问题处理措施

根据后台监控充电时的电池数据，在对比 3 天电池充电时的电流发现，充电电流在 100A 的车辆，在另外两天也会出现电流可达到 190A 以上的充电电流。经落实，近期对充电机进行过维护，主要是清理充电机进气滤网，车辆充电电流也恢复正常，可判定车辆前期充电电流下降的原因为充电机散热循环不好，导致充电机内模组温度升温过快，充电机有降功率的动作，进而导致充电电流出现降低的情况，建议对充电机进行定期维护。

全生命周期管理是近年来多个客车厂推崇的新的客车管理理念，是在客车销售的基础上，综合考虑车辆选型、使用、售后服务、质量保证、配件供应等因素，延长了客车销售链条，为用户着想的一种科学的管理措施。本章在前面几章介绍内容的基础上，着重针对纯电动客车全生命周期管理的三个重要环节，即纯电动公交客车选型技术、报废管理、动力电池的回收溯源管理，加以分析探讨，供读者参考。

第一节　纯电动公交客车选型技术

纯电动公交客车的选型是一个比较复杂的系统工程，它涉及公交企业内部管理的各个方面，一般泛指纯电动客车采购预算、确定技术参数和招投标采购三个方面，即用最经济的价格购买到适合营运条件的纯电动公交车。车辆投入线路运行后，故障率较低，动力电池两年内衰减不超过 20%，在冬季电池充放电自如，夏季可在不超过 300mm 水深的雨水里涉水行驶，防水等级达到 IP68，维修简单，售后保障可靠，车辆"电池、电机、电控系统"等关键部件质保 8 年，这是每一个公交企业"理想"的纯电动客车。之所以加了引号，是因为受各种因素的影响，公交企业往往不能得到完全符合本企业营运线路条件的"理想"产品，总有这样或那样的不如意。为了达到或接近（无限接近）"理想"的纯电动客车，应结合自身实际情况，全面、系统地对纯电动客车选型工作予以科学筹划。

一、采购预算

在不同城市，纯电动客车的销售价格针对不同技术配置有着不同的销售价格。目前，一台 10.5m 纯电动公交车的标配售价一般在 50 ～ 80 万元（动力电池容量有差别），那么确定购买多少台公交车可以满足线路使用需求，就有了预算框架，这是采购预算的原始构成。预算资金一般是企业自有资金，或所在地政府投资，或第三方投融资平台资金三种来源（政府还款一般也认定为政府投资）。随着新能源客车推广应用的逐渐拓展，现在当地政府投资购车的比率几乎占九成以上，体现了国家新能源推广应用政策越来越成熟稳健，也是地方政府对公益类公交企业在节能减排方面越来越重视的结果。

预算与客车技术参数选择有着紧密的关联。例如，动力电池容量大小的选择，进口产品与国产产品的选择，一级踏步与二级踏步的选择，鼓式制动器与盘式制动器，内摆门与塞拉门，滚花扶手与铝塑扶手，有电子路牌与无电子路牌，充电桩选配功率，不同档次轮胎产品的选择，车载空调、刷卡机、报站器、站节屏等，不同产品的选装会影响单车价格的波动，进而影响总体采购预算。

精准掌握预算，要求公交企业要有专业的技术人员和团队，熟知国内客车厂和主要选配厂家的生产情况、产品技术特性和售价范围，还需要了解国家对新能源车辆的购置补贴政策、新能源运营补贴政策、新能源补贴退坡管理办法、税收减免政策、客车厂的销售政策、三包政策和售后质保条件，熟悉《招标投标法》和《招标投标法实施条例》等，这些组合政策都可以影响预算的最终结果，是公交企业购车选型应该首先考虑的一个重要因素。

二、确定技术参数

纯电动客车的技术参数确定，与客车使用环境、使用要求有着紧密联系。不同的使用环境、使用条件对纯电动客车技术参数指标有着不同的要求。一般影响客车选型的主要技术参数大致有动力电池容量、空调制冷量、底盘选择（含免维护车桥、踏步高度、气囊与板簧、轮胎、电子差速等）、内装件选择（防疫测温仪、扶手、座椅、刷卡机及其系统、报站器、投币机、电子路牌、驾驶员包围等）和充电桩匹配等几方面因素。

1. 动力电池容量的选择

动力电池容量与未来所选车辆日均行驶里程和道路环境有关。动力电池容量，已历经了电池比能量分别为 80kW/kg、115kW/kg、155kW/kg 三个发展阶段。现在国家要求必须使用比能量在 155kW/kg 以上的动力电池，才纳入动力电池推广应用目录。常规情况下，客车配装比能量在 115 ～ 155kW/kg 的动力电池。在平原城市，客车实际每千米耗电量在综合工况下大约是 0.7 ～ 0.8kW·h，相当于客车百公里电耗是 70 ～ 80kW·h，那么日均行驶 200 ～ 300km 的公交客车所配选电量应在 150 ～ 260kW·h 加以考虑（按纯电动客车一天充电一次，充电利用低峰充电，充电一次的时间约为 2 ～ 3h，动力电池还需要保留 12% ～ 15% 电池余量来考虑）；如果客车所在城市为丘陵或起伏坡道路段较多状况，那么选配电量还应考虑增加一些。电量选出来后，要与相关客车厂的客车公告予以比对，应按照客车厂申报的国家公告为准，确定选型车辆电量。这样选型的前提是一台车是单班或双班运营的，一天充电一次。若运营方式为 2 ～ 3 班使用的多班次运转的情况，配选电量可考虑适当调减，以满足客车充满电的时间要求。因此，客车道路运行长度、路况条件、充电时间、班次组织模式以及是否符合国家公告等因素都需要加以梳理，统筹考虑后最终确定所选客车电量。

2. 底盘的选择

客车底盘所涉及的部件较多，有车辆前后桥、悬挂系统、轮胎等。纯电动客车为了减轻整车重量，一般选择使用气囊（不推荐使用板簧），且气囊后期维护简单、容易拆装、更换成本不高，而板簧后期维护劳动强度大，更换成本比较高；制动系统推荐采用前后盘式制动器，而不用前盘后鼓式制动组合方式；10 ～ 12m 客车因载客量大，上下客流频繁，为方便乘客上下车，一般前桥采用门式车桥，乘客门踏步为一级踏步方式，降低了车身高度，使乘客一步即可步入车厢，10m 以下客车有一级踏步方式的，也有二级踏步方式的；结合车辆所在城市道路环境，平原道路多选择一级踏步方式，山区道路或郊县道路可采用二级踏步方式。二级踏步客车在复杂道路情况下，车辆通过效果比较好，尤其是涉水行驶、跨障碍行驶方面优于一级踏步；从便于后期维护的角度看，前后桥采用免维护车桥较非免维护车桥前期采购成本略高，后期维护成本可大大节省，预计在车辆 60 万 km 全生命周期中可节约 5 ～ 10 万元，节能效果显著；电子差速与传统机械差速相比，各有优劣，电子差速是轮边驱动方式采用的一款常见设备，可降低后桥高度，后桥重量较轻，适合纯电动客车使用，不足之处在于电子差速不能精准地完成差速作用，容易造成轮胎早期磨损，而机械差速可以较好地完成车辆转弯的差速效能，但是后桥较高、较重，对降低纯电动客车整车重量不利。

3. 轮胎的选择

轮胎是客车在全生命周期管理中较为重要的一个部件，轮胎使用寿命也是客车技术管理中的一个主要指标。在正常情况下，轮胎使用寿命的国家标准为 8 万 km（有些品牌的轮胎可达到 30 万 km），在后期使用管理过程中，车辆进入维护时轮胎需要交叉换位，平时需要掌握轮胎的温度、定位情况、行驶里程和备胎状况。有些公交企业设专人管理轮胎，日常整理轮胎数据，工作效率不高；有些公交企业的轮胎管理采取智能化管理，选型时选择轮胎内置射频识别（RFID）芯片或安装捆扎式传感器（不推荐粘贴式，容易脱落），通过手机可以即时看到每一个轮胎的实时动态，在车辆回场时，通过在车场门口设置轮胎检测门式设施，每个通过检测门的车辆轮胎的温度、里程、压力等相关数据可以自动形成报表，管理起来较为轻松。

4. 内外安装件的选择

纯电动客车与传统客车的内外安装件基本一致，主要包括：驾驶员全包围（不能是半包围）、扶手、风道、乘客座椅、防滑地板革、PVC 地板、吊环、氛围灯、刷卡机、报站器、站节屏、客流调查器、驾驶员行为分析系统、全球定位系统（GPS）调度系统、硬盘录像系统、360 环视、多路高清摄像头、电子路牌、投币机、防疫测温仪、空气过滤器、破玻器和车身图案等。由于内外安装件品种繁多，高中低档产品种类俱全，在此不能胜举，建议公交企业自主选择。

选择内外安装件时，应考虑的因素有：要与原有其他车型相匹配，即以往车辆配装哪些内装件，现在还选择它，坚决摒弃一批次一种、多批次多种类型的内件选购模式，因其互换性不高，会给后期维护、物资仓储管理带来非常大的困难，且多批次多类型的模式会使每一个内外安装件都需要保持一定量的库存，将耗费大量库存资金，维修作业也无从下手。要坚持选型"一贯制"原则，使前后所选内外安装件形成一定量的保有量，为后期维护保修、替换带来较大便利。

高配低维，简单实用。高等级客车国家标准要求安装的内外安装件必须安装，选装件则按需选择，充分考虑部件疲劳使用周期，初选时我们要推荐高配置、低维修率、质保期较长的产品。

车身图案尽可能保持一致。车身图案色调一般分暖色调和冷色调两种。不论冷暖色调，选择一种色调或图案后应尽可能保持下去，力争全部车辆均为 1～2 种图案与色调，这样做不仅是体现所在城市公交整体形象，突出城市整齐划一的总体形象，便于群众识别，或区别于当地其他运输单位；而且有利于企业内部管理，可快速识别，后期补漆维修操作简单。不推荐色调或图案繁多，这样既不利于识别，也不利于修补，还会给人以杂乱无章的整体形象。

车载系统整合，简化管理。集中整合车载若干系统，尽可能通过 1～2 组 CAN 线把车辆所属各系统联系在一起，减少后期流量费用，促进管理工作高效简化。系统整合工作也是车辆选型的一项重要工作，多系统集合度不高时，系统之间会产生干扰，导致各子系统之间工作效率不高，且每个系统均产生流量，流量费较高。车载系统更应遵循一贯制，毕竟更换系统不是一件轻松的任务，可能会付出千万元的巨大代价。系统在选择时应贴近公交运营实际，它不是简单的数据罗列，考虑到数据之间是存在一定关联的，一定要用好用足给定的数据，智能化程度要高，在使用时应能定期无条件升级更新，以符合公交生产实际。有些系统应用程序较为实用，符合公交应用特点，市场上占有率较高，也有些应用程序需要经常打补丁，甚至维护人员长期派驻在公交现场，不能离开，程序时常出现死机崩溃的情况，客户反映效果一般。因此要全面考察所选车辆管理系统的市场认可度、实用性，以及后期系统升级维护能力，系统考察供应商的企业实力、专业技术人员储备情况等因素，谨慎选择。

5. 车辆调度及监控功能的选择

（1）GPS智能调度系统的应用　　公交调度管理逐步由以往的传统人工调度方式转变为GPS智能化管理，对提升公交车辆运行效率有显著作用。GPS公交智能调度系统组成如图8-1所示，是基于全球移动通信系统（GSM）/通用分组无线服务（GPRS），利用GPS定位技术及数字电子技术、计算机技术等手段，结合运用矢量化地理信息电子地图（GIS）软件平台，实现对被监控车辆的全程监控和柔性化的智能调度。

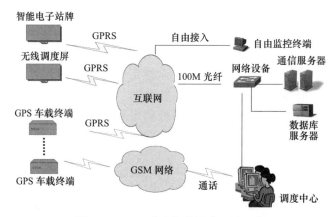

图8-1　GPS公交智能调度系统组成

（2）GPS公交智能监控系统的主要功能

1）智能调度：运营状态可视化；自动生成链式发车计划；大间隔提示及间隔计算；车载机故障、报警、事故、进/退运营状态的显示；下达发车、加减速指令及趟次。

2）辅助调度：调度员和驾驶员实时通话；分段限速；实时反馈车辆状态数据；发布或查询驾驶员运营信息或车辆维护计划；发布公告。

3）电子站牌：实时更新显示车辆位置；后台发布公告、广告。

4）车内设备互联，数据共享：自动报站；IC卡数据传输；加油、充电数据传输；乘客数据实时传输；优先通行信号传输；车辆设备防盗。

5）数据分析：按单趟、日、月、年进行驾驶员（单车）运营数据统计；自动生成、输出各种运营分析统计报表、ERP报表。

6）客流调查器：很容易知道某个时间段客流高峰的情况和某站台的客流情况，配合GPS公交智能调度系统的使用，有助于车辆运营班次链式排班、行车数量的合理调配。

三、招投标采购

1. 招投标采购法律条文

公交企业不论是国有企业，还是民营企业，公交车辆的采购都是一项大宗业务，动辄几百万元或几千万元，应该安排专人熟悉招标采购法律条文，严格按照《公司法》的要求，召开董事会、监事会，形成董事会决议，报出资人批准。国有企业 30 万元以上的采购项目，原则上必须先召开董事会研究，形成意见后向出资人（国资委或财政局）申请，待批复后，才能按程序开展车辆采购招投标。民营企业规范做法建议召开董事会，形成董事会决议，按招投标程序开展招投标工作。适用的相关法律有《政府采购法》《政府采购法实施条例》《政府采购货物和服务招标投标管理办法》《政府采购非招标采购方式管理办法》《招标投标法》《电子招标投标办法》《预算法》以及《合同法》等法律条文。

根据《政府采购法实施条例》相关条款规定，公交企业在购买公交客车时，需要视情况确定适用法律条款。适用政府采购程序的前提有两条，一是使用财政资金或以财政资金作为还款来源；二是采购单位（公交企业）属于财政预算单位，两者必须同时具备，才能适用《政府采购法》和《政府采购法实施条例》。两者仅有一条符合，或都不具备的，不能采取政府采购方式，不适用《政府采购法》及《政府采购法实施条例》，而适用《政府采购非招标采购方式管理办法》和《招标投标法》。

2. 招标采购方式

政府采购有六种方式，分别是公开招标、邀请招标、竞争性谈判、单一来源采购、询价以及国务院政府采购监督管理部门认定的其他采购方式。政府采购招标评标方法分为最低评标价法和综合评分法两种。其中，公交车单一来源采购方式在使用时一定要谨慎，一般不推荐采用此法，使用单一来源的前提必须是由所在地政府出具的政府会议纪要文件；评分办法不推荐使用最低评标价法，应该采用综合评分法。

政府采购非招标采购方式有三种，分别是竞争性谈判、单一来源采购和询价采购方式。不论采取政府采购还是其他方式采购，标书的评分项目一般分为价格、商务、技术和售后四个部分；采购条例规定，采购价格分可控制在 30 ~ 60 分，当不以价格取胜的情况下，价格分可以考虑设置在 30 ~ 40 分；商务分主要是各投标企业的 ISO 体系认证环境、国家级实验室以及博士后流动工作站等企业资质方面；技术分就比较具体，纯电动客车的电量、长宽高尺寸，以及配套件的具体技术参数的符合程度等；售后分是指售后服务条件、设立服务站与否以及质保承诺等方面的约定。

需要提醒的是，当采用公开招标方式时，在评标环节中，一般不允许负偏差的情况出现。一旦出现负偏差，则视为属于不符合项，以废标处理。

总之，通过设置合理招标参数，严格招投标程序，就可以采购到既满足公交企业实际使用要求，又能符合城市发展、政府满意、群众乘坐舒适的纯电动公交客车。

第二节　纯电动公交客车报废管理

一、车辆报废条件

根据国家《机动车强制报废标准规定》的内容，公交客车报废管理规定是公交车使用达到 13 年，或累计行驶里程达到 60 万 km 的，应予强制报废。各地公交企业在执行过程中，掌握报废的年限标准不一，有些城市地方财力雄厚，执行的是车辆设备加速折旧法，一般 5 ~ 6 年提完车辆折旧就予以报废，一般行业通行的做法是车辆按 8 年计提折旧后，再予以报废，或再根据车辆实际使用需求，计提折旧后可延长 1 ～ 2 年再报废。纯电动客车与传统客车报废年限要求是一样的，不一样的是对动力电池的回收溯源（在后面章节予以介绍）。

二、车辆报废程序

客车进入报废之前，应经过公交企业内部的技术、营运、财务等科室评估，确认可以报废的，由相关科室向企业董事会提交报废申请，并请独立的第三方会计师事务所出具客车评估报告，经董事会研究同意后，形成董事会决议，报出资人备案。

根据《报废机动车回收管理办法》（国务院令第 715 号），报废客车应交给所在地有资质的报废机动车回收企业予以报废回收。报废机动车回收企业对回收的报废客车，应当向客车所有人出具《报废机动车回收证明》，公安交警部门应出具《机动车注销证明》，收回客车登记证书、牌照、行驶证，并按照国家有关规定及时办理注销登记。

报废机动车回收企业对回收的报废客车，应当逐车登记客车的型号、号牌号码、发动机号码、车辆识别代号等信息；不得拆解、改装、拼装、倒卖机动车的发动机、方向机、变速器、前后桥、车架（统称"五大总成"），报废客车应当在公安机关的监督下解体。

回收拆解企业拆卸的动力电池应当交售给新能源汽车生产企业建立的动力电池回收服务网点，或者符合国家对动力电池梯次利用管理有关要求的梯次利用企业，或者经国家工信部批准的、有回收资质的、从事废旧动力电池综合回收利用的企业。

除客车所有人将报废客车依法交售给报废机动车回收企业外，禁止报废客车整车交易，不推荐报废客车跨出客车所在城市区域异地回收交易。

未取得资质认定，擅自从事报废机动车回收活动的，由负责报废机动车回收管理的部门没收非法回收的报废机动车、报废机动车"五大总成"和其他零部件，没收违法所得。

报废客车"五大总成"和尾气后处理装置，以及新能源汽车动力电池不齐全的，客车存在抵押、质押情形的，客车车架（或者车身）或者发动机缺失的，应当认定为车辆缺失，客车所有人应当书面说明情况，并对其真实性负责。回收拆解企业不得出具《报废机动车回收证明》。

第三节　纯电动公交客车动力电池回收溯源管理

一、废旧动力电池回收利用现状

1. 回收体系建设情况

工业和信息化部会同有关部门发布了《新能源汽车动力蓄电池回收利用试点实施方案》《关于做好新能源汽车动力蓄电池回收利用试点工作的通知》，确定在京津冀、上海等 17 个地区，以及中国铁塔公司开展试点，积极培育标杆企业，探索技术经济性强、资源环境友好的多元化回收利用模式。工业和信息化部发布了《新能源汽车废旧动力蓄电池综合利用行业规范条件》及公告管理暂行办法，推动废旧动力电池综合利用行业管理，已公告发布第二批次企业名单。

各地区加快建立区域回收体系，采取措施推动回收利用工作。京津冀地区发布《京津冀地区新能源汽车动力蓄电池回收利用试点实施方案》，建立回收联盟，共建共用回收网络。

长三角地区统一标准建设回收服务网点，实现区域协作。珠三角地区以深圳为重点，按照"互联网＋监管"的思路，构建动力电池信息管理体系，完善激励机制。中部地区的骨干汽车、电池生产及综合利用企业合作，依托本地区产业基础优势建立区域化的回收处理中心。其他地区也在加强对企业试点实施工作的组织和支持。

汽车生产企业通过多种形式构建回收体系。目前，北汽新能源、宇通客车、广汽三菱等45家企业已设立了3204个回收服务网点，主要集中在京津冀、长三角、珠三角及中部新能源汽车保有量较高的地区。

回收体系建设存在两种模式，一种是以生产者主导，由汽车生产企业利用销售渠道建设退役电池回收体系，回收退役电池移交给有资质的综合利用企业处理，或与其合作共同利用电池剩余价值；另一种是以第三方为主体，由梯次、再生利用企业与汽车、电池生产企业合作，共建共用回收服务网点，集中回收合作企业新能源汽车的退役电池。

2. 梯次利用基本现状

通常，动力电池容量衰减至80%以下时，将不能完全满足汽车动力需求，但可梯次利用于其他领域。当前，动力电池退役量逐渐增多，梯次利用也进入大规模应用阶段，主要集中在备电、储能等领域。

2018年，中国铁塔公司停止采购铅酸电池，大力推广锂电池梯次利用，已在31个省市的约12万座基站开展梯次利用电池备电应用，并在备电、储能及对外发电应用场景加强业务拓展。国家电网建设了1MW·h梯次利用磷酸铁锂电池储能系统示范工程，用于接纳可再生能源发电和调频等。深圳比亚迪、宁德时代等企业也开发了适用于备电、风光电储能的梯次利用电池产品。从发展趋势来看，梯次利用市场前景广阔，已成行业发展热点，部分企业正在梯次利用领域探索"以租代售"等新商业模式。

从生态设计、生产控制及信息共享等方面看，行业还有待加强。绿色选材、标准化及通用性设计、易拆解结构设计以及易梯次利用设计等方面还有不足。动力电池产品还存在一致性差等问题。产业链上下游企业在通信协议、历史数据等关键资源分享方面还没有形成机制。

梯次利用技术有一定进展，但还存在技术瓶颈。梯次利用以检测重组和修复两种技术路线为主，北京匠芯、深圳比亚迪、星恒电源等企业在退役电池寿命评估、系统集成及单体电池修复等方面虽取得一定突破，但是梯次利用还存在效率偏低、电池剩余寿命及一致性评估等技术不成熟的问题。

工业和信息化部正在会同标准化主管部门加快推进动力电池回收利用系列标准研制工作。目前，优先推出的17项国家标准中，已有编码规则、产品规格尺寸、余能检测、拆解规范4项发布。上海、浙江等研制动力电池回收利用地方标准，中国铁塔公司牵头编制3项团体标准已发布实施。

3. 再生利用基本现状

目前，废旧电池再生利用行业已有一定规模，并实现产业化，以湖北格林美、湖南邦普、广东光华、浙江华友钴业、江西豪鹏等为代表的企业已具备规模化再生利用能力。再生利用企业大多由废弃电器电子产品处理企业和有色金属冶炼企业发展而来，主要集中在长三角、珠三角和中部地区具备相应工业基础的中小城市。

行业已具备较成熟的设备和工艺，技术升级空间亟待拓展。拆解方面，湖北格林美、湖南邦普等开发了自动化拆解成套工艺，北京赛德美开发了电解液和隔膜拆解回收工艺。再生利用以湿法冶金及物理修复法为主。湿法冶金方面，湖南邦普开发了"定向循环和逆向产品定位"工艺，湖北格林美开发了"液相合成和高温合成"工艺。物理修复方面，赛德美对单体电池自动化拆解、粉碎及分选，再通过材料修复工艺得到正负极材料。目前，行业还存在锂金属回收率不高、多种电池回收处理兼容性不强等问题。再生利用相关国家及行业标准正在加快研究制定。

二、动力电池溯源管理政策

动力电池在生产、运输、使用等环节的安全风险监管问题有待解决，而未经妥善回收利用的退役动力电池将造成资源浪费，随意丢弃废旧动力电池更会带来难以逆转的环境污染。因此，实现对新能源汽车动力电池全生命周期信息的全面有效监管，是提升社会效益、经济效益、环境效益的有力保障。随着新能源汽车产业不断发展壮大，动力电池溯源信息数据量也在快速扩增，这极大地增加了各溯源环节责任主体企业在数据信息收集和填报方面的工作量，同时也对国家溯源平台的信息收集和管理能力提出更大挑战。

我国一直在积极部署新能源汽车动力电池全生命周期信息溯源管理工作。

2018年2月26日，工信部、科技部等七部委颁发了《新能源汽车动力蓄电池回收利用管理暂行办法》（以下简称《暂行办法》），其中提到动力电池的可追溯性，规定电池生产企业、汽车生产企业、新能源汽车销售商、新能源汽车售后服务机构、电池租赁等运营企业在溯源信息系统中应尽的责任，如上传动力电池编码、记录新能源汽车及所有人的溯源信息。另外，该《暂行办法》从制度层面要求建立动力电池回收服务网点上传制度，汽车生产企业应定期通过溯源信息系统上传动力电池回收服务网点等信息，并通过信息平台及时向社会公布有关信息。工信部、市场监管总局负责建立统一的溯源信息系统，会同有关部门建立信息共享机制。

2018年7月，工信部发布《新能源汽车动力蓄电池回收利用溯源管理暂行规定》，要求建立"新能源汽车国家监测与动力蓄电池回收利用溯源综合管理平台"，规定每个责任主体企业上传可追溯性信息的主要内容、时间要求和步骤等，实现动力电池来源可查、去向可追、节点可控、责任可究。通过对动力电池进行统一编号和信息收集，追溯真实的电池来源并对各节点进行调节，能够进一步达到动力电池的可追溯性管理要求。

2018年8月1日，工信部牵头创建"新能源汽车国家监测与动力蓄电池回收利用溯源综合管理平台"，平台涵盖动力电池生产、使用、退役、回收等全生命周期的信息链，监测各环节责任主体履行动力电池溯源责任情况，对有效推动新能源汽车动力电池回收利用具有重要意义。

2020年7月31日，商务部发布《报废机动车回收管理办法实施细则》，其中第四章第二十七条要求，回收拆解企业应将报废车辆的具体信息统一纳入"新能源汽车国家监测与动力蓄电池回收利用溯源综合管理平台"系统，这标志着我国的新能源汽车动力电池回收行业向规范化发展迈出重要一步。

2021年7月7日，国家发改委官方发布关于印发《"十四五"循环经济发展规划》（以下简称《规划》）的通知。其中多处提及汽车行业内容，并提出了纯电动汽车使用全生命周期推进行动和废旧动力电池循环利用行动两项重点工程及行动。

汽车使用全生命周期管理推进行动的具体规划为：研究制定汽车使用全生命周期管理方案，构建涵盖汽车生产企业、经销商、维修企业、回收拆解企业等的汽车使用全生命周期信息交互系统，加强汽车生产、进口、销售、登记、维修、二手车交易、报废、关键零部件流向等信息互联互通和交互共享。建立认证配件、再制造件、回用外观件的标识制度和信息查询体系。开展汽车产品生产者责任延伸试点。选择部分地区率先开展汽车使用全生命周期管理试点，条件成熟后向全国推广。

随着废旧动力电池循环利用不断实施，要求进一步加强新能源汽车动力电池溯源管理平台建设，完善新能源汽车动力电池回收利用溯源管理体系。推动新能源汽车生产企业和废旧动力电池梯次利用企业通过自建、共建、授权等方式，建设规范化回收服务网点。推进动力电池规范化梯次利用，提高余能检测、残值评估、重组利用、安全管理等技术水平。加强废旧动力电池再生利用与梯次利用成套化先进技术装备推广应用。完善动力电池回收利用标准体系。培育废旧动力电池综合利用骨干企业，促进废旧动力电池循环利用产业发展。

三、我国动力电池回收利用存在的问题

近年来，在新能源汽车产业的带动和国家支持政策的推动下，我国新能源汽车动力电池回收利用体系建设取得一定进展。但是，由于动力电池回收利用技术不成熟、回收网络不完善、支撑体系不健全、商业模式创新不足等问题的存在，我国动力电池回收利用体系还不够成熟，回收利用成本高、效率低等问题突出。

1. 产业化技术不成熟

动力电池回收利用产业化关键技术有待进一步完善，动力电池回收利用前端急需解决的动力电池退役判定标准及检测技术、可梯级利用电池剩余价值评估技术、单体电池的自动化拆解和材料分选技术缺失。动力电池回收利用技术方面，一些动力电池回收企业采取手工拆解技术和传统回收工艺，会带来环保问题和安全问题。动力电池回收利用设备的研制水平较低，由于设备不规范，没有实现标准化，尚不能大规模生产，成本较高，严重制约了动力电池的回收利用。

2. 回收网络不完善

回收利用网络是动力电池回收利用体系的主要组成部分，然而由于动力电池回收利用企业少、参与主体少等原因，导致我国动力电池回收利用网络尚不完善。首先，动力电池回收利用企业较少。目前，我国已形成了一些专门的动力电池回收企业，如广东邦普、深圳格林美、江西赣锋锂业等，但数量偏少。梯次利用方面，国家电网、中国电科院等机构积极推进动力电池梯次利用，但技术依然不够成熟，大规模推广尚需时日。其次，动力电池回收利用渠道不畅通。随着动力电池大规模报废期的临近，越来越多的新进入者开始布局动力电池回收。然而，由于动力电池回收的主导企业不明朗，加之地方政府、国家电网、公交公司对废旧动力电池资源各自为政，动力电池回收企业和新进入者之间并没有形成合力，这又导致动力电池回收利用渠道不健全、不畅通。

3. 支撑体系不健全

目前，我国动力电池回收利用的支撑体系还不够健全。这不仅表现为动力电池回收利

用企业相关管理规范及标准体系的不完善，还表现为动力电池回收利用技术研发、财税激励等支持政策的不健全。由于动力电池回收利用企业管理规范尚未完善，行业管理混乱，一些不规范的小作坊承担了回收利用主体的角色。由于这些小作坊不具备相关资质，普遍存在安全隐患及环保风险。在动力电池回收利用的一些核心环节，管理规范及支持政策缺失，对回收利用产生了明显制约。例如，退役动力电池存储及运输缺乏必要的规范，容易因存储及运输不规范而引起环境问题和安全风险；动力电池回收利用产业化技术研发，特别是一些急需的关键共性技术研发缺乏必要的支持；并且对动力电池回收利用企业也缺乏必要的财税激励，这也导致一些低残值或无残值的动力电池无人回收。

4. 商业模式创新匮乏

随着动力电池回收利用问题越来越迫切，一些新能源汽车企业动力电池企业、报废车拆解企业、电池材料企业都有参与动力电池回收利用的意愿。虽然这些企业都掌握一定的资源，但由于缺乏商业模式创新，不能形成清晰的商业模式，可持续的动力电池回收利用模式难以启动。此外，由于低速电动车、电动自行车、储能等领域市场还未完全放开，新能源汽车企业和动力电池企业尚未向动力电池回收利用企业开放 BMS 数据，商业模式创新所需的资源整合和跨界协调难以实现。

四、我国现有动力电池回收利用症结分析

以上分析表明，我国动力电池回收利用产业化技术不成熟、回收网络建设滞后、支持政策及监管措施不到位、商业模式创新匮乏等问题突出，这导致我国动力电池回收利用体系不健全。由于动力电池回收利用体系不健全，我国动力电池回收利用效率低、不经济，并存在安全隐患和环境风险。

1. 回收利用效率低

回收利用体系不健全是导致回收利用效率低的主要原因。具体来看，影响动力电池回收利用效率的原因有以下几个方面：首先，动力电池种类繁多，动力电池拆解工艺差异较大，加上动力电池评估、拆解和分选等技术不成熟，导致我国动力电池回收利用前端效率较低。其次，由于动力电池回收利用商业模式不成熟，动力电池回收利用企业难以获得新能源汽车企业、动力电池企业等掌握的资源，并难以与储能等领域形成跨界协作。最后，消费者及相关企业积极性不高，导致动力电池回收利用效率较低。

2. 回收利用经济效益低

受回收利用效率低、回收利用技术不成熟、没有形成规模化等因素影响，我国动力电池回收利用不经济现象普遍。首先，由于动力电池回收利用流程烦琐，回收利用成本较高。由于动力电池种类繁多导致的拆解及分拣难度大、拆解回收工艺复杂等原因，二次成组设计成本和加工成本显著增加。其次，动力电池回收利用技术不成熟，也是导致回收利用不经济的重要原因。例如，采用传统工艺的动力电池回收企业，回收处理 1t 废旧磷酸铁锂动力电池将亏损 430 元。最后，动力电池回收利用尚未形成规模效应。当前，我国新能源汽车动力电池报废回收尚未大规模爆发，导致动力电池回收量偏少，这又进一步导致动力电池回收利用企业经济效益偏低。

3. 回收利用存在安全隐患

新能源汽车动力电池体积大、能量密度高，相应的动力电池回收利用流程长、过程复杂，在当前动力电池回收利用体系不完善的条件下，容易出现安全隐患。例如，由于废旧动力电池评估、分拣等技术不成熟，动力电池单体的一致性无法得到保障，导致用于梯级利用的退役动力电池在反复充放电过程中极易产生电池短路过热，引起电解质的燃烧甚至是爆炸起火。此外，由于废旧动力电池状态不稳定，在运输过程中如果不进行合理的封装和安全处理，也有可能造成短路起火、甚至爆炸。

4. 回收利用具有环境风险

动力电回收利用体系的不完善，也容易造成生态环境风险。例如，一些退役动力电池消费类产品流入市场，脱离了相对严格的动力电池监管体系，无法得到有效回收。更为严重的是，动力电池电解液中作为电解质的六氟磷酸锂具有极强的腐蚀性，遇水会发生分解产生 HF 等剧毒气体，如果随意丢弃，将带来严重污染。同时，不少传统报废汽车拆解企业承担了废旧动力电池拆解工作，由于它们没有专业的动力电池存储场所，管理手段相对粗放，其存储场地往往针对一般汽车拆机零部件的存储而设计，拆解产物分类后随意堆放，具有较大环境隐患。

纯电动客车的全生命周期管理是一项长期的、复杂的系统工程，需要每一家纯电动客车制造企业、使用企业、维护部门、车辆报废回收企业立足本企业、本部门的具体情况，积极行动起来，参与到广泛的新能源推广应用的实际工作上来，坚决完成"碳中和、碳达峰"总体目标，为构建"低碳、绿色、环保、舒适、便捷"的交通服务，贡献自己的绵薄之力。

参 考 文 献

[1] 吴兴敏，区军华，李日成，等. 新能源汽车概论一体化教程 [M]. 北京：人民邮电出版社，2021.

[2] 何洪文，熊瑞. 电动汽车原理与构造 [M]. 北京：机械工业出版社，2018.

[3] 米晓彦，赵臻，赖武军. 新能源汽车技术 [M]. 北京：航空工业出版社，2017.

[4] 李玉忠，李全民. 新能源汽车技术概论 [M]. 北京：机械工业出版社，2020.

[5] 孔超. 纯电动汽车调查及管理系统拆装与检测 [M]. 北京：机械工业出版社，2018.

[6] 陈社会. 新能源汽车结构与检修 [M]. 北京：人民交通出版社，2017.

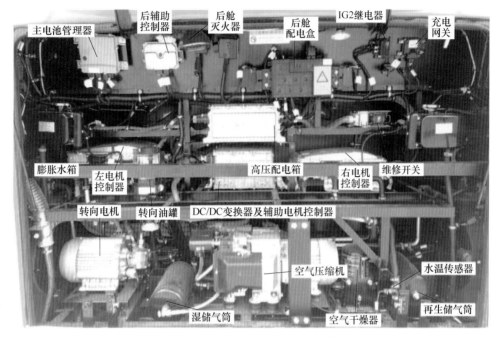

图 2-12　BYD6100LGEV3 后舱部件位置

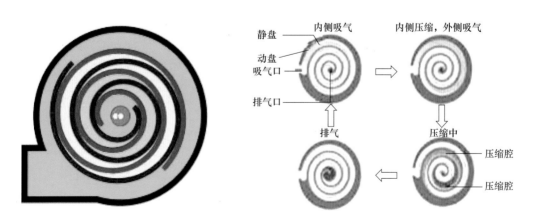

a）动静盘剖面

b）压缩排气运动

图 4-6　涡旋压缩机动静盘剖面及压缩排气运动

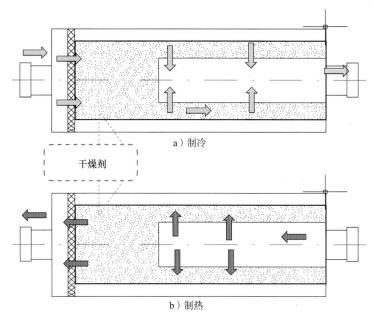

a）制冷

干燥剂

b）制热

图 4-11 干燥过滤器内制冷剂流向

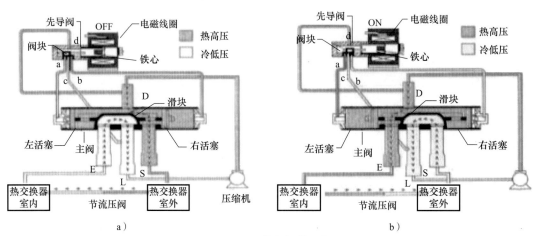

a）　　　　　　　　　　　　　　　b）

图 4-13 四通换向阀的工作原理

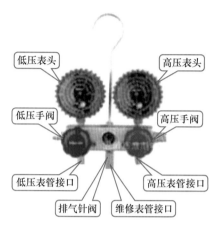

图 4-27 歧管压力表示意图

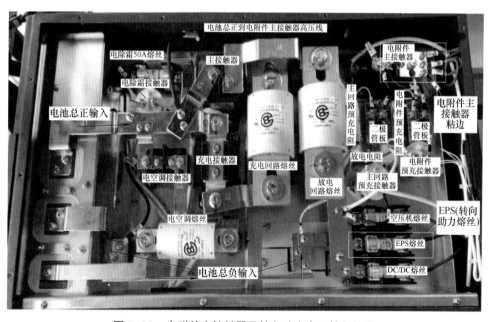

图 7-33 电附件主接触器及转向助力高压熔丝位置

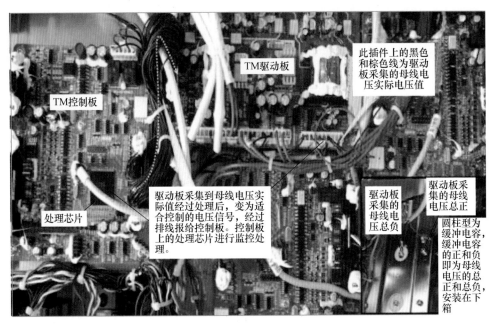

TM驱动板

TM控制板

此插件上的黑色和棕色线为驱动板采集的母线电压实际电压值

处理芯片

驱动板采集到母线电压实际值经过处理后，变为适合控制的电压信号，经过排线报给控制板。控制板上的处理芯片进行监控处理。

驱动板采集的母线电压总负

驱动板采集的母线电压总正

圆柱型为缓冲电容，缓冲电容的正和负即为母线电压的总正和总负，安装在下箱

图 7-39   五合一内部部件